한국 지방자치와 민주주의
10년의 성과와 과제

나남출판

나남신서 898

한국 지방자치와 민주주의

10년의 성과와 과제

안청시 · 이광희 · 박찬욱 · 오연천 · 임도빈
이달곤 · 손봉숙 · 김은주 · 송호근

나남출판

Local Governance and Democracy
in Korea

edited by

Chung-Si AHN

NANAM
NANAM Publishing House

▚ 책 머리에

한국의 지방자치는 1961년 5 · 16 쿠데타로 중단된 후 30년이 지난 1991년에 부활되었다. 그로부터 10여 년이 지나 2002년 6월에는 지방의회로는 네 번째, 그리고 각급 자치단체장과 지방의회 의원들을 동시 선출하는 세 번째 지방선거가 실시된다. 돌이켜보면 1980년대를 휩쓴 시민적 소요와 민주화의 소용돌이 속에서 한국의 지방자치는 여야간의 정치적 투쟁과 타협의 산물로 부활되었다. 따라서 지방자치는 장기적 발전구상과 목표가 미비한 가운데 출범하게 되었다. 그 결과 지방의원의 자질시비와 자치단체장의 부패 및 무능을 앞세워 우리 사회 일각에서 반자치론(反自治論)이 대두되기도 했다. 그럼에도 불구하고 지난 10년간에 걸친 지방자치의 실시로 인해 한국사회에는 아래로부터 비롯된 새로운 변화의 조짐과 개혁의 바람이 불어오고 있다. 바야흐로 자치(自治)와 분권(分權)은 한국 민주주의의 심화와 정치발전을 위한 필수적 정책과제로 확고하게 자리잡으면서 한국 사회의 민주화를 아래로부터 떠받치는 기제로 작동하기 시작했다.

　지방자치 10년의 가시적 성과와 업적에도 불구하고 그 변화의 내실
을 세부적으로 들여다보면 지방 차원의 정치나 행정과정이 아직도 산
적한 과제와 도전 요소들을 안고 있는 것도 또한 사실이다. 이제 앞
으로 다가올 10년은 지난 10년간의 성과와 시행착오를 거울삼아 지방
정치를 보다 민주적으로 개편하고, 주민들을 위한 봉사행정을 펴 나
가도록 개혁해야 할 것이다. 이 책은 이러한 문제의식을 공유하는 필
자들이 지방자치 부활 10년 동안에 이루어진 주요 변화와 성과들을
평가, 검토하고 앞으로의 발전과제를 모색해 보자는 데 뜻을 모아 묶
어낸 것이다. 저자들은 각각의 주제들에 대하여 다양한 이론과 관련
자료들을 수집, 분석하여 집필하면서도 아래와 같이 합의된 원칙과
기준을 가지고 연구를 진행했기 때문에 한 권의 책으로서의 일관성에
는 아무런 손색이 없을 것이다.

　첫째, 지방정치의 제도개혁과 발전방향은 중앙에 편중된 권력과 자
원을 보다 과감하게 지방으로 분산하고, 지역사회 및 지역주민들의
자율성을 증진시키는 방향으로 풀어나가야 한다.

　둘째, 지방자치는 주민들로 하여금 권리와 책임의식이 조화된 주인
의식을 갖도록 하고, 문제해결에 보다 적극적으로 참여할 수 있는 동
기를 부여할 수 있어야 한다.

　셋째, 지방정부의 조직 및 운영에 대한 개혁은 지방단위의 정치행
정 조직들이 자치권은 물론 행정서비스 제공 역량을 키워갈 수 있도
록 단행되어야 한다.

　넷째, 지방정부의 정책 및 행정과정은 공개화, 투명화, 민주화, 효

율화를 지속적으로 추진하도록 주민들이 감시하고 평가할 수 있어야
한다.
　다섯째, 선진사회의 발전된 지방자치 모델을 귀감으로 삼아 나가되
지방의 정치 및 행정 영역에서의 민주화와 투명화가 선행되지 않으면
소용이 없다.

　이 책의 초고는 2000년 10월부터 약 1년간 서울대학교 한국정치연
구소가 아시아재단(Asia Foundation)의 지원을 받아 수행한 연구의 일
환으로 준비되었다. 필자들은 2001년 11월에 의회발전연구회의 지원
을 받아 공개 중간발표회를 개최하고, 연구방향 및 내용을 보다 긴밀
하게 조정하였다. 2002년 3월에는 서울대학교 및 한국 국제교류재단
(Korea Foundation)의 지원을 받아 한국의 지방자치 경험 및 사례를
일본, 중국, 동남아 국가들과 비교, 평가하는 국제회의를 개최한 바
있다. 이 회의에서 발표된 영어판 논문들은 다시 한국어로 번역하고
보완하여 이 책에 수록하였다. 영문판 원고를 번역하고 내용을 보완
하는 작업과정에는 2001년도 서울대학교의 '간접연구경비' 지원에 일
부 힘입었다. 이러한 지원과 협조가 없었더라면 필자들의 개별 연구
내용을 조정하여 하나로 다듬고 묶는 작업은 어려웠을 것이다.
　이 책은 많은 분들의 협조와 도움으로 출간되었다. 우선 편집의도
에 잘 협조하여 좋은 연구를 수행해 준 필자들에게 심심한 감사를 표
한다. 아시아재단의 재정지원에 대하여 한국대표 스콧 스나이더
(Scott Snyder) 씨에게도 감사의 말씀을 전하고 싶다. 흔쾌히 출판을

맡아 준 나남출판의 조상호 사장과 편집 실무진에게도 감사드린다.
특히 편집과 교정 등 마무리 작업에 열과 성을 다한 서울대 박사과정
이광희의 수고가 컸다. 이 모든 분들의 협조와 기대에 보답하여, 이
책이 지방자치가 새로운 도약과 발전을 기하여 한국민주주의를 더욱
튼튼하게 떠받치는 데 작은 도움이 되었으면 하는 바람이다.

2002년 5월
안 청 시

나남신서 898

한국 지방자치와 민주주의
10년의 성과와 과제

차 례

제5장 한국 지방자치의 성과

이 달 곤 / 157

제6장 지방자치와 주민참여

손봉숙 · 안청시 / 197

제 1 장

한국민주주의와 지방정치 10년의 성과와 과제

안청시 · 이광희

1. 머리말

2001년은 지방자치가 부활한 지 10년이 되는 해이다. 지방자치의 실시와 방식, 그 성과에 대한 논의는 건국 이래 줄곧 한국 정치의 민주화 과정과 동일한 궤적 속에서 진행되어 왔다. 그러므로 지난 10년 동안 한국에서 이루어진 지방정치의 변화와 지방자치의 성과를 되짚어보는 일은 한국 민주화의 현황을 민초정치(*grass-roots politics*)의 수준에서 가늠해 보고, 향후 지방자치의 발전을 위한 도전 및 정책과제들이 무엇인가를 검토하는 데 꼭 필요한 작업이다. 이러한 목표에 따라서 이 연구는 1991년 한국에서 지방자치제가 부활된 이후 10여 년 동안 지방수준의 정치지형에 어떤 변화와 발전이 이루어져 왔는가를 추적해 보려고 한다.

이 글은 먼저 한국 지방자치의 역사적 배경과 정치적 동학을 살펴본다. 우리나라의 중앙집권적 전통과 지방자치의 도입 및 중단, 그리고 부활의 역사적 과정은 현재의 지방자치에도 많은 영향을 미치고 있다. 역사적 배경에 대한 연구는 지방의 자율성 확대를 둘러싼 정치

적 동학을 분석할 수 있게 하며, 또 지방자치제의 실시 및 지방자치
법의 개정을 둘러싸고 벌어지는 논쟁과 그 저변에 흐르고 있는 정치
적 맥락을 파악하는 데 도움을 줄 것이다.

다음으로 지난 10년간 지방정치제도 및 정책과정에서 나타난 주요
변화들을 민주화 및 정책성과 변수들에 비추어서 평가해 보고자 한
다. 즉 지방자치가 지방정부의 이념인 지방의 자율성, 지방민주주의,
효율성 증진 등의 목표에 얼마나 기여하고 있는가를 평가해 볼 것이
다. 이를 위해 전국적 차원에서의 변화와 지방적 차원에서의 변화를
동시에 살펴보도록 할 것이다.

마지막으로 현행 지방정치제도 및 과정의 문제점과 개선과제들을
짚어볼 것이다. 지방자치 부활 이후 분권화가 진전되고 있음에도 불
구하고 중앙정부의 권력자원 편중과 막강한 영향력은 계속 온존하고
있다. 또 지방자치는 주민의 참여와 지방정부의 반응성을 증진시킬
것으로 기대되었지만 현실은 아직 기대에 크게 못 미치고 있다. 이처
럼 한국의 지방자치가 안고 있는 문제점을 살펴봄으로써 그 개선방안
을 찾아보고자 한다.

2. 집권주의 정치전통 속에서 부활된 지방자치

1) 역사적 배경

한국 사회는 최소한 조선시대로까지 거슬러 올라가는 긴 집권주의
적 정부와 권위주의적 통치 전통을 가진 나라이다. 조선왕조는 강력
한 중앙집권적 왕권통치 체제를 확립하고자 했다. 그렇지만 조선조의
국가권력은 한편으로는 유교에 기초한 정치윤리에 따라 일종의 전통
사회형 자치원리를 지방사회에 허용했고, 다른 한편 유향소, 향약,
계 등으로 표현되는 향촌(자치) 기관에 실제적 행정 권한을 위임하는

간접통치 내지 분권적 지방행정 방식을 빈번하게 적용했다. 그러나 조선조를 무력으로 탈취, 패망시킨 일본의 식민통치는 36년간 조선사회 전체를 획일적인 행정제도 아래에 두어 철저한 직접통치를 단행했다. 이로서 그나마 남아 있던 유교주의적 분권화 전통과 향촌자치 제도는 거의 완전히 파괴되었다. 일제가 패망한 후 한반도를 접수, 점령한 미군정은 한때 대의민주제와 자치제도를 도입하기 위한 제도개혁을 구상한 적이 있었다. 그러나 군정당국은 현지사정에 어두웠던 데다가 냉전, 단정노선, 분단, 조기철수와 건국 등으로 이어지는 정책변화의 와중에서 지방수준의 정치 및 행정 체제에는 아무런 개혁도 단행할 겨를 없이 중앙정부 구성을 위한 선거를 끝내고 서둘러 물러 갔다(안청시, 1985: 47~53; Ahn and Kim, 1987).

1948년에 수립된 제1공화국 정부는 국민에게 지방자치를 약속하였지만, 해방 이후 계속된 정쟁에다 한국전쟁의 발발로 인해 그 실시를 몇 년 동안 연기해 왔다. 그러다가 지방자치는 이승만 정권의 계산된 정치적 야욕을 위해 전쟁중에 갑자기 실시되기에 이르렀다. 그 후 제1공화국 하에서 4차에 걸쳐 이루어진 지방자치법 개정과 일련의 지방선거는 정권연장과 중앙통제를 강화하는 데 이용되어 자치원리 및 지방 민주주의의 달성과는 동떨어진 제도적 파행을 거듭했다. 4·19 후에 등장한 민주당 정권 역시, 비록 짧은 기간 지방자치제를 전면 실시하기는 했지만, 정쟁과 무능으로 인한 통치의 비효율성과 자치의 실패를 거듭했다(손봉숙, 1985). 1·2 공화국에 이르는 민주주의의 실패와 자치제도의 파행은 박정희 장군을 필두로 한 5·16 쿠데타 세력이 정권을 탈취하는 데 더없이 좋은 구실로 작용했다. 박정희의 군사정권은 집권 즉시 지방자치제를 군사주의적 내무행정 체제로 대체하였으며, 이로써 한국의 지방자치제는 이후 30년간 숨을 죽이게 되었다.

그 후 20년 이상 한국의 정치는 중앙정부의 권력엘리트와 내무조직에 의해 획일적으로 통제, 운영되었다. 경제성장과 국가안보 우선 정책에 밀려 지방에 자율성을 신장시키고 분권적 자치제도를 수립하는 데 대한 관심과 노력은 억제되고 약화되는 듯했다. 1980년대에 권위주의에 대한 국민적 저항정치와 민주화운동에 박차가 가해지면서, 지방자치 부활문제는 다시 첨예한 정치의제로 부상하였다. 민주화 투쟁운동은 중앙정치의 영역에서는 '대통령 직선제' 개헌을, 지방수준에서는 '자치제 부활'을 요구하는 두 가지 정치의제로 집약되었다. 시민의 주권자 됨과 주민의 자치권 회복이, 마치 동전의 양면처럼, 민주주의의 겉과 속을 구성하는 것이기에 이와 같은 요구는 당연하고 자연스러운 현상이었다. 1987년 6월 민주화 항쟁으로 이 요구가 더 이상 거부될 수 없는 대세로 확인되자 전두환 정권은 급기야 대통령직선제와 지방자치제의 실시를 약속했다.

그러나 전두환에 이어 노태우 정권에 이르기까지 정부와 집권당측은 이러저러한 이유로 지방자치제 실시를 미루고자 했다. 정부는 한때 국회가 지방선거의 실시 시한을 정한 지방자치법 개정안을 통과시켰음에도 불구하고 거부권을 행사하여 이를 연기하고자 기도했다. 그후 자치제 실시를 더 이상 연기하면 국민들의 비난뿐만 아니라 실정법 위반 시비에까지 휘말리는 사태가 초래될 것을 부담스럽게 여긴 노태우 정부는 1991년에 가서야 지방의회 선거를 그 해에 치르기로 타협했다. 그 대신 단체장 선거는 다시 1995년까지 연기하는 사태가 벌어졌다. 이리하여 1991년에는 기초와 광역 지방단위의 의회를 선출하는 선거가 각각 실시되었다. 김영삼 정권이 들어선 후 3년 뒤 1995년 6월 27일에는 전국 4대 동시 지방선거가 실시되었다. 이로써 한국은 바야흐로 본격적인 자치제도 확립 및 지방정치 활성화시대로 접어든 셈이다(안청시·김만흠, 1994: 279~284).

한국의 지방자치 제도는 이처럼 집권주의적 전통 속에서 태동하였으며, 그 결과 제도형성 및 실행과정에서 집권자 및 중앙 정치세력의 정치적 이해관계가 크게 작용하였다. 지방자치 제도의 부활을 둘러싼 개혁운동과 그 이후의 과정 역시 민초적(grass-roots) 바탕에 기초하여 지방으로부터 중앙으로 제기되는 '아래로부터의 개혁'에 의해 추동되지 못했다. 지방자치는 국가 민주화의 일환으로서 요구되고 추진되었으며, 중앙의 정치세력들이 정치적 흥정을 통해서 '위로부터 결정한' 정치적 산물로 부활되었다. 중앙의 정치세력들은 종종 지방자치를 정파적 이해관계를 극대화하기 위한 수단으로 활용했다. 그들은 자신의 권력과 지위보전을 위해 필요하면 자치제도를 자의적으로 개폐하거나 그 실행을 유보하는 것도 서슴지 않았다. 또한 중앙의 정치인과 관료들은 자신들의 정치적 위상과 지위에 도전해 올지도 모르는 지방엘리트의 등장을 두려워하여 지방정치가 활성화되는 것 자체를 병폐로 간주하거나 각종 방식으로 규제하는 것을 일삼아왔다.

이러한 여건 하에서는 중앙으로부터 정치, 경제, 문화적 독자성을 가진 지방이 성장할 수 없을 뿐 아니라, 지역사회의 권력구조를 민주적으로 개편할 수 있는 지방정치의 발전을 기대하기 힘들다. 중앙은 권력과 재원배분의 기제를 거머쥐고 지방에 독자적인 정치세력이 등장하는 것을 허용하지 않을 것이며, 각종 규제장치를 통해 지방을 그 휘하에 묶어두고 통제할 것이다. 이 경우 지방자치는 사실상 행정적 분권화의 차원으로 그 의미가 한정되기 십상이며, 자치권 확대란 기껏해야 중앙정부의 일부 지엽적인 권한 및 재원을 지방정부로 넘겨주거나, 이미 지방으로 위임된 행정업무에 대한 결정 및 집행과정에 재량권을 지방에 좀더 허용해 주는 정도에 머물 것이다.

요컨대 강한 집권주의적 정치전통, 권위주의적 정당체계, 의인주의적인 권력구조 하에서 이루어진 한국의 지방정치는 오랫동안 행정민주화 수준의 발상을 크게 벗어날 수 없었다. 지난 10년간에 이루어진 지방자치 제도와 과정도 이러한 한계를 크게 벗어날 수 없었음은 물론이다. 이처럼 제한된 지방자치 아래서 이루어진 주요 발전 및 변화들은 무엇이며, 그 성과는 어떻게 평가될 수 있을 것인가?

2) 이행기 지방정치 권력구조의 특징과 변화의 동학

한국의 지방자치는 엉성한 제도형성과 불안정한 정책과정을 거쳐 우여곡절 끝에 부활되었다. 그렇지만 1995년 전국동시지방선거가 실시된 이후, 헌법과 법률에 의해 규정된 일정대로 선거가 치러질 수 있는 길이 열리게 됨으로 해서 점차 안정화될 기미를 보이기 시작했다. 앞으로 매 4년마다 총선주기 중간 해에 정기적으로 지방선거가 치러지는 정치일정이 확립되면 한국정치의 예측가능성과 지방정치의 투명성이 더욱 신장될 것이다. 4,500명에 육박하는 선거직 당선자들이 각종 지방정부에 포진하여 만만치 않은 영향력을 미칠 수 있게 된 것도 커다란 변화가 아닐 수 없다. 이런 점에서 일단 지난 10년간의 자치제도 형성 및 시행과정에서 얻은 경험은 귀중할 뿐만 아니라, 우리나라 지역사회의 민주적 발전전망을 밝게 해주는 긍정적 변화로 평가될 만하다. 민주주의가 점차 공고화되는 과정에서 비록 더디기는 하나 자치제도의 정착 및 그 효율성 증진에 대한 전망도 더욱 밝아질 것으로 보인다.

지방자치제가 부활된 이후 한국 지방정치의 권력구조에서 나타난 가장 큰 특징은 민선 단체장 중심의 행정권 우세현상이 지속되고 있는 가운데, 특히 기초단체장의 권한과 위상이 월등하게 높아졌다는 점이다. 4년 임기가 보장된 민선 기초단체장은 지방의원들에 비해 압도적 영향력을 행사할 뿐만 아니라, 지방정부에 부여된 인적·물적 자원에 대한 통제권에 있어서 시·군·구 지역의 국회의원이나 광역단체장들보다도 상대적으로 막강한 지위를 점하게 되었다. 단체장 주도형의 지방정치는 중앙에 대해 지방의 목소리를 높이는 효과를 가져오기도 하지만, 종종 중앙-지방 간 대립을 격화시키거나 지방권력의 민주화에 걸림돌로 작용하기도 한다.

다른 한편, 지난 10년간 한국 지방정치의 변화 및 개혁의 정치동학은 대략 두 개의 축을 중심으로 진행되고 있다. 하나의 축은 중앙으로부터 지방의 자율성을 획득하려는 정치과정을 둘러싸고 중앙집권론자와 지방분권론자 간에 벌어지는 경합과 대립양상으로 표출되고 있다. 다른 하나는 지방 정치의 장(場) 내부에서 '민초에 기초한' 민주주의 확대문제를 둘러싸고 지방의 보수주의 세력과 참여민주주의를 주창하는 진보주의 진영 사이의 경합 및 갈등양상으로 표출되는 현상이다. 양자는 서로 복잡하게 연관되어 있다.

그러나 게임에 참여하는 주요 세력과 이들의 정치적 이해관계가 서로 엇갈리는 만큼 이 두 국면은 구분해 볼 필요가 있다. 전자의 게임은 통상 탈중앙화(decentralization, 분권화)와 자치(autonomy, 자율성)를 둘러싼 중앙권력 대 지방세력의 경합으로 전개된다. 후자는 지방권력구조의 민주화(local democracy) 문제를 둘러싸고 중앙정부와 자치체 사이뿐만 아니라 지방엘리트들(예컨대, 광역단체와 기초단체, 단체장과 의회 등) 사이 또는 지방 보수세력과 진보적 시민세력들 간에 벌어지는 게임의 형태로 표출된다. 지방자치가 부활되기 이전의 정치 형국은 전자의 게임을 축으로 하여 전개되는 경향이 강했다면, 그 후에는 후자가 전자에 접목되어 더욱 복잡한 양상을 띤 정치과정이 벌어지게 된다. 이 양대 변화의 축이 어떻게 진행되느냐에 따라서 한국민주주의의 귀추 및 지방정치 지형의 모습은 크게 달라질 것으로 보인다.

(1) 단체장 주도형 지방정치 1)

한국정치의 권력구조는 중앙과 지방을 막론하고 오랫동안 집행부 중심으로 이루어져 왔다. 지방의회가 폐지되어 자치제 실시가 유보되

---

1) 지방자치단체의 권력관계 유형을 연구한 임헌만(1999)은 한국의 지방자치단체 권력유형을 집행기관우위형, 지방의회우위형 등으로 분류하였으나, 우리는 '집행기관우위'라는 용어 대신 '단체장 주도형'이 더 정확하다고 생각한다. 왜냐하면 집행기관우위, 의회우위 등은 자칫 제도화된 집행권 또는 의회권력이 정책결정과 집행을 주도한다는 뜻으로 이해될 수 있는 반면에, 한국의 현행 지방자치는 집행부와 의회가 제도화된 권력을 행사한다기보다는 그 수장들의 개인적 리더십이나 권력이 주도하는 유형에 더 가깝기 때문이다.

었던 1960~1990년간에는 중앙에서 임명된 단체장 중심으로 지방행정이 이루어져 왔다. 자치제가 부활된 이후 지역사회의 현안에 대한 정책결정권은 점차 지방으로 이양되기 시작했다. 그러나 지역사회에서 이루어지고 있는 정책결정이 — 지방의회의 구성에도 불구하고 — 민선단체장을 정점으로 한 집행부 위주로 집중되고 있는 현상은 크게 줄어들지 않고 있다. 특히 광역보다는 기초자치 단체장의 권한과 영향력이 압도적이다. 지방의회의 조례안 가결현황을 통해서 정책의 입법화가 단체장과 집행부에 집중되고 있는 추세를 보자. 〈표 1-1〉에 따르면 제 4 대 지방의회(1991~1995년)의 경우 조례안 가결비율과 원안 가결비율이 각각 97.3%, 91.3%인데, 이 중 자치단체장이 발의한 조례안이 89.6%를 차지했다. 민선단체장이 선출된 후인 제 5 대 지방의회(1995~1998년)에서는 그 수치가 약간 낮아졌지만 그 차이는 매우 근소하다. 이것은 단체장의 정책주도권이 지방의회에서 여전히 강력하게 행사되고 있음을 시사해 준다.

단체장은, 주요 정책현안들은 물론 지방의 발전전략 수립 및 추진 과정에 대해서도 강력한 정치적 리더십을 행사할 수 있다.[2] 주민에 의해 직접 선출되는 민선 단체장은 공약 실천 및 재선을 위해 다양한

〈표 1-1〉 조례안 가결 현황

구 분	제 4 대 의회평균	제 5 대 의회평균	최소	최대	표준편차	사례 수
조례안 가결비율(%)	97.3	96.6	76.1	100.1	3.7	224
조례안 원안 가결비율(%)	91.3	88.6	48.1	100.1	8.9	224
자치단체장 조례안 발의비율(%)	89.6	88.7	39.6	100.1	10.7	224

출처 : 내무부, 《지방의회백서, 1991~1995》, 1996; 행정자치부, 《지방의회백서 1995~1998》, 1999.

---

2) 이 책에 실려 있는 송호근의 글을 참조하기 바람.

정책을 추진할 수밖에 없다. 특히 지방의 발전전략은 단체장이 주요
업적으로 내세울 수 있는 정책이기도 해서 강력하게 추진하고자 한
다. 발전전략과 같은 주요 정책이 민선 단체장의 주도 하에 있음은 강
력한 리더십과 추진력을 가진 지도자가 지방사회의 효율적 변화를 적
극적으로 이끌어 나갈 수 있는 동력으로 작용할 수 있다. 그러나 한
편 독선적 행정 폐단을 낳거나 단체장이 교체되면 정책도 바뀌게 되
어 정책의 일관성을 해치거나 재정낭비를 초래할 수도 있다. 예를 들
어 부천시를 보면 민선 1기 1995년에 당선된 이해선 시장은 시의 발
전전략으로 '영상도시화' 계획을 추진하였다. 이해선 시장이 구상한
'영상도시'안은 시민들로부터 긍정적 평가를 받기는 했지만, 그 추진
과정이 독선적이었던 것으로 알려져 있다. 시의회의 반발도 있었고
부천시 상공회의소가 반대했지만 시장은 이를 밀어붙였다(최홍석,
2000: 190~197; 한국정당정치연구소, 1999: 88~89). 신한국당으로
출마한 이해선을 누르고 당선된 민주당의 원혜영 2기 시장은 전임 시
장의 발전계획을 전면 수정한 만화산업 중심의 문화예술도시안을 추
진하여 차별화 정책을 밀고 나갔다(한국정당정치연구소, 1999; 2000).
그 역시 일부 공무원들이 '영상도시'에 우호적이었음에도 불구하고 '만
화산업' 중심의 전략을 강력하게 밀고나가는 특징을 보였던 것이다.

이처럼 '강시장형(strong mayor) 지방정치' 또는 '시장(市長)주도형
지방정치레짐'이 지난 10년 동안 한국의 지방정치 권력구조의 주요 특
징으로 자리잡게 된 배경에는 한국 정치전통에서 유래된 중앙집권주
의에 비롯된 바도 적지 않다. 그러나 보다 직접적인 이유는 1990년에
부활된 새 지방자치법과 지방행정 제도가 단체장의 권한과 지위를 더
욱 강화시키는 쪽으로 작용했기 때문이다. 과거의 단체장은 중앙정부
에서 임명하였기 때문에 그 임기가 임명권자에 의해 결정되었으며,
수임기간도 일정하지 않거나 현재보다 더 짧은 것이 상례였다. 그러
나 지자제 부활 이후에 선출된 단체장은 법적으로 4년간 보장된 임기
와 민선이란 프리미엄을 향유했기 때문에 관선 단체장처럼 중앙정부

의 눈치를 볼 필요가 없게 되었다. 또 교육과 치안을 제외하고는 지방정부가 관할하는 대부분의 업무영역이 하나의 행정단위로 통합되어 있기 때문에 이를 총괄하는 단체장의 권한이 더욱 커졌다. 예산권을 실질적으로 장악하고 있는 단체장은 이를 이용하여 이익단체나 일부 주민들을 자신의 정치적 기반으로 쉽게 만들 수 있게 되었다. 산하 공무원들은 인사권을 지니고 있는 민선단체장에 대해서 비록 정치적으로 반대입장에 있다 하더라도 충성할 수밖에 없도록 되어 있다.

단체장을 견제할 만한 의회기능이나 행정제도가 미약한 것도 단체장의 권력독주를 촉진시키는 원인이 되었다. 집행기관인 단체장을 일차적으로 견제할 수 있는 기관은 지방의회다. 그러나 지방의회의 지위와 역할은 단체장에 비해 제도적으로 제약되어 있다. 지방자치단체장의 권한은 지방의회처럼 열거주의에 의하지 않고 포괄주의에 의거하여 규정되기 때문에 보다 광범위하다(최창호, 1998). 단체장은 의안발의(지방자치법 제58조), 재의요구 및 제소(제19조, 제98조, 제99조, 제159조), 선결처분권(제100조) 등 지방의회의 견제를 회피할 수 있는 권한을 향유할 수 있도록 허용되고 있다. 이에 비해 지방의회의 의결권은 열거주의(제35조)에 의거하고 있으며, 의결사항으로 명문화되지 않은 사항들은 지방의회가 아니라 집행기관의 권한에 속하는 것으로 간주된다. 또한 지방의회의 권한은 의결기구로서의 지방의회에 부여된 것이지 그 구성원인 개별 지방의원들에게 부여된 것이 아니다. 단체장은 소속 정당이 같은 지방의원에 대하여 종종 정치적 영향력을 행사하거나, 이권을 매개로 한 후원적 연결망을 형성하여 의회의 견제기능을 무력화시킬 수 있다. 시민들의 적극적 참여와 감시활동을 통해 단체장을 견제할 수 있는 길이 열려 있기는 하지만 대부분의 경우 지역사회 내의 시민참여는 저조한 편이며, 효과적 감시활동을 펴기도 역부족이다.

(2) 중앙 대 지방

1980년대부터 본격화된 민주화 투쟁과 지방자치 부활운동 과정에서 집권여당 및 관료세력들은 대체로 중앙집권론적 전통에 기반하여 지방자치 실시를 가급적 지연시키거나, 그 실시범위를 축소하려 하였다. 이에 대해 야당 및 민주화운동 세력은 지방의 자치권 확대를 자기네의 권력확장 기회로 삼고자 분권론과 자치를 줄기차게 주창해 왔다. 1987~1995년 지방자치가 부활되는 과정에서 집권론자와 분권론자들은 정치적 입지면에서 균형을 이루는 듯 보였다. 그 후에도 한동안 집권론자들은 감히 자치론을 정면으로 부정하고 나오지 못했다. 민주화 운동의 결과로 지방자치가 부활되었으므로 자치를 부정하는 것은 곧 민주주의를 부정하는 것으로 공격될 수 있었기 때문이었다. 그러나 최근 일부 민선 단체장의 독선과 잘못된 지방행정 관행들이 잦아짐으로 인해 지방자치의 폐해가 널리 알려지고, 사회적 비판도 자주 받게 되었다. 이러한 경향에 편승하여 자치와 분권화를 부정적으로 보는 집권론자들이 다시 나서는 조짐이 국회와 중앙정부 일각 등에서 나타나고 있다. 반(反) 자치론은 국회의원들뿐만 아니라 지방자치로 인해 기득권과 지위에 위협을 받고 있는 중앙의 관료집단 사이에서도 만만치 않게 일어나고 있다.

집권론자들의 반자치 움직임에 대해 지방의 정치인들과 시민사회 측은 비판과 공격으로 맞서고 있다. 지방자치제도를 통해 특권적 '정치인' 지위를 획득한 민선단체장과 지방의원들이 중앙에 대항하여 지방자치를 옹호하는 세력이 되는 것은 당연하다. 한편, 지방자치 부활이후 지방수준의 시민사회가 활성화되면서 '밑으로부터의 지방자치'를 부르짖고 나서는 시민사회의 연대활동도 무시하지 못할 친(親)자치파 세력으로 등장하기 시작했다. 그러나 이 두 세력들 — 지방정치인과 시민연대 — 은 중앙의 집권론자들과 맞서는 데서는 서로 이해관계가 일치하나, 지방의 자율성 확대와 지방권력의 민주화 문제에 대해 각자 동상이몽을 가지고 있다. 예를 들면 단체장과 의원들은 중앙의 통

제와 간섭을 가능한 한 반대하는 데 견해를 같이한다. 그러나 지방의
자율성 확대에 대해 이들은 아전인수격으로 접근한다. 단체장 측은
중앙정부의 간섭 없는 집행권 허용과 지방의회의 대 집행부 정책협조
를 자율성의 요건으로 내세운다. 그러나 지방의원들은 의원권한의 확
대와 단체장에 대한 견제역할 강화를 자율성의 기본 전제로 삼고 있
다. 한편 시민단체들은 자치권 확대 문제를 주로 직접참여 채널의 확
장 및 시민감시 체제의 강화라는 측면에서 접근하는 경향이 강하다.

(3) 지방보수주의 대 참여민주주의

한국의 지방자치는 오랫동안 단체장 주도형 지배체제로 발전해 왔
다. 단체장은 지방의회보다 매우 우월한 권력과 권위가 주어졌으며,
법적인 면에서나 행정, 인적, 물적 자원의 면에서나 — 중앙으로부터
위임된 범위 안에서이기는 하지만 — 지방행정에 대한 배타적 통제권
을 행사할 수 있다. 이러한 권력과 영향력을 바탕으로 단체장은 자신
을 지지하는 후원자 인맥망(*patronage network*)을 만들거나, 보수층
지방인사들로 구성된 의회를 좌우하며 머신정치(*machine politics*)의
우두머리로 군림하기 일쑤다. 이 경우 일부 지방의원들은 단체장을
지지하는 대가로 부당 이득을 취하거나 종종 부패의 연결고리를 형성
하기도 한다. 자원배분권에 있어서도 단체장은 지역사회 안에서 국회
의원과도 맞설 수 있을 만큼 막강한 영향력을 행사한다. 재선을 위해
무리한 사업이나 선심성 행정을 벌여 예산을 낭비하는 경우도 많다.
이처럼 일부 단체장의 독선과 지방의원의 무능, 그리고 그들을 지지
하는 후원인맥 연결망 등이 결착된 지방보수주의 연대는 지방권력구
조의 민주화를 저해하고, 지방정부의 질을 떨어뜨리는 주요 원인으로
지적되고 있다.

이에 대응하여 시민사회와 진보적 개혁그룹은 시민들의 직접 참여
를 보장하는 참여민주주의를 확대하고자 하며 주민투표제 도입확대나
주민소환제 등을 통해 선출직 공직자들에 대한 시민 감시체제를 강화

하려는 움직임으로 맞서고 있다. 시민사회가 비교적 활성화된 수도권
및 대도시 지역에서는 진보주의 세력 연합이 지방정부의 선출직에 진
출하여 보수적 지배연대에 대한 저지세력으로 부상하는 중이다. 지방
자치제 부활 이후 시민운동단체 활동이나 노동조합 투쟁 경력이 있는
진보적 성향의 활동가 및 전문가들이 일부 지방의회에 진출하면서,
이들을 중심으로 지방정치를 개혁하려는 운동이 전개되고 있는 것도
주목할 만하다. 부천시의 담배자판기 설치금지 조례제정, 청주시의
정보공개 조례제정운동, 고양시의 러브호텔반대 투쟁 등은 그 대표적
인 사례들이다. 최근에는 단체장의 독선을 견제하고 부패고리를 차단
하기 위해 지방수장의 판공비 공개를 요구하는 운동이 전개되고 있는
곳들도 있다. 그러나 아직까지 지방의 시민사회 부문과 진보주의 세
력들이 보수적 지방권력 연대에 대항하여 참여민주주의와 시민 감시
체계를 이끌어가기에는 역부족이다. 뿐만 아니라 이들의 운동과 압력
이 지방정치 게임의 장내로 진출하는 데는 법적, 제도적 장벽도 만만
치 않다. 그나마 시민사회가 활성화되고 있는 수도권 및 대도시의 일
부 지역은 사정이 비교적 나은 편이다. 그 외의 시, 군 지역에서는 이
정도에 미치는 일도 요원한 과제로 남아 있다.

3. 성과와 문제점

1) 성과측정의 기준과 지표

자치제 실시로 말미암은 성과와 부작용에 대하여는 지방자치의 이
념을 어떻게 규정하느냐, 그리고 어떤 기준을 가지고 성과를 측정, 평
가하느냐에 따라서 다양한 이론과 많은 논란이 있을 수 있다. 지방정
부의 성취도와 효과성에 대한 분석은 규범적 판단에 앞서 중립적, 객
관적인 평가지표를 사용해야 한다(Putnam, 1993: 3장 참조). 이 글에

서는 전국 수준의 평가를 염두에 두고, 일단 성과지표(*performance indicators*)를 새로이 도입된 '자치제도의 성공'으로 규정하기로 한다. 우리가 평가하고자 하는 자치제도는 지방수준에서 대의제가 어느 정도 성공하고 있는가(*representation / participation*), 지방정부가 어느 정도 주민들의 요구와 소망에 책임성 있게 반응하고 있는가(*responsiveness*), 그리고 공공업무 수행 및 정책수립과 집행과정이 얼마나 효율적인가 (*efficiency / effectiveness*) 등으로 그 성과가 대별된다.

지난 10년간에 걸쳐 수백 개가 넘는 지방정부가 행한 실적을 일일이 다 측정하고 평가할 수는 없다. 지방정부의 성패를 평가하는 데 우리는 연구대상 영역을 전국 규모로 폭넓게 잡아 다양한 활동과 분야에 걸친 실적들을 추출해 낼 수 있는 포괄적 지표를 사용해야 할 것이다. 이상의 요건들을 감안하는 한편, 이 글에서는 한국의 지방자치제도가 구현해야 하는 3대 이념으로 지방의 중앙에 대한 자율성(*local autonomy*), 지방수준(*local level*)에서 이루어지는 민초적 민주주의(*grassroots democracy*), 그리고 공공정책 과정 및 서비스 공급체계의 효율성 (*efficiency*) 등을 추가하여 성과의 질과 양을 포괄하는 설명을 시도하기로 했다.

'자율성'은 말 그대로 중앙의 간섭과 통제로부터 지방이 자유로우며 독자적인 정책을 수행해 나가는 것을 일컫는다. 과거의 지방정부는 제도적으로 이러한 이념을 견지할 수 있는 틀을 가지지 못했기 때문에 중앙정부의 일선 집행기관에 불과했다. 지방의 자율성은 자체제도에 의해서만 결정되는 것이 아니라 사회경제적 조건에 의해 제약받기도 한다. 예컨대 한 도시의 재정 자립도가 매우 낮다면, 그 도시는 중앙정부 또는 상위정부나 경제적 여건이 좋은 다른 도시의 원조에 의존해야 하며, 이때 지방의 자율성은 제약을 받게 된다. 따라서 지방의 자율성은 중앙정부로부터 권력·권한·재정의 자율성뿐만 아니라 사회경제적 여건 면에서도 자력에 의존할 수 있어야만 실질적으로 구현될 수 있다.

지방정부는 주민들의 참여와 요구에 적극 부응하며, 지방정치 수준에서 민초적 민주주의를 구현할 수 있어야만 그 제도가 제대로 작동한다고 평가할 수 있다. 민주주의의 원리를 제도적으로 구현하는 길은 직접민주주의론과 간접민주주의론(또는 대의민주주의) 사이에 차이가 있다. 루소(Rousseau), 토크빌(Tocqueville), 바버(Barber)로 이어지는 직접민주주의 전통과 이론에 따르면, 공공정책의 형성과 집행에 각계 각층의 시민들이 직접 참여할 수 있는 권리가 실제적으로 보장될 수 있는 제도를 만들도록 하는 것이 민주주의의 길이다. 그러나 슘페터(Schumpeter), 밀(Mill) 등 대의민주제의 주창자들은 직접민주주의는 근대의 복합사회에서는 비현실적이며(*impractical*), 종종 다수의 횡포를 가져오거나, 장기적 이익보다 단기적 처방에 매달리는 불안한 제도를 초래할 수 있는 것으로 비판한다. 이 논지에 따르면 대의민주주의 제도가 선호되며, 시민이 주기적이고 경쟁적인 선거제도를 통해 대표자를 선출하는 한편, 그들이 시민들을 대신하여 정부활동을 잘 해나가도록 감시하는 방안을 제도적으로 확립하면 민주주의가 성취 가능하다.

지방자치는 직접민주주의와 대의민주주의의 원리를 제도적으로 선(善) 혼합하고 겸용 가능하게 할 수 있는 정치의 장으로 주장된다. 직접민주주의가 비현실적 정치제도로 비판받는 가장 큰 이유는 정부가 포괄하는 영역이 너무 커졌다는 것이다. 그런데 지방자치는 한 국가 내에서 작게 분할된 영토를 대상으로 하여 이루어지므로, 시민들의 직접참여가 중앙정부에 비해 손쉽게 이루어질 수 있는 곳이다. 또한 지방 수준에서 수립, 집행되는 정책은 주민들의 일상적 이해관계와 매우 밀착되어 있으므로 중앙정부에 비해 참여에 대한 동기유발도 더 용이하다. 다만 거대 도시화가 된 대규모 자치단체 수준에서의 직접 참여는 쉽지 않다. 이상과 같은 사정과 한계를 감안하여 대체로 선진형 지방정부에서는 대의민주제 형태를 자치제의 기본형태로 삼고 있으면서, 다른 한편 직접적 시민참여를 부분적으로 포괄할 수 있도록 다양한 제도적 통로를 허용하는 방안들을 도입, 시행하고 있는 중이다.

지방정부는 주민에게 공공서비스를 공급하는 역할을 수행한다. 이

역할을 주민이 만족할 수 있도록 효율적으로 제공하는 것이 지방정부의 성취도를 결정하는 주요 척도임은 당연하다. 서비스 공급의 효율성은—영국의 벤담주의 전통에 의거하면(Wolman 1995: 140)—주민의 요구에 잘 반응(responsive)할 수 있도록 해야 할 뿐만 아니라, 적은 재원으로 가능한 한 많은 서비스를 제공해야 한다는 경제성(economy)의 원칙과도 부응할 수 있어야 한다. 따라서 효율성 측정은 지방정부가 주민 요청에 부응하기 위해 스스로 수행해야 한다고 인정하는 목표 또는 '산출'(output)을 얼마나 효과적으로 달성했는가에 대한 객관적 지표와 함께, 그러한 노력이 거둔 실적에 대하여 주민들이 얼마나 만족하는가를 측정할 수 있는 주관적 요소들을 동시에 감안할 수 있도록 해야 할 것이다.[3]

2) 주요 성과들

(1) 대의제의 확장

지방자치의 부활과 지난 10년간의 시행과정은 우선 대의기구의 확산을 통해 한국민주주의의 발전에 기여한 점과, 지방정부에 대한 주민의 참여기회를 확장하였다는 점에서 긍정적 효과를 가져왔다. 주민의 대표기관으로써 지방의회가 1991년부터 구성되었고, 1995년부터는 단체장도 주민의 직접 투표로 선출되었다. 1961~1990년간 국민들은 단

---

3) 정부와 제도의 실적에 대한 평가는 '구호가 아니라 활동 실적'을 평가할 수 있어야 하며, 제도의 힘이 미치지 않는 사항에 대하여는 그 성과에 대한 평가로부터 제외시켜야 한다. 즉 사회적 결과(outcomes)는 정부의 노력 이외에 많은 요인들에 의해서 영향을 받기 때문에 '결과'보다는 '산출'(output)—즉 정책에 의해서 초래된 실적—을 측정해 낼 수 있도록 노력해야 한다. 예를 들면 '건강'은 민주정부의 정책적 통제를 넘어서는 요인—다이어트나 생활습관 같은—에 달려 있으며, '공기의 질'은 '환경정책'뿐만 아니라 "기상, 인구, 산업 등에 영향을 받는다". 따라서 '사망률' 같은 건강지표보다는 '보건정책'을, '대기오염도'보다는 '환경정책'을 (자치)제도의 성공에 대한 평가척도로 삼도록 해야 할 것이다(Putnam, 1993, 안청시 외 옮김, 2000; 97~99 참조).

지 200~300명의 국회의원만 뽑을 수 있었던 상태였다. 지방자치제도가 부활된 이후에는 〈표 1-2〉와 같이 5,000여 명에 달하는 대규모의 선출직 공직자가 탄생했다. 이것은 지방정치뿐만 아니라 한국 대의제의 전반적 발전에 적지 않은 파급효과를 가져다주었다. 특히 지방의회의 부활은 지방행정만 존재했던 곳에서 지방정치라는 새 정치의 장 (場)을 창출해 낸다는 의미를 가진다. 또한 단체장이 임명직에서 선출직으로 바뀜으로 해서 중앙집권 시스템에 일대 변혁이 예고되었다. 과거의 단체장은 중앙정부의 대리인에 불과했다. 그러나 민선 단체장의 출현은 지방의 주인이 중앙으로부터 점차 지역주민으로 바뀌어 간다는 점을 예고해 주는 것이기 때문이다.

한편 지방자치제의 실시는 대의제의 바탕이 되는 선거의 역할과 문화에 새로운 변화를 가져왔다. 지난 10년 동안 지방의회선거가 세 번 (1991, 1995, 1998년), 단체장 선거가 두 번(1995, 1998년) 치러졌다. 지방선거 실시를 앞두고 중앙정치권에 의해 지방의원 규모가 축소되거나, 또는 선거법 개정으로 정당공천의 문제, 선거홍보활동의 변화 등이 이루어졌지만, 4년마다 정기적으로 치러져야 한다는 지방선거의 주기는 이제 한국 정치의 주요 일정으로 간주될 만큼 제도적으로 안정기에 접어들고 있다. 그리고 광역단체장, 기초단체장, 광역의회의원, 기초의회의원 등 수천 명에 달하는 선출직 공직자를 한꺼번에 뽑는 선거이므로 그 정치적 영향력과 파장도 만만치 않은 것으로 평가되고 있다.

〈표 1-2〉 선출직 지방공직자의 직급별 수

	1991	1995	1998
광역의원	972	972	690
기초의원	4541	4541	3490
광역단체장	·	15	16
기초단체장	·	230	232
계	5513	5758	4428

중앙선거관리위원회의 유권자 의식조사(1995; 1996; 1997; 1998) 및 선관위가 적발한 선거사범 수 등을 보았을 때, 1995년 6·27 지방선거는 다른 선거들에 비해서 비교적 공정한 것으로 평가받았다. 하지만 1998년 지방선거의 공정성은 1995년 지방선거에 비해 약화된 것으로 보인다. 1998년 선거법 개정으로 금권선거를 방지하는 법적 제약이 더 많았음에도 불구하고 1998년 지방선거가 더 공정하게 치러지지 못한 것은 분명 선거관리를 담당한 정권에 근본적 원인이 있을 것이다. 즉 공정한 선거를 치러내기 위해서는 다른 요인들도 중요하지만 정권이 중립적으로 선거를 관리하는 것도 중요하다는 것이다. 두 번에 걸친 지방선거는 한국 정치에서 많은 논란이 되어왔던 선거의 공정성 문제에 대한 원인과 해답을 어느 정도 보여주고 있다.

(3) 분권화와 자율성 증진

지방자치 10년의 경험은, 비록 행정적 차원에서이기는 하나 집권적 통치전통을 궤도 수정하고 지방의 자율성과 분권화를 촉진시켰다.

첫째, 중앙집권 시절에 비해 국가사무와 지방사무에 대하여 공히 지방정부의 자율성이 더욱 증가하였다. 지방사무와 관련된 민원행정 면에서 오늘날 지방정부는 중앙정부의 눈치를 훨씬 덜 보면서 주민을 위한 각종 혁신적 정책들을 개발·시행할 수 있게 되었다. 행정실명제, 민원모니터제, 직소민원실, 일일명예공무원, 공무원친절평가단 등 주민의 참여를 보장하면서도 행정서비스의 개선을 위한 지방정부의 창의적인 노력들이 활발해지고 있다. 지방에서 수행되는 국책사업에서도 이제는 중앙정부가 과거처럼 지방정부를 함부로 다룰 수 없게 되었다. 나아가 지방정부는 중앙정부의 권한이양을 적극적으로 요구하고 있으며, 그 결과 중앙정부와 지방정부 간에 마찰도 종종 일어나고 있다. 이를 잘 보여주는 사례로써 다대포 지방공단 지정과 관련하여 부산광역시와 해양수산부 간의 분쟁, 시화산업단지 관리권한을 둘러싼 산업자원부와 경기도 시흥시의 분쟁, 파로호 관광단지 조성에 있어서 공유

수면매립 허가여부와 관련한 건설교통부와 강원도 화천군의 분쟁, 검단지역 국토이용계획 변경과 관련된 인천시, 농림부, 산림청의 분쟁, 대구시와 경기도 등이 제기하고 있는 개발제한관리비 분담요구 등이 있다(행정자치부·국토연구원·한국지방행정연구원 1999: 36).

둘째, 지방정부에 대한 결정권을 주민들이 보다 많이 가지게 되었고, 지방정부 구역개편 등에서도 주민들이 — 제한적이나마 — 직접 참여할 수 있는 길이 열리게 되었다. 그 대표적 예로 시·군의 통합 개편 문제에 대해 주민들이 직접 발의하거나 주민투표를 통해서 결정한 "서울 광진구 동 경계조정 및 법정 동 명칭변경"(1996. 5. 30), "광주 북구 동 통합" (1996. 9. 12∼14), "천안시·천안군 통합"(1996), "여수시·여천시·여천군 통합"(1997. 9. 9) 등의 사례가 꼽힌다.

셋째, 국가재정에서 지방재정이 차지하는 규모가 지방자치 부활 이후에 신장되었다. 국가재정에 대한 지방재정의 규모는 지방자치 부활 이전 시기인 1989년에 약 30% 정도였다. 그런데 〈표 1-3〉이 보여주는 것처럼 1991년 이후로는 매년 평균 37%를 차지하고 있으며 40%에 근접한 적도 있다. 4) 그러나 1998년 이후 지방재정의 비율은 약간 줄어들고 있는데, 이는 경제위기 때문인 것으로 보인다. 국내총생산 대비 지방재정 비율을 보면 2001년에 8.5%로써 다시 증가하고 있다. 이처럼 국가재정에서 지방재정의 비율이 증가하였다는 것은 지방정부가 지방을 위해 사용할 수 있는 재원이 상대적으로 커지고 있음을 말해준다.

---

4) 지방재정은 중앙정부의 이전재원을 빼고 계산하는 것이 원칙적이지만, 교부세의 경우 비록 중앙정부의 이전재원이더라도 지방정부의 재량권에 의해 사용되므로 지방재원으로 간주하는 것이 바람직하다. 여기서 사용한 지방재정 규모의 수치는 중앙정부의 이전재원을 포함하여 계산한 것이다.

〈표 1-3〉 중앙과 지방정부의 연차별 재정규모

(단위 : 억 원)

구 분	1991	1993	1995	1997	1999	2001
중 앙 ①	393,669	511,879	729,150	924,642	1,200,206	1,347,932
지방 (A+B)	165,098	226,930	274,219	379,351	376,363	490,796
자치단체 재정 (C) ②	218,502	288,745	366,643	509,590	539,794	644,892
(중앙이전재원) ③	59,459	79,429	114,507	160,789	195,124	214,236
지방(차감 후) (A)	159,043	209,316	252,136	348,801	344,670	430,656
교육재정 (B) ④	6,055	17,614	22,083	30,550	31,693	60,140
합 계 (D)	558,767	738,809	1,003,369	1,303,993	1,576,569	1,838,728
지방재정비율 1 (A+B/D)	29.6	30.7	27.3	29.1	23.9	26.7
지방재정비율 2 (C/D)	39.1	39.1	36.5	39.1	34.2	35.1
경상 GNP ⑤	2,142,399	2,655,179	3,773,498	4,532,764	4,827,442	5,773,888
GNP 대비 국가총재정	26.1	27.8	26.6	28.8	32.6	31.9
GNP 대비 중앙재정	18.4	19.3	19.3	20.4	24.8	23.4
GNP 대비 지방재정	7.7	8.5	7.3	8.4	7.8	8.5

*주 ① 세출순계 규모임 단, 중앙정부의 일반회계는 총계규모이며, 특별회계는 단순계산에 의한 차액임
　② 일반회계, 특별회계 세출순계 규모
　③ 지방교부금, 양여금, 보조금
　④ 교육교부금, 양여금, 지자체지원금 제외
　⑤ 1995년부터 GDP 적용
*출처 : 기획예산처 홈페이지.
　(http:www.mpb.go.kr/html/budget/hp10016ht01.html, 2002/01/17)

(4) 지방 시민사회의 성장

지방자치가 부활된 이후 지방 차원에서의 시민사회가 점차 활성화되고 있는 추세도 현저하다. 시민사회의 활성화는 지방자치제가 가져다준 대표적 성과의 하나로 꼽힐 만하다. 지방자치는 시민조직들의 지역사회 참여를 촉진하고, 이들이 활동할 수 있는 공간을 확장해 주었다. 1990년대 들어 YMCA, YWCA, 경실련, 환경련 등 주요 시민단체의 지부조직과 주민회, 청년회 등 각종 지역 조직들이 급속히 증가했다. 이들 단체들은 의정(시정) 모니터운동, 자치헌장운동, 담배자동판매기 설치금지조례, 대형공사 시민감독관조례, 난개발 반대운동, 공개 시민법정운동 등을 통해 주민참여를 고양하고 지방정부를 감시하는 활동들을 적극적으로 벌여왔다.

최근에는 이러한 시민운동이 크게 두 가지 흐름으로 나타나고 있다. 하나는 시민단체들간에 연대운동 사례가 급증하는 추세로 나타난 것이며, 다른 하나는 주민자치를 중심으로 한 풀뿌리 개혁운동이 효력을 발휘하기 시작했다는 것이다. 특히 2000년대에 들어와 연대운동체의 결성 및 활약이 눈부신데, 대표적인 사례는 '예산감시 네트워크'와 '함께하는 시민행동'이다. 경실련, 참여연대, YMCA 등 중앙과 지방에 있는 주요 시민단체가 참여하고 있는 '예산감시 네트워크'는 지방정부의 예산안을 분석해 단체장의 판공비나 시정홍보비와 같은 선심성 예산의 대폭 삭감을 요구하고 있다. 또 '함께하는 시민행동'이 제정한 '밑빠진 독상'은 미국의 황금양털상(Golden Fleece Award)과 꿀꿀이상(Poker of the month)과 같이 예산을 낭비하는 정부부처나 지방자치단체에 불명예스러운 상을 수여하는 시민운동 방식인데, 2001년 한 해 동안 청원군, 부산시, 속초시 등에 그 상을 수여하기로 정해서 시민들이 방만한 지방행정에 경고장을 보내는 선례를 만들어 내기도 했다(http://newsmaker. khan. co. kr/society/n454c04. htm, 2002/01/21).

풀뿌리 주민운동의 경우 러브호텔문제로 시장 소환운동을 벌인 바 있는 경기도 고양시가 대표적 사례로 꼽힌다. 이외에도 대전참여자치

34

연대는 '5급 이상 공무원들의 그린벨트 땅 소유현황' 공개를 요구해 토
호들과 유착의혹을 받고 있던 일부 고위 공무원을 긴장시켰다. 또 '참
여자치전북연대'는 상설 정보공개 청구조직인 '정보공개사업단'을 만들
어 행정감시에 나선 바 있다. 광주민주언론운동연합은 지역언론 감시
운동을 벌인 바 있고, 여수 경실련은 계도용 신문 구독예산 1억 5천
만 원을 전액 삭감시키는 데 성공했다(한겨레신문, 2000. 12. 26). 이
처럼 풀뿌리 시민운동이 등장하여 효과를 보이기 시작한 것은 지방자
치의 성과가 — 정부와 제도의 활동 영역을 넘어 — 지방민의 정치적
효능감을 증진하고, 시민사회를 활성화시키는 데도 기여하고 있음을
시사한다.

〈표 1-4〉 도 지역의 시민단체 현황

시·군	NGO 수			YMCA, YWCA, 경실련, 환경련 지부조직이 있는 도시
	10개 미만	10 - 30개	30개 이상	
경기도	31	23 (74%)	5 (16%)	3 (10%)	14 (45%)
강원도	18	15 (83%)	3 (17%)	—	7 (38%)
충청북도	11	10 (91%)	—	1 (9%)	3 (27%)
충청남도	15	13 (87%)	2 (13%)	—	7 (47%)
전라북도	14	10 (72%)	2 (14%)	2 (14%)	6 (43%)
전라남도	22	19 (86%)	3 (14%)	—	7 (37%)
경상북도	23	18 (78%)	5 (22%)	—	7 (30%)
경상남도	20	17 (85%)	3 (15%)	—	11 (55%)
제주도	4	3 (75%)	—	1 (25%)	2 (20%)
전국	158	128 (81%)	23 (15%)	7 (4%)	64 (41%)

* 출처: 시민운동정보센터 홈페이지.
  (http//www.kngo.net/sub_01.asp. 2001/03)

그러나 이러한 시민운동이 수도권 및 공업도시, 도 지역의 중심도시들에 한정되어 있는 것이 문제로 지적된다. 도(道) 지역의 시민단체 현황을 보여주는 〈표 1-4〉를 보면, NGO 수가 10개 이상인 도시는 경기도가 8개인데 비율(26%)로 따져도 다른 도에 비해 가장 많다. 30개 이상인 도시도 경기도가 제일 많으며, 충북, 전북, 제주에도 한두 개씩 있지만 이들 도시는 청주, 전주, 제주 등 지역의 중심도시들이다. 이외 대부분의 다른 지역들은 모두 시, 군 단위당 10개 미만의 NGO가 있으며, 심지어 어떤 곳에는 NGO가 하나도 없는 경우도 있다. 이처럼 시민단체의 활성화는 지금까지 주로 산업화되고 도시화된 지역을 중심으로 이루어지고 있다. 그러나 앞으로는 이러한 움직임이 농촌지역을 포함하여 전국적으로 점차 확산될 조짐이다.

(5) 새로운 정책 도입과 행정개선

지방자치가 부활된 이후 전국의 지방정부들이 지역특성을 살리고 지역 주민들의 요구에 부응하기 위해 혁신적인 정책들을 적극적으로 개발, 추진하고 있는 것도 특기할 만한 성과로 꼽힌다.

① 지역발전전략 : 각급 지방정부들이 자기 지역에 유리한 발전전략을 수립하고 추진하는 있는 가운데 다양한 모습의 개발 유형과 추진전략이 나타나고 있다. 인구수나 경제수준 면에서 가장 낙후한 지역 중 하나로 알려져 왔던 강원도의 경우는 오랫동안 관광자원에 의존해 왔던 발상에서 과감하게 탈피해 정보산업 육성, 동계올림픽 유치 등 지역경제에 새 활력을 불어넣어 줄 정책들을 추진하기 시작했다. 목재·화학 등 대표적인 지역산업이 사양길에 접어들면서 침체에 빠진 부산은 국제영화제 개최, 영화촬영스튜디오 설치 및 운영조례 제정 등 영상산업도시로서의 발전전략을 추구하여 상당한 성공을 거둔 것으로 평가받고 있다. 기초자치단체들 중에도 각기 지역 특성에 맞는 발전전략들이 다양하게 모색되고 있다. 부천의 만화산업, 성남의 디

지털밸리 추진 계획, 문경과 남해의 휴양관광도시화 계획 등이 좋은 예들이다.

이상의 발전전략들은 대부분 지방선거과정에서 단체장들이 주민의 지지를 얻기 위해 공약사업으로 제시된 것들이다. 그 후 공론화과정을 거쳐 추진되는 과정에서 일부 발전전략의 방향과 추진방안을 둘러싸고 갈등이 빚어지는 경우도 있었다. 또한 현실성 없는 장밋빛 공약들이 남발되거나 무리한 사업추진으로 좌초되거나 빈축을 사기도 했다. 그렇지만 자신의 지역을 어떻게든 새롭게 발전시켜 보겠다는 방안이 속속 제시되고, 이를 추진하기 위한 동기부여가 형성되는 과정에서 지방의 특성화 및 차별성이 점차 부각되기 시작한 것은 매우 바람직한 일이다. 지방자치 10년은 한국의 지방들이 새로운 미래를 위해 무언가 꿈틀거리기 시작하도록 만들었다는 데 큰 의의가 있는 것이다.

② 행정정보공개 및 정보화정책 : 행정정보공개는 지방자치 실시로 거두게 된 또 하나의 성과로 꼽힐 만하다. 1992년 청주에서 시작된 행정정보공개운동 및 행정정보공개조례제정은 시간이 지나면서 각급 지역으로 확산되어 갔다. 이러한 움직임은 지방에서 시작되어 중앙정부로까지 이어져, 1996년 〈공공기관의 정보공개에 관한 법률〉이 통과되어 1998년부터 시행되기에 이르렀다. 이로써 시민들은 지방정부뿐만 아니라 중앙정부의 모든 부처 및 산하기관에 대하여 행정정보를 공개하도록 청구할 수 있는 법적 권한을 행사할 수 있게 되었다. 행정정보공개는 지방정부를 포함한 공공기관의 투명성을 높일 수 있는 길을 트게 하였고, 주민참여를 높이는 데도 크게 도움을 주었다.

1994년부터 정보통신부의 지원을 받아 시·군 지역에 지역정보센터가 설립되기 시작하였고, 1997년까지 45개 지역에 지역정보센터가 만들어졌다(한국정보문화센터, 1998). 1996년에는 〈정보화촉진기본법〉이 제정되어 지역정보화정책이 추진되기 시작했고, 2000년까지는 대부분의 지방정부가 지역사회 각 분야 업무에서 정보활용을 적극 활성화할 수 있는 기반이 마련되었다. 현재 거의 모든 지방정부가 자신의 홈페이지를 구축하고 있으며, 이를 통해 공공정보 제공 및 지역사회의 의사소통이 활성화되고 있다. 이와 같이 행정정보가 체계적으로 축적 및 관리될 수 있음으로 해서 행정정보가 보다 쉽고 널리 공개될 수 있게 되었으며, 이로써 지방정부 업무의 효율성 제고 및 시민감시 및 참여 증진도 보다 용이해졌다.

③ 민원행정 쇄신: 민원행정도 지방자치 실시 이후에 크게 개선되었다. 관치행정 시절과는 달리 공무원들은 시청을 찾아오는 주민들에게 매우 친절해졌다. 한 번의 방문으로 민원을 해결하는 원 - 스톱(One stop) 민원처리시스템이 곳곳에서 가동되기 시작했고, 동사무소뿐만 아니라 주요 공공시설, 백화점 등에서도 민원을 처리해 주는 이동민원제가 도입되었다. 전화나 팩스를 통해 민원을 접수하고, 주민이 원하는 곳까지 민원서류를 배달하는 서비스도 관치행정 하에서는 생각할 수 없었던 일이었다. 주민에 대한 공무원의 태도를 평가하는 공무원친절평가단 및 그린카드(Green Card) 제도 등 민원행정의 각종 개선책이 여러 지방정부로 확산되고 있다. 지방자치제는 지방관청들로 하여금 주민을 행정서비스의 소비자(consumer)로 섬기거나 고객지향형 지방경영을 펴도록 하고 있다. 이 과정에서 주민을 행정 동원의 대상으로 간주하거나, 수동적 투표권자(voter)로만 바라보던 시각은 사라져가고 있다. 행정정보공개의 경우처럼 지방정부에서 비롯된 민원행정 개선책도 행정자치부 등 중앙정부의 여러 부처로 확산되고 있는 추세다. 바야흐로 지방자치를 통해 이루어진 행정 쇄신의 방책들이 국가행정 전반에 걸친 변화를 유발하는 '아래로부터의 쇄신'(bottom-up reform)이 이루어지고 있다.

④ 공공서비스 개선: 자치제가 정착되면서 지방정부가 제공하는 공공서비스의 질이 개선되는 조짐들도 현저하다. 공공 보건의료서비스를 지역사회에 제공하는 보건소의 경우를 보자. 보건소법이 1956년에

제정되어 그 후 1980년대 말까지 보건소는 지역사회의 임신, 출산, 영유아를 위한 모자보건, 가족계획, 법정전염병 방제와 예방, 저소득층 진료 등 업무를 담당해 왔다. 그러나 보건소는 급속한 산업화와 도시화에 따른 지역적 다양성을 미처 수용하지 못하고, 증가되는 공중보건 수요를 충족시키지도 못했다. 1991년 지방자치의 부활과 함께 보건소법이 개정되면서 보건소에는 '지역보건의 기획 및 평가', '정신보건·노인보건·장애인의 재활' 등의 업무가 추가되었다(남정자 외, 1996: 28, 104). 이어서 1995년에는 보건소법이 〈지역보건법〉으로 통합, 개정되면서 지방의 보건행정 발전을 위한 법적 기반이 마련되었다.

환경문제와 연관된 폐기물관리의 경우를 보면, 군포시의 시민들과 시민단체들은 1990년대 초부터 쓰레기소각장 반대운동을 격렬하게 벌여온 바 있다. 이들은 소각장 반대운동을 펴 나가는 과정에서 통합적인 쓰레기 관리의 중요성을 인식하게 되었고, 이 문제에 대해 시민 참여를 제도적으로 보장하는 폐기물관리조례 개정운동에 착수했다. 2000년 5월 이들은 마침내 폐기물관리 시민위원회 설치를 골자로 하는 조례 개정안을 통과시키기에 이르렀다. 이 운동의 성과는 다른 지역으로 확산되어, 경기도 쓰레기문제해결을 위한 시민단체협의회를 중심으로 한 '폐기물관리조례 제·개정운동'으로 이어졌으며, 여러 곳에서 폐기물관리조례 내용을 친환경적으로 바꾸는 데 기여했다(시민자치정책센터, 2001: 19~23).

지역보건법 제정과 폐기물관리조례 제·개정의 경우는 다같이 시민들의 적극적 요구 표출과 참여에 의해 이루어진 것이다. 이처럼 지방자치제 부활은 시민의 손에 의해 정부가 제공하는 공공서비스의 질적 개선책을 만들어 낼 수 있는 길을 터 주었다.

3) 문제점과 부작용

(1) 중앙집권제적 유산

지방자치 부활로 분권화가 진전되고 있는 것은 부정할 수 없는 사실이다. 그러나 오랜 집권적 전통 속에서 굳어진 유산들이 아직 곳곳에 남아 있다. 이와 같은 중앙집권적 잔재를 측정하고 분석하기 위해 일부 학자들에 의해 몇 가지 지표들이 제시되고 있는데,[5] 여기서는 법과 제도 면에서 중앙집권적 잔재가 아직까지 온존하고 있는 네 가지 분야를 중심으로 살펴본다.

첫째, 일반행정 사무에서 중앙정부는 아직도 지방정부의 행정절차, 운영, 인사권 등에 대하여 광범한 통제권을 행사하고 있다. 중앙정부는 지방정부의 의결·결정·명령·행정처분이 불법 부당하다고 판단될 경우 법원에 제소하거나, 무효·정치처분 등을 내릴 수 있으며(지방자치법 제157조, 제159조), 사업소나 출장소 등 지방정부의 보조기관 및 부속 행정기관의 설치에도 관여한다(제101조, 제102조, 제104조, 제105조, 제106조, 제111조). 또 지방공무원의 정원을 자치단체의 조례로 정하도록 하면서도 정원조정이나 임용 및 시험, 보수, 교육 훈련 등 실질적 권한은 대통령령이나 법률에 의거하도록 되어 있다(제103조).

둘째, 예산면에서 대다수 지방정부는 재정자립도가 매우 취약하여 중앙에 의존하지 않을 수 없다. 2000년 기준으로 보았을 때, 재정자립도가 50% 이하인 광역자치단체는 총 16개 시·도 중에서 절반인 8개이며, 232개의 기초자치단체 중에서는 무려 186개(80.1%)나 되었다. 특히 군(郡)지역의 경우 총 91개 군에서 재정자립도가 50% 이상

---

5) 최창호는 지방분권화 측정지표로써 특별행정관서의 종류와 수, 지방자치단체 중요직위의 선임방식, 국가공무원과 지방공무원 수의 대비, 국가재정과 지방재정규모의 대비, 국세와 지방세 수입의 대비, 국가의 지방예산통제 정도, 지방자치단체의 사무구성비율, 민원사무의 배분비율, 감사 및 보고의 회수의 9가지를 제시하고 있다(2001: 48~49).

인 군은 불과 4개에 그쳤다. 한편 지방정부의 예산 편성·집행·결산에 있어서도 중앙정부는 광범한 권한과 영향력을 행사한다. 예를 들면 지방정부의 재원 마련에 가장 중요한 지방예산편성은 행정자치부의 기준에 따라야 하는데, 이를 위해 행정자치부는 매년 예산편성기본지침을 작성하여 지방정부에 내려보내고 있다. 그리고 지방정부의 예·결산이 지방의회에서 의결된 경우 행정자치부 장관에게 지체 없이 보고하도록 되어 있다(제124조, 제125조).

셋째, 중앙과 지방간 사무배분에 있어서도 여전히 중앙편중이 심하고 지방 이양에 인색하다. 1994년 총무처(1994) 자료에 따르면 국가사무가 75%, 지방위임사무가 12%, 지방사무는 13%였다. 지방자치의 부활과 함께 중앙의 권한을 지방으로 이양해야 한다는 여론이 높자 중앙정부는 1991년부터 1997년까지 7회에 걸친 '지방이양합동심의회'를 통해 중앙권한의 지방이양을 추진해 왔다. 그러나 법률상 기구가 아니라는 심의회의 지위, 관계부처의 소극성 등으로 인해 지방이양은 지지부진한 상태를 면하지 못하였고, 급기야 1999년 김대중 정부는 〈중앙권한의 지방이양촉진법〉을 제정하고 '지방이양추진위원회'를 설치하기에 이르렀다. 한편 지방자치법에 따르면 지방자치단체의 사무범위는 매우 광범위하지만(제9조) "법률에 이와 다른 규정이 있는 경우에는 그러하지 않는다"라는 예외규정(제9조 ②)에 따라 지방정부의 관할권이 제약을 받고 있다. 즉 원칙적으로 지방정부가 처리하는 사무가 수도권정비사업법, 주택건설촉진법, 도로법, 중소기업기본법, 도시계획법 등 중앙이 정한 법률과 충돌할 경우 상위 법률에 따라야 하며 중앙의 규제를 받게 되어 있는 것이다. 또한 지방정부의 사무분류 기준도 중앙집권제 시절에 만들어진 것이어서, 구분이 애매하고 중복되는 면이 많아 행정낭비 및 비효율을 가져오는 원인으로 지적되고 있다.

넷째, 행정감사의 경우 지방정부에 대한 중앙정부의 감사를 법제화시켜 놓고 있다(제158조). 또 지방정부가 위임받아 처리하는 국가사무의 경우 국회의 감사를 받도록 되어 있으며, 국회가 직접 감사하지 않을 경우 지방의회가 할 수 있도록 되어 있다(제36조 ③). 중앙부처에 의한 지방정부의 감사는 지방정부의 효율성과 책임성을 증진시킨다는 점에서 그 취지는 옳다고 할 수 있지만, 문제는 그것이 종종 지방을 통제하는 수단으로 이용되고 있다는 것이다. 또한 중앙정부는 지방의회의 행정감사 능력을 신뢰하지 않을 뿐만 아니라, 그 능력을 키워주기보다는 직접 감사제를 선호한다. 이를 잘 보여주는 단적인 사례는 2001년 10월 24일 서울시 등 전국 7개 시·도 공무원직장협의회가 "국회의 지방자치단체에 대한 국정감사는 위헌"이라며 헌법소원을 청구하고 26일 서울시와 대구시의 공무원직장협의회가 소속기관에 대한 국회의 국정감사를 실력으로 저지하겠다고 선언한 사건이다(대한매일신문, 2001. 10. 27). 지방자치단체가 처리하는 기관위임사무가 국가사무이므로 국회의 감사를 받는 것이 법적으로 정당하다는 국회의 주장은 일견 당연해 보인다. 그러나 위임사무를 포함한 국가사무에 대한 감사는 감사원, 행정자치부 등 중앙부처에 의해 감사를 받고 있으므로 국회의 감사는 중복되는 측면이 있다. 또한 국회의 감사는 원칙상 국가사무에 한정되어야 함에도 불구하고 실제로는 그 경계를 이탈하여 이루어지는 사례가 빈번하다.

이처럼 일반행정, 사무배분, 예산, 감사 등 지방정부의 광범한 영역에서 중앙집권적 유산이 여전히 강하게 남아 있다. 지방의 자율성 확대를 위해서는 중앙에 여전히 집중되어 있는 권한과 자원들이 보다 과감하고 광범하게 지방으로 이양되어야 할 것이다. 동시에 지방의회의 조례제정 및 감사 영역의 확대와 지방정부의 인사권 및 예산권이 더욱 확대되어야 할 것이다. 이와 같은 취지 하에서 "지방이양추진위원회"와 학계를 중심으로 국가사무와 지방사무 분류작업이 진행되고 있는 것으로 안다.

(2) 무책임성과 부정부패

주민들의 관심과 참여가 더욱 증진되어야 지방자치는 책임성과 투명성을 높일 수 있다. 지방 정치에 대한 우리나라 주민들의 일반적 참여는 아직까지 낮은 수준에 있다. 지방선거의 투표 참여율은 대통령선거나 국회의원선거에 비해 현저하게 낮다. 단체장을 처음으로 뽑은 1995년의 제1회 동시지방선거에서만이 투표율이 60%를 넘었을 뿐, 여타의 지방선거는 50%대를 밑돌았다. 지방정부는 주민들의 참여가 가능하도록 각종 제도 및 정책의 문을 열어두고 있다. 예컨대, 자문위원회, 민원모니터제도, 주민감사청구제, 시민제안제도, 열린 시장실 등이 그것이다. 이러한 제도 덕분에 보다 많은 주민들이 이전에 비해 지방정부에 더욱 가까이 갈 수 있게 된 것이 사실이다. 그러나 이들 제도와 채널은 지역 특성을 고려하지 않은 채 획일적으로 운영되거나, 많은 경우 일부 주민들만을 위한 형식적 장치로 전락했다. 지역사회의 보수세력 연합은 종종 이들 제도를 머신정치에 이용하여 관제 참여를 동원하거나 후원적 지지를 위한 민원해결 창구 등으로 이용하려 한다. 시민사회적 기반이 취약하고 시민단체들의 활동이 부진한 지방으로 갈수록 참여부재, 무책임성, 부정부패의 고리는 더 악화되기 마련이다.

1996년에 실시된 전국 기초자치단체에 대한 주민여론조사 결과(국정홍보처 홈페이지 참조, http://www. allim. go. kr/public/jsp/govresearch _list. jsp, 2001. 03)를 보면 지방정부가 주민들이 만족할 만한 성과를 가져오기에는 아직도 요원함을 알 수 있다. 행정자치부에서 실시한 2000년도 지방자치단체 평가결과에 따르면 지방정부의 주요 시책에 대해 주민들이 만족하는 정도는 10점 만점에 보통 수준 격인 5. 12점이다. 분야별로는 민원업무 같은 일반 행정분야에 대한 만족도는 상대적으로 높지만, 복지나 지역경제에 대한 정책 현안에 대해서는 불만도가 높게 나타났다. 주민만족도 조사는 지난 10년간 일선 공무원들의 자세는 점차 고객 지향적으로 바뀌고 있음을 확인해 주고 있다(〈표 1-5〉 참조).

〈표 1-5〉 지방정부의 주요 시책에 대한 주민 만족도

부문별	주 요 시 책	만족도
일반행정혁신	민원업무 처리시간, 공무원의 친절성 등	5. 86
복지·환경개선	장애인시설, 보건소 서비스, 수돗물 관리 등	4. 97
지역경제진흥	산업유치지원, 공공근로사업 등	4. 25
지역개발확충	지방도로관리, 문화기반시설, 옥외광고물관리 등	4. 67
주민안전관리	소방시설 및 재해관리, 시설물안전관리 등	4. 83

* 출처: http://www.mogaha.go.kr/korean/ morgue/main_reports.html, 2001. 04.

그러나 공공 정책 분야에 대한 지역주민들의 불만정도는 더욱 높아지고 있다. 자치제도의 운영 실적은 이처럼 아직도 주민의 요구에 적극 부응하지 못하고 있는 편이며, 지방정부의 책임성과 효율성에 대한 주민들의 신뢰도 역시 낮은 수준에 머물러 있다.

여기에 더해서 지방자치 실시 이후 지방정부의 지도급 인사들이 관련된 부정부패, 추문, 잡음들이 끊임없이 폭로되고 있다. 부정부패로 인해 사법 처리된 사례들을 보면, 인·허가와 관련하여 단체장 및 지방의회의원들의 뇌물수수가 빈번하며, 입찰 계약과 관련한 뇌물 상납, 보직 및 승진청탁 관련 뇌물수수, 탈세를 위한 불법압류 해제 등이 허다하다. 1995년 5월부터 2000년 3월까지 부패행위로 사법 처리된 대상자들을 보면, 시·도지사 5명, 시·군·구청장이 53명, 광역의원 54명, 기초의원 134명 등 총 246명에 이르고 있다(대검찰청 내부자료; 한국지방행정연구원, 2000: 94~95). 또 〈표 1-6〉에 따르면 민선 2기 동안에 각종 부정부패 혐의로 사법처리된 단체장 수가 민선 1기에 비해 약 두 배로 늘어났다.

〈표 1-6〉 민선 단체장 사법처리 현황

(기간: 1995년 7월 ~ 2001년 3월)

구분	뇌물수수	뇌물공여, 배임, 알선수재	선거법 위반	정치자금법, 기타 위반	합계
합계	36	3	24	5	68
민선 1기	16	.	5	2	23
민선 2기	20	3	19	3	45

*출처: 지방자치단체 감사백서 (http://www. bai. go. kr/pdata10_1n. html, 2002. 01. 22).

　　지방정부의 무책임성이 드러나고 지도자들의 부패현상이 만연할수록 반자치론자들의 입지는 넓어지기 마련이다. 이들은 지방자치가 곧 부정부패를 가져온 원인이라고 세론을 몰아가려 할 것이다. 지방의 정치행정과정에서 드러나고 있는 부정부패는 실상 '자치' 때문에 생겨난 것이라기보다는 오히려 과거에는 관치의 그늘에서 은폐되어 왔던 부패 고리들이 드러나고 있는 측면이 더 많을 것이다. 이러한 문제점들은 집권주의로 되돌아간다고 해서 해결되지 않는다. 오히려 더욱 과감하게 지방정치의 책임성과 행정 투명성을 제고할 수 있는 제도적 장치를 마련하고 관행을 쇄신해 나가는 과정에서 발전적인 해결책을 찾아가야 할 것이다. 예컨대 부패발생 소지가 많은 입찰 및 인·허가 관련 민원행정의 투명성을 확보하기 위해서는 행정실명제, 인터넷을 통한 정보공개 및 입찰제, 대형공사의 시민감독관제도 등을 도입, 운영해볼 수 있을 것이다. 이런 점에서 일부 지방정부에서 이미 시도하고 있는 일련의 제도와 장치들을 예의 관찰, 분석하여 그 성과를 극대화하고 시행착오를 줄여나가는 방안을 강구해 나가야 할 것이다.

(3) 방만한 재정운영

지방정부는 주민들에게 양질의 공공서비스를 제공하기 위해 재정을 건전하고 효율적으로 운영해야 한다. 그러나 지방자치 실시 이후 지방정부의 재정운영에 난맥상이 종종 드러나고 있다. 일부 재선을 노리는 단체장들이 임기동안 자신의 치적을 올리기 위해 선심성 예산을 마구 집행하는 사례들도 지적되고 있다. 방만한 재정운영은 지방정부의 책임성을 떨어뜨리고 결국 주민들에 돌아갈 공공서비스의 질을 약화시킬 가능성이 크다.

2000년 12월 28일 행정자치부가 발표한 〈2000년 전 지방자치단체 재정상황 종합분석결과〉6)에 따르면, 전체적으로 우리나라 지방정부 재정의 중앙의존도는 여전히 높은 것으로 나타났다. 자체수입은 증가하고 있는 추세이나 경상경비 비중이 높아져 재정운영의 경직성도 높은 것으로 분석되었다. 또한 지방재정연감(2000)에 따르면 예산을 책정해놓고도 사용하지 못한 불용액 비율이 20%를 초과하는 지방정부가 있다. 불용액 비율이 높다는 것은 지방정부가 재정계획을 효율적으로 운영하지 못하고 있다는 증거이다. 보다 심각한 재정운영상의 문제는 선심성 경비집행이 많다는 점이다. 1998년 3월 30일부터 4월 18일까지 18일간 감사원은 36개 지방자치단체(광역자치단체 4개, 기초자치단체 32개)에 대해 선심성 경비집행 실태를 감사한 바 있다. 감사원 보고에 따르면 예산을 목적 외 사업에 사용하거나 선심성 경비로 집행한 사례는 총 251건에, 집행금액으로 따지면 431억~3,400여만 원에 이르는 것으로 나타났다(감사원보도자료, http://www.bai.go.kr/gamsa, 2002.01.22). 감사원이 지적한 주요 문제점별 사례들을 보면 다음과 같다: 시책업무추진비를 해당 사업부서 소관으로 편성하지 않고 총무과 등의 소관으로

---

6) 여기서 사용되는 재정운영 분석지표는 10가지인데, 재정자립도, 재정력지수, 경상수지비율, 세입·세출충당비율, 지방채상환비율, 세입예산반영비율, 투자비비율, 자체수입증감률, 경상경비증감률이다(http://www.mogaha.go.kr/korean/morgue/main_reports.html, 2001.03).

일괄 편성하여 기관장이 대부분을 집행한 경우; 특수활동비 집행내역을 기재하지 않은 채 용도 불명하게 사용된 경우; 월별, 분기별 집행계획을 초과하여 (6·4 지방선거를 앞두고) 1998년 1/4분기에 과다 배정하여 조기 집행한 경우; 통·반장, 지역주민, 유관기관 관계자, 소속직원 등을 대상으로 지급하는 다과비, 위문품, 격려금 등 섭외성 경비를 업무추진비로 편성하여 집행해야 하나 기관별로 상한액이 정해져 있어 보상금, 보조금 등 다른 예산과목에 편법으로 편성하여 지급한 경우 등. 이외에도 허위영수증 첨부 사례, 산업시찰예산을 관광경비로 유용한 사례, 공금 횡령 및 변태 집행 등 지방정부의 선심성 경비집행은 다양한 방식으로 이루어지고 있는 것으로 밝혀졌다. 36개 지방자치단체를 대상으로 한 감사가 이 정도였다면, 전체 지방자치단체의 편법 실태는 더욱 심했을 것으로 보인다.

　자치단체 예산낭비의 대표적 사례로 1999년에 열린 하남시 국제환경박람회가 꼽힌다. 중앙정부가 사업의 타당성 문제를 들어 환경박람회 개최를 만류하였고 민자유치 계획도 실패했다. 그럼에도 불구하고 시장의 중점 사업이라 하여 환경박람회는 강행되어 186억 원의 세금이 투입되었다. 그 결과 130억 원에 달하는 적자를 기록했고, 이 적자 보전을 위해 시민의 혈세가 동원되고 있다. 이 사건을 계기로 해서 이권이나 치적을 위해 무리하게 사업을 추진하여 예산을 낭비한 정부부처나 지방정부에게 '밑빠진 독상'을 수여하는 사례가 시민단체에 의해 만들어지기도 했다. 2001년 한 해 동안 공개입찰도 하지 않은 채 사업능력이 전무한 업체와 민자유치사업을 벌이고, 사업추진과정에서 뇌물까지 받은 충청북도 청원군수, 적자투성이 유람선을 운영하여 총 50여억 원을 낭비한 부산시, 일반회계 연간 예산을 초과하는 빚을 내어 유원지 사업을 벌였다가 실패한 후에 지방채를 발행하여 빚으로 빚을 갚게 된 속초시, 인근 군산공항과 불과 27㎞ 떨어져 있음에도 불구하고 선거공약을 이행한다는 명분으로 신공항을 추진중인 전주시 등에 이 불명예스러운 상이 수여되었다(http://newsmaker.khan.co.kr/society/

n454c04. htm, 2002. 01. 21).

방만한 재정운영은 종종 분권화를 반대하는 사람들이 지방자치의 폐단을 주장하는 근거로 이용되고 있다. 그러나 일부 지방정부에서 선심성 경비 사용, 무리한 사업추진 등 예산 낭비의 문제점을 드러내고 있는 것은 사실이나 전체 지방자치의 문제로 확대 해석할 필요는 없어 보인다. 실제로 1994년에 개정된 지방재정법은 지방정부로 하여금 주민들에게 재정상황을 공개하도록 되어 있다(제118조 ③). 또한 예산감시 네트워크 등 시민단체에 의한 예·결산 분석과 감시활동도 날로 활발해지고 있다. 이처럼 시민의 감시와 비판의 눈들이 지방 행정부의 재정운영을 점차 개선해 갈 것으로 기대된다. 하남시가 시민들의 압력과 비판을 받아들여 환경박람회 계속 개최를 포기한 것은 이런 점에서 ─ 비록 사후약방문 격이긴 하나 ─ 주목할 만한 사례다. 재정운영의 건전성과 효율성을 위해서는 중앙정부의 협력과 주민들에 의한 감시, 그리고 지방의회의 예산권 및 감시기능 강화 등의 제도적 보완책과 개선 방안들이 동시에 모색되어야 할 것이다.

4. 맺는말

30년 만에 부활된 지방자치는 지난 10여 년 한국정치의 민주화를 아래로부터 떠받치는 데 적지 않게 기여했다. 선출직 공직자가 대폭 늘어나고 지방선거의 주기와 일정이 정례화하고, 제도화되는 등 '민초정치'(*grass-roots politics*)의 장이 확장되고 있는 것은 한국의 대의제 민주정치의 장래를 보다 밝게 내다볼 수 있는 바탕을 제공하고 있다. 지방자치 실시 이후 공직 사회는 과거보다 훨씬 더 주민들의 눈을 의식하기 시작했고, 더불어 주민들의 참여와 요구도 더욱 활성화되었다. 시민단체들의 활동이 다양화되는가 하면 지방자치단체마다 지역 특성에 맞는 경제성장과 발전모델을 찾아 분주하게 움직이는 모습이 곳곳에서 포착되고 있다. 아울러 공공서비스 공급을 개선하기 위한 지방정부의 노력도 증진되고 있다. 지방에서 비롯된 이러한 움직임은 중앙정부로까지 확산되기 시작하여 국가 차원에서 정부의 질을 높이려는 노력을 이끌어내고 있다. 지방사회의 엘리트와 주민들은 지방의 독자적인 발전전략과 리더십유형을 모색하는 과정에서 지역사회 곳곳에 활발한 공론장을 만들어가고 있다.

돌이켜보건대 민주화의 소용돌이 속에서 정치적 투쟁과 타협의 산물로 부활된 한국의 지방자치는 장기적 구상, 명확한 목표, 세심한 계획이 부족한 상태로 출범한 배에 비유할 만하다. 이제부터는 지형지물을 잘 탐지하고, 방향키를 올바르게 잡아, 목표를 향해 망망대해를 실수 없이 전진해 나가야 할 것이다. 지난 10년간의 공과를 살펴보고 평가하는 일은 지방자치의 새 진로를 모색해 나가는 시사점을 얻는데 그 의의가 있다. 지난 10년간의 지방자치 경험을 요약한다면 혼신의 노력을 경주하여 화려한 출발행사를 마친 셈이며, 우리나라의 지역사회를 모두 '가장 살기 좋은 곳'으로 만들어 보겠다는 '장밋빛 청사진'을 그려본 시간으로 기록될 수 있을 것이다. 그리고 무엇보다 자치제 실시를 반대하고 그 부작용을 우려해 왔던 정치권과 관변 일각의 '반(反)자치의식'을 불식시키고, 마치 한강의 기적을 이루어낸 경제성장의 성공담처럼 '하면 된다'는 자신감을 얻게된 것을 큰 성과로 인정해야 할 것이다. 반면 지방자치 10년의 변화를 그 성과와 내실 면에서 들여다보면 한국의 지방자치는 분권화와 자율신장, 지방민주주의와 시민참여의 활성화, 효율성과 정책쇄신 등 거의 모든 영역에서 산적한 과제와 도전요소들을 안고 있다. 수도권 과밀집중, 난개발 국토, 환경파괴 등 삶의 질은 별로 개선되는 기미가 없고, 지방경제의 활성화도 요란한 청사진에 비하면 실적이 미미하다. 도시지역의 안전성과 교통혼잡도 주거환경 등도 세계에서 꼴찌 수준에 맴돈다. 그 외에도 지역이기주의 문제, 자원배분의 나눠먹기식 비효율성, 단체장 독주와 의회운영의 비능률성, 중앙정치의 축소판처럼 닮아가는

지방정치의 정당행태와 권력구조의 난맥상, 시민참여 및 특히 여성대
표성의 부재 등이 한국의 지방자치가 넘어가야 할 산들이다.

　지방자치의 여러 문제들을 해결하는 방안들은 매우 다양하고 복잡
하여 이 글의 범위를 넘는다. 그러나 그 구상과 목표는 뚜렷하다. 첫
째, 지방자치의 개혁방향은 분권화와 자율성을 증진하는 방향으로 풀
어나가야 할 것이다. 한국 지방자치의 병폐는 대부분 중앙집권적 특
성이 지방정부의 활력을 억누르고 있는 데서 비롯한다. 중앙권한의
지방이양, 국세와 지방세의 세원조정, 특별지방행정기관의 축소,
통·폐합, 중앙정부의 감독권한 축소 등의 제도개선 방안은 모두 분
권화와 지방의 자율성을 증진시키는 방향으로 풀어나가야 한다.

　둘째, 지방정치는 무엇보다 주민들을 주인으로 모시고, 주민들로
하여금 권리와 책임감이 조화된 주인의식을 갖도록 하는 것이 가장
중요하다. 공직자의 행위규범과 지방행정의 공익서비스 기능이 이런
방향에서 이루어지도록 하는 것이 당연하다. 중앙과 지방의 정부는
시민들에게 민주의식을 심어주는 '교육적 기능'과 민주적 의사결정을
통해 갈등을 조정·해결하는 '통합적 기능'을 균형 있게 수행할 수 있
도록 그 임무와 기능, 조직 등을 개혁해 나가야 한다. 지방자치는 주
민참여를 통해 중앙정치의 폐해를 줄이고 자율성과 독자성을 확보해
나갈 수 있도록 각종 제도개선과 참여 촉진책을 마련하는 데 인색하
지 말아야 한다. 비록 주민참여로 인해 초래되는 비용과 부작용이 따
를지라도 그 해결책은 참여를 증진하는 방향에서 찾도록 하지 않으면
안 될 것이다.

　셋째, 지방정부의 개혁은 지방단위 정치행정 조직들의 자치역량을
키우는 한편, 지방의 정치 및 행정과정을 지속적으로 공개화, 투명화,
민주화, 효율화하는 방향으로 이루어가야 한다. 이와 관련하여 지방의
회의 지위와 역할을 향상시키고 효율화하는 방안, 비례대표제 개선,
현직에 유리한 선거법 개정 등의 문제가 제기되어 왔다. 주민참여제도
가 형식적으로 운영되어 일부 힘있는 단체의 독점적 영역으로 그 의미

가 퇴색되고 있는 데 대한 우려도 있다. 지방정부에 대한 주민의 참여, 통제 및 감시 시스템―주민투표제, 주민소환제, 주민발의, 주민소송제 등―의 도입, 주민참여제도에 대한 가이드북 발행, 초·중·고 교과과정에 지방자치 및 참여의 중요성 신설, 주민자치센터의 야간개방, 공청회의 주말 개최 등의 안들도 속출하고 있다.

끝으로 우리는 현재 세계 선진 각국에 지방정부 개혁의 열풍이 불고 있음에 유의하여, 이들의 경험과 제도들을 연구, 비교하고, 이들로부터 교훈을 얻는 데 인색하지 말아야 할 것이다. 이와 관련하여 영국에서―주로 유럽형 복지국가가 실패에 착안하여―등장한 신공공관리론(*new public management*)은 지방정부의 개혁방안을 '경쟁과 수익자 부담의 원칙, 소비자 선호의 중시' 등을 모토로 내세워 시장 메커니즘을 도입하는 데서 찾고 있다. 이러한 개혁론은 한국에서도 경제위기를 맞는 상황과 맞물리면서 유행하게 되었다. 많은 지방정부들이 '기업가형 지방경영'이라는 이름을 내걸고 생산성 향상, 경영마인드의 도입, 고객 지향의 지방행정서비스, 민영화·민간위탁을 통해 민간부문의 활력을 이용하는 정책 모델을 채택, 추진해 왔다.

시장메커니즘 도입은 지방공공서비스의 개선 등 지방행정의 일부 영역에서 효율성을 증진시키는 성과를 낸 바 있다. 그러나 많은 경우 합리적 행정개선, 의사결정의 투명화 등 내부적 개혁은 뒤로 미룬 채 가시적 치적주의에 편향되어 외부 경영에 주력해 온 결과 성과 못지않게 부작용도 컸다. 또한 이 과정에서 정책과 행정과정이 주민의 참여와 협력 하에서 이루어지지 못하고 단체장이 독단, 주도하는 경우가 많았다. 그 때문에 주민의 의사가 왜곡되거나 부정부패 시비가 끊이지 않는 등 반응성과 투명성 면에서 많은 문제들이 드러났다. 성급하게 시장메커니즘을 도입하여 요란을 떨었던 일부 지방정부는 오히려 자율성이 위축당하고 지방경제가 침체되는 결과를 감수해야 했다. 이는 외국의 좋은 모델을 들여와 적용하는 것보다 지방정치 및 행정 영역에서의 민주화와 투명화가 선행되어야 함을 일러주고 있다.

지난 10년이 한국 지방자치의 재출범 및 실험기였다고 한다면, 다가오는 10년은 풀뿌리 민주주의를 정착시키는 기회로 삼아야 할 것이다. 2002년 6월에는 지방의원 제4기 및 자치단체장 제3기 동시선거가 실시될 예정이다. 따라서 금년은 지방자치 발전에 분수령을 이루는 뜻깊은 한 해가 될 것이다.

▪참고문헌

공보처(1997), 《문민정부 5년 개혁백서》.

권영주(1999), "신제도론과 지방자치의 변화", 《한국지방자치학회보》 11(1), pp. 25~46.

김기옥(1992), 《지방자치행정론》, 법영사.

김만흠(1994), "지방자치 논리의 역사적 배경과 한국의 지방자치", 《동향과 전망》, 1994년 겨울, 녹두, pp. 7~31.

김병준(2000), 《한국지방자치론》(제2판), 법문사.

김인철·유영철(1998), "지방공공서비스의 민영화 지연요인 분석", 《한국지방자치학회보》, 10(3), pp. 213~229.

김중의·김명식(2000), 《공무원법》, 박영사.

남정자 외(1996), 《지역보건의 정책과제와 활성화방안》, 한국보건사회연구원.

내무부(1996), 《지방의회백서, 1991~1995》.

박세정(1998), "21세기를 대비하는 지방행정의 개혁 방향", 《한국지방자치학회보》 10(2), pp. 5~22.

손봉숙(1985), 《한국지방자치연구》, 삼영사.

시민자치정책센터(2001), 《시민의 힘으로 조례를 만든다 - 조례 제·개정 가이드 북》.

안청시(1985), "우리나라 지방자치제도의 발전과정과 그 특징", 김경동·안청시 외, 《한국의 지방자치와 지역사회발전》, 서울대학교 출판부, pp. 47~76.

_____·김만흠(1994), "지방자치와 지방선거", 안청시·진덕규 편, 《전환기의 한국민주주의: 1987~1992》, 법문사, pp. 279~284.

_____ · 김만흠(1995), "세계화와 중앙 - 지방관계의 재조명", 정진영 편, 《세계화시대의 국가발전전략》, 세종연구소, pp. 151~198.

엄운섭 역(1994), 《도시문제와 공공서비스》, 신구문화사, Pinch, Steven, *Cities and Services: A Geography of Collective Consumption.*

윤주명(1998), "시민참여에 대한 지방관료의 태도 - 아산시와 천안시 사례를 중심으로", 《한국지방자치학회보》10(2), pp. 91~112.

이계식(1996), 《중앙·지방정부 관계의 재정립 - 영국 지방자치의 경험과 교훈》, 한국개발연구원.

_____ 외(1995), 《정부혁신: 선진국의 전략과 교훈》, 한국개발연구원.

이석표 외(1999), 《지방자치시대의 분쟁사례집 1》, 행정자치부, 국토연구원, 한국지방행정연구원.

이승종·김홍식(1998), "지방자치행정 혁신에 관한 국제비교연구", 《한국지방자치학회보》 10(1), pp. 45~66.

임헌만(1999), "지방의회와 자치단체장의 정책역할구조에 관한 연구", 서울대 행정대학원 박사학위논문.

정세욱(1998), "지방자치단체 혁신에 관한 연구", 《한국지방자치학회보》 10(3), pp. 5~28.

정영국(1998), "한국의 민주주의와 지방자치", 박병섭 외, 《한국민주주의와 지방자치》, 문원, pp. 15~30.

정진호 외(1995), 《지방경쟁력 강화를 위한 기업가형 지방경영》, 한국경제연구원.

중앙선거관리위원회(1995), 《제1회 전국동시지방선거에 관한 유권자 의식조사》.

_____ (1996), 《제15대 국회의원 선거에 관한 유권자 의식조사》.

_____ (1997), 《제15대 대통령 선거에 관한 유권자 의식조사》.

_____ (1998), 《제2회 전국동시지방선거에 관한 유권자 의식조사》.

총무처(1994), 《중앙지방사무총람》.

최창호(1998), 《지방자치제도론》, 삼영사.

_____ (2001), 《지방자치학》(제3판), 삼영사.

최흥석(2000), "부천시사례", 박종민 외, 《한국의 지방정치와 도시권력구조》, 나남.

한국정당정치연구소(1999), 《부천 시정개혁 및 정책과제 진단·평가》.

_____ (2000), 《부천시 시정개혁 및 정책과제의 진단과 평가》.

한국정보문화센터(1998), 《지역정보센터 현황》.

한국지방자치연구원(1991), 《오늘의 지방자치》, 서울: 한국자치신문사.

한국지방자치학회(2000), 《한국지방자치론》(제3판), 서울: 삼영사.

한국지방행정연구원(2000), "지방정치의 부패구조 개혁방안", 〈연구원보고서〉 2000-02, 한국지방행정연구원.

_____ (1998), 《IMF의 극복-지방정부의 과제와 전략》, 한국지방행정연구원.

_____ (1994), 《중앙과 지방정부간 사무배분에 관한 입법화 방안》.

한림대사회조사연구소·춘천문화방송(1999), 《'99춘천리포트 — 춘천의 삶과 꿈》, 나남.

행정자치부(1999), 《지방의회백서1995~1998》.

행정자치부·국토연구원·한국지방행정연구원(1999), 《지방자치시대의 분쟁사례집 1》.

홍정선(2001), 《행정법원론 上下》(제9판), 박영사.

《제13회 대도시행정세미나 발표논문집》(1999), "사회적 자본과 시민사회의 발전", 서울시립대학교.

Ahn, Chung-Si and Kyong-Dong Kim (1987), "Korea", in Chung-Si Ahn, ed., *The Local Political System in Asia: A Comparative Perspective*, Seoul National University Press, pp. 33~61.

Dahl, R. (1961), *Who Governs?*, New Haven: Yale University Press.

Elkin, S. (1987), *City and Regime in the American Republic*, Chicago: Univ. of Chicago Press.

Gurr, T. and King, D. (1987), *The State and the City*, Chicago: Univ. of Chicago Press.

Hill, D. M. (1974), *Democratic Theory and Local Government*, London: Allen and Unwin.

Judge, D., Stoker, G. and H. Wolman (1995), *Theories of Urban Politics*, London: SAGE.

King, D. S. and G. Stoker(eds) (1996), *Rethinking Local Democracy*, Basingstoke, England: Macmillan in association with the ERSC Local Programme.

Leach, S., J. Stewart and K. Walsh(1994), *The Changing Organization and Management of Local Government*, London: Macmillan.

54

Osborne, D. and T. Gaebler (1992), *Reinventing Government: How the Enterpreneurial Spirit is Transforming the Public Sector*, Reading, Mass: Addison - Wesley.

Pateman, C. (1970), *Participation and Democratic Theory*, Cambridge: Cambridge University Press.

Pratchett, L. and D. Wilson (eds) (1996), *Local Democracy and Local Government*, Basingstoke, Hampshire: Macmillan Press in association with CLD Ltd.

Putnam, D. (1993), *Making Democracy Work: Civic Traditions in Modern Italy*, Princeton: Princeton University Press. 안청시 외 역 (2000), 《사회적 자본과 민주주의》, 서울: 박영사.

Wilson, J (1999), "From CCT to Best Value: Some Evidence and Observations," *Local Government Studies* 25 (2), pp. 38~67.

Wolman, H. (1995), "Local Government Institutions and Democratic Governance" in Stoker, G. et al (eds), *Theories of Urban Politics*, London: SAGE Publications. pp. 135~159.

제 2 장
지방선거와 지방정치엘리트

박 찬 욱

1. 서 론

한국의 1990년대는 지방수준에서 대의민주정치의 시대가 본격적으로 개막된 매우 중요한 시기이다. 이승만 정부시기인 1952년 4월에 시·읍·면 의회선거, 5월에 서울특별시와 도 의회 선거가 있었고 1956년에는 시·읍·면장이 선거에 의하여 뽑혔다. 하지만, 1950년 대의 지방선거는 대의민주정치가 확대되는 계기라기보다는 당시 집권 세력이 일반대중을 위로부터 조직, 동원하여 권력기반을 강화하기 위해 활용한 방편으로 평가되고 있다. 이승만 정부가 무너진 다음 1960년 12월에 각종 지방선거가 일자를 달리하여 몇 차례 실시되었으나 이러한 지방자치 실험은 이듬해 5월에 감행된 군의 정치개입으로 중단되고 말았다. 그리고, 우여곡절을 겪은 후 1991년 3월 26일에 기초 (시·군·자치구) 의회선거와 6월 20일에 광역(시·도) 의회선거가 치러졌다. 1995년 6월 27일에는 기초와 광역 자치단체 수준에서 의회와 단체장을 모두 뽑는 제 1 회 동시지방선거가 실시되었다. 이로써 이 해는 흔히 '지방자치의 원년'으로 불리고 있다. 1998년 6월 4일에는 제 2 회 동시지방선거가 실시되었다.

2002년 6월 13일로 예정된 제 3 회 동시지방선거를 앞두고 있는 시점에서, 이 글은 지난 10년여에 걸쳐 실시된 지방선거의 주요 측면들을 돌이켜 분석하고 한국 지방자치의 발전을 위해서 극복되어야 할 지방선거의 문제점을 부각시키고자 한다. 이 글에서 논의될 선거의 측면들은 선거제도와 정당정치를 포함한 선거의 맥락, 선거의 과정과 동태, 선거의 결과, 그리고 당선자들의 사회인구학적 특성이다. 최근에 수차례 실시된 지방선거에 대한 심층적 분석을 토대로, 이 글은 한국의 지방정치에서 대의민주주의가 실천되고 있는 양상에 대한 평가의 실마리를 제공할 수 있을 것이다.

2. 선거의 맥락 : 선거법과 중앙의 정당정치

선거분석은 해당되는 선거제도에 대한 고찰로부터 시작하기 마련이다. 선거제도는 선거에 관한 법률 및 각종 규정에 명시된 일련의 규칙들을 총칭한다. 인간사회의 제도는 구성원들의 상호작용이 전개되는 기본 틀을 제공한다. 제도는 행위를 한편에서는 제약하고 다른 한편에서는 유인하기도 하는 주요 요인이다. 선거제도는 선거에서의 경쟁주체나 선택주체의 행위에 영향을 주는 중요 요인이므로 선거에 대한 서술과 설명에 있어서 선거제도에 대한 논의는 필수적이다.

1980년대 말 민주화와 더불어 지방자치가 부활하게 되었다. 이를 위해 지방자치법이 1988년 4월에 전문 개정되었고 그 이후 수 차례 거듭하여 일부 개정되었다. 1991년의 기초의회 선거는 1990년 12월 31일에 전면개정된 지방의회선거법에 따라, 그리고 광역의회 선거는 1991년 5월 23일에 일부개정된 지방의회선거법에 따라 각각 실시되었다. 김영삼 정부 시기인 1994년 3월에 대통령과 국회의원을 선출하는 국가선거는 물론 지방선거에도 적용되는 〈공직선거 및 선거부정방지법〉

(〈공선법〉 또는 〈통합선거법〉)이 제정되었다. 이 법은 1995년 6월의 제 1 회 동시지방선거에서부터 전국적으로 적용되었다. 그리고, 1998년 6월의 제 2 회 동시지방선거에는 그 직전 4월 30일에 개정된 공선법이 적용되었다. 당시 개정에서는 특히 경제위기 상황에서 절실해진 정치비용의 절감에 역점이 주어졌는데 그 내용은 후술하기로 한다.

1990년대 이후 기초와 광역 수준에서 단체장과 의원의 임기는 모두 4년으로 규정되고 있다. 다만, 1995년 6월 선거에서 당선된 단체장과 의원에 한하여 임기가 3년이었다. 단체장 1인은 관할구역 주민의 직접투표를 거쳐 단순다수제에 의하여 선출된다. 즉 유효투표의 단순다수를 얻은 자가 당선자가 되는데 최고득표자가 2인 이상이면 연장자 순으로 당선을 결정한다. 후보자가 1인이 되어 경쟁이 없는 경우에 승인투표(approval voting)제가 적용되는데, 투표자총수의 3분의 1 이상을 득표하여야 당선자가 된다. 1995년 선거에서는 15명의 시·도지사, 230명의 구청장·시장·군수가 선출되었고, 1998년에는 16명의 시·도지사와 232명의 구청장·시장·군수가 선출되었다.

기초의회의 의원정수를 정하는 기준은 1991년과 1995년 선거에서 대동소이했다. 1995년 선거의 예를 들면, 읍·면·동마다 1인으로 하고 인구가 2만을 초과하는 경우 매 2만마다 1인이 추가되었다. 원칙적으로 1구 1인 선출의 단순다수제인데, 예외적으로 유권자가 단일의 후보자에 기표하지만 득표순으로 복수의 당선자를 결정하는 단기비이양투표(SNTV)가 적용되었던 것이다. 기초의회 의원정수의 하한은 7인이고, 상한은 원칙적으로 45인이며 인구가 70만을 초과하는 경우에만 50인으로 정해졌다. 그런데 1998년 선거에서는 읍·면·동마다 1인으로 한정하고 인구수 5천 미만의 동은 인접한 읍·면·동으로 통합시키게 하여 의원정수를 축소했다. 기초의원정수는 1991년에 총 4,304명, 1995년에는 총 4,541명이 되었다가 1998년에는 총 3,490명으로 감축되었다.

광역의회의 경우 1991년에는 시·군·구당 3인으로 하고 인구 30

만 초과시에 매 20만마다 1인 추가하는 방식으로 의원정수가 정해졌다. 각 시·군·구를 분할하여 1선거구 1인 단순다수제를 적용하였다. 1995년에는 종전대로 시·군·구 당 3인으로 하되 시·군·구가 2개 이상의 국회의원 선거구로 나누어져 있으면 국회의원 선거구당 3인을 선출하고 인구 30만 초과시에 매 20만마다 1인을 추가했다. 1구 1인 선출 단순다수제가 그대로 유지되었다. 그런데, 1995년 광역의회 선거에서부터는 시·도별 지역구 의원정수의 10%에 해당하는 수의 비례대표 의석이 추가되었다. 비례대표 의석은 각 정당에서 후보자 명단을 제출하고 5% 이상 득표한 정당에게 득표율에 비례하여 배분되었다. 잔여의석은 단수(端數)가 큰 정당 순위로 배당되었다. 다만, 득표율이 3분의 2 이상인 정당에게는 비례대표 의원정수 3분의 2에 해당하는 의석만을 할당했다. 광역의회 의원정수 하한은 시의 경우 23인, 도는 17인으로 설정되었다. 1991년 전국적으로 광역의원정수는 총 866명이었는데 1995년에는 제도변화로 말미암아 총 972명(지역구 875명, 비례대표 97명)으로 증가했다. 하지만, 1998년 선거 직전의 법개정으로 광역의회 지역구 의원정수 기준이 국회의원 선거구 또는 시·군·구당 2인으로 변경되었다. 비례대표 의석수의 비율과 선출방식은 그대로 유지되었다. 광역의회 의원정수 하한은 시·도 구분 없이 17인으로 정해졌다. 따라서, 전국적으로 광역의원정수는 총 690명(지역구 616명, 비례대표 74명)으로 대폭 감축되었다. 광역의회 가운데 서울특별시의회의 의원정수가 가장 많아 104명(지역구 94명, 비례대표 10명)이고 제주도의회의 의원정수는 17명(지역구 14명, 비례대표 3명)이다.

지방선거에서 정당공천제를 둘러싸고 부단한 논쟁이 전개되고 있는데, 1991년부터 1998년까지 모든 지방선거에 있어서 기초의회 선거에서만 후보자에 대한 정당공천이 허용되지 않고 있다. 1994년에 제정된 〈공선법〉은 이전과 달리 선거운동 방식에 대한 포괄적 금지를 탈피하고 몇 가지 특정 방식만을 제한하고 그 외의 방식을 허용함으로써 선거운동의 자유를 확대하였다. 또한, 자원봉사제도의 도입, 선거비용의 제한, 선거사범에 대한 강력한 제재 등의 조치를 강구하였다.

1998년의 지방선거 직전에 이루어진 공선법 개정도 많은 주목을 받았다. 선거비용을 줄이는 차원에서 선거운동 방식에 대한 규제가 변경되었고 언론매체를 이용한 선거운동을 활성화하는 한편, 노조의 선거운동을 허용하였다. 보다 구체적으로 첫째, 명함형 소형 인쇄물, 현수막 및 시·도지사 선거방송광고가 폐지되었다. 허용되는 인쇄홍보물 종류는 단체장의 경우 선전벽보, 선거공보 및 책자형 소형 인쇄물 1종으로, 지방의원의 경우는 선전벽보와 선거공보로 제한된 것이다. 둘째, 정당 및 후보자 연설회 개최회수가 구·시·군마다 3차례 이내에서 1차례 이내로 줄고, 지구당 유급사무원수는 7인 이내에서 5인 이내로 축소되었다. 셋째, 선출공직자 및 입후보 예정자와 이들 배우자는 주례가 금지되고, 친족을 제외한 축·부의금품 제공도 3만 원 이하 금품에서 1만 5천 원 이하의 금전이 아닌 경조품으로 종전보다 제한되었다. 다섯째, 시·도지사 후보자의 경우 방송연설을 2회에서 5회로 늘리고 언론기관의 후보자 초청 대담을 허용하는 등 언론매체를 이용한 선거운동을 활성화하였다. 여섯째, 선거공영제를 확대하고 선거공정성을 제고하는 조처가 포함되었다. 즉 시·도지사 선거에서 신문광고 비용은 지방자치단체가 보전하도록 하였고, 기탁금 반환 요건을 충족하는 득표시(유효투표총수를 후보자수로 나눈 수 이상이나 유효투표총수의 20% 이상을 득표한 경우) 선거사무원의 수당을 보전하도록 했다. 아울러, 지방자치단체장의 활동보고, 홍보물 발행 및 배부, 행사참석을 제한하였다. 일곱째, 노조의 선거운동을 허용하였다. 여덟째, 단체장이 임기중에 사퇴하고 다른 선출공직에 출마하는 것을 금지하였다(박병섭, 1998).

지방선거의 양상을 파악하기 위해서 전국적인 또는 중앙중심의 정당정치 양상이 선거환경의 중요한 일부로서 고려되어야 할 것이다. 특히, 지방정치의 경험이 아직은 일천하여 중앙정치로부터 자율성을 확보할 만한 여건이 조성되지 못한 한국의 경우에는 더욱 그러하다. 중앙정치에서 어떤 정당들이 주요 정치행위자이며 이들 정당의 지도자가 누구이고 그 지역적 지지기반은 어떠한가에 주목하지 않을 수 없는 것이다. 한국의 중앙정치에서의 주요 정당과 그들간의 관계는 지방선거를 둘러싼 단순한 환경 요인이 아니고, 지방선거의 무대에서 경쟁하는 주체가 누구이며 이들간의 관계가 어떠한가를 직접적으로 형성하는 결정적 요인이 되고 있다.

1990년대 이후 한국은 민주적 이행과 심화를 겪고 있는데 이 시기의 정당과 정당체계의 유동성은 매우 두드러졌다. 당명 개정, 정당간의 이합집산이 계속하여 어지럽게 전개되었다. 그럼에도 불구하고, 이 시기의 정당정치를 단순하게 김영삼, 김대중, 김종필의 3김 정치로 집약해도 큰 무리가 없다. 이 인물들이 이끄는 정당간에 이념적, 정책적 차별성이 전혀 없다고 할 수 없지만 설령 그러한 차별성이 있더라도 주요 정당과 정당들간 관계에 중요한 영향을 주었다고 말하기 어렵다. 3김은 나름대로 오랜 정치생활을 통해 형성해 온 각종 연고와 흡인력을 자원으로 하여 이념과 정책보다는 정치적 편의와 실용적 계산을 토대로 치열하게 권력을 추구했다. 인물중심의 정당, 민주주의가 내부적으로 취약한 정당, 정당간의 이합집산, 그리고 지역할거 정당체계는 모두 3김에 의하여 주도되는 정당정치의 특징이었던 것이다.

1990년 초에 이루어진 3당통합으로 대통령인 노태우와 김영삼, 김종필은 민주자유당(민자당)이라는 거대여당을 형성하고 야권에서 김대중은 제1야당 평화민주당(평민당)을 주도했다. 이러한 양극 구도에서 1991년 3월의 기초의회 선거가 치러졌다. 이 선거에서 민자당은 3당통합 이후 지지기반의 재구축에 노력을 경주하였고, 평민당은 야당세를 만회하려 하였다. 물론, 기초의회 선거에서 후보자의 정당공천은 금지되었지만 사실상의 정당개입이 이루어졌던 것이다. 같은 해 4월에 평민당은 신민주연합당(신민당)으로 확대 개편되어 6월에 정당공천이 허용되는 광역의회 선거에 임하였는데 양당구도는 변함이 없었다. 선거 이후, 같은 해 9월에 신민당은 군소야당인 민주당과 통합하였는데 당명은 민주당으로 하였다.

1995년 지방선거는 대통령 김영삼의 민자당, 김대중의 실질적 영향하의 민주당, 그리고 김종필의 자유민주연합(자민련)의 3당 구도에서 실시되었다. 그 해 1월에 김종필이 민자당에서 이탈하고 2월에는 자민련을 창당하게 되었다. 김대중은 1992년 12월의 대통령 선거에서 패배한 이후 정치일선에서 일단 후퇴했지만 그의 추종자들을 통해서 민주당을 여전히 좌지우지했다고 할 수 있다. 민주당이 1995년의 지방선거에서 승리하자 선거 직후인 8월에 김대중이 정계에 복귀하여 민주당의 추종자들을 규합하여 새정치국민회의(국민회의)를 창당하였다. 한편 민자당은 1995년 12월에 신한국당으로 개명하였다가 1997년 대선 경쟁이 한창인 11월 중순에 이회창 후보의 주도로 당명을 다시 한나라당으로 바꿨다.

1997년 대통령선거에서 국민회의와 자민련의 선거연합을 토대로 김대중이 승리했다. 1998년 6월의 제2회 동시지방선거에서도 대선의 경쟁구도가 유지되었다. 즉 새정치국민회의와 자민련의 집권연합을 상대로 한나라당이 야당으로서 대결하는 구도였다. 3당이 정립하는 체계였지만 단순화하면 양극 구도로 나타났다.

3. 선거 과정

이 절에서는 선거에서의 경쟁주체인 정당과 후보자가 유권자의 지지를 얻기 위해서 펼치는 선거운동, 언론기관에 의한 선거정보의 확산, 또한 유권자 조직인 시민단체 혹은 사회운동이 경쟁주체들과 상호 작용하는 양상을 중심으로 선거과정을 살펴보기로 한다.

국가선거나 광역 수준의 지방선거에서 정당이 후보자를 공천하고 선거운동을 전개하는 것의 여부는 논란의 여지가 상대적으로 적은 편이나 기초 수준의 지방선거에서는 정당의 후보자 공천 및 선거개입과 관련하여 찬반논쟁이 지속적으로 일고 있다. 주지하다시피 지난 10여 년의 기초 수준 지방선거에서는 의원선거의 경우 정당에 의한 후보자 공천과 선거운동 개입이 배제되고 단체장선거에서만 정당공천과 개입이 허용되어 왔다. 하지만, 여전히 기초단체장 선거에서도 정당공천 배제의 주장이 제기되고 있는 것이다.

기초 선거에서는 일체 정당개입을 금지해야 한다는 주장의 근저에는 대체로 정치를 부정적으로, 또한 지방자치의 성격을 탈정치적으로 파악하는 시각이 깔려 있다. 즉 정치란 적과 동지를 갈라 편을 짜서 속임수를 마다하지 않고 싸워가면서 권력을 추구하는 것이며, 정치인은 선거 때가 되면 으레 유권자들을 위하겠다고 하다가 당선되면 약속을 저버리고 자신의 잇속 차리기에 바쁜 정상배라는 인식이 그것이다. 정치의 본질을 이렇게만 본다면 주민복지와 지역개발에 역점을 두어야 하는 지방자치는 탈정치화가 바람직하다는 판단에 이르게 된다. 중앙정치의 쟁점이 지방선거를 좌우하고 단체장과 의회가 극한적으로 대립하는 것이 모두 정당이 지방선거에 개입하여 초래되는 사태로 보게 된다.

지방선거, 특히 기초선거에서 정당을 배제하자는 사람들은 그 주장의 근거로서 정당이 기초단체장이나 광역의원 후보자를 공천하면서 발생시키는 문제점을 강조한다. 지구당을 장악한 국회의원이 후보자 공천권을 장악하고 자의적으로 행사하는 경우가 비일비재하였다. 이에 그치지 않고, 공천과정에서 국회의원, 지구당 위원장, 그리고 지구당 대의원들에게 거액의 공천헌금을 제공하거나 그들과 금전거래가 있는 등 부정부패 사건이 적지 않았다. 후보자들은 이런 자금을 마련하기 위해서 지방의 재산가나 기업으로부터 음성적인 자금지원을 받게 되고 당선 후에 공직을 수행하면서도 부패와 비리를 일삼게 되는 것이다(김성호·황아란, 2000: 91~92). 이러한 문제점은 현실적으로 존재하는 것이고, 그리고 그 심각성을 부인하기도 어려운 것이 사실이다.

이 대목에서 필자의 입장을 밝히자면, 기초선거에서조차 정당을 배제하는 것은 원칙에 어긋나고 현실적으로 실현성이 별로 없다는 점을 말하고자 한다(필자와 대동소이한 입장에 대해서는 안순철, 2001; 지병문, 2001 참조). 따라서, 필자는 기초단체장 선거에서 정당공천을 배제하자는 주장에 동조하지 않는다. 다만, 기초의회선거에까지 정당공천을 확대하여 허용하는 조치는 현재로서 상당한 무리가 따를 수 있음을 인정한다. 앞서 지적된 한국정당의 현실적 병폐를 부인할 수 없지만 정당의 선거개입 자체가 원칙적으로 잘못된 것은 아니다. 정당 내부의 민주주의에 부합하는 공천절차를 확립하는 것은 물론, 집중된 중앙권력을 분산시키고, 주민 참여를 확대하며, 정치과정의 투명성을 제고하고, 지방의 선거와 의회 제도를 손질하는 등 일련의 정치개혁으로 그러한 문제점을 해소시켜야 할 것이다.

정치란 권력투쟁의 측면을 갖고 있지만 본질적으로 공동체 문제의 해결을 위한 활동이다. 아무리 소규모의 지역공동체라고 할지라도 공동생활을 영위하기 위해 집단적 의사를 형성하고 이를 실천에 옮기는 정치활동이 존재한다. 정치와 유리되어 지역개발의 대안이 형성되고 주민에 대한 공공서비스가 제공되지 않는다. 군수는 대통령과, 군의원은 국회의원과 동일한 내용의 일을 하는 것은 아니지만 군수와 군의원은 근본적으로 지방정치인이다. 지방정치의 장에서도 정당의 활동을 배제하기 어렵다.

정당은 그 소속 인사들이 선출 공직을 획득하기 위한 목적으로 조직되어 활동한다. 정당은 유권자들의 의사를 정책대안으로 집약하여 정치적 토론을 주도하기도 하며, 내세우는 정책대안과 후보자에 대한 지지를 얻기 위해 유권자들을 교육시키며 또한 그들의 참여를 유도한다. 나아가 정당은 획득한 공직을 바탕으로 의회와 집행부에서 정책의 심의와 실행에 영향력을 행사하게 된다. 요컨대, 정당은 유권자들과 더불어 있는가 하면 정부 내에서도 존재하면서 이 양자를 연결시키는 역할을 하는 것이다. 시민단체나 이익단체, 아니면 다른 종류의 조직이 이러한 연계활동을 수행하기도 하지만 일관성 있는 지도력을 갖추고 정치적 의사를 광범하게 취합하는 데는 한계가 있다. 더욱이 선거를 통한 공직추구 활동은 정당에 고유한 기능이고 어떤 다른 종류의 조직이 정당을 대체하도록 할 수 없다(박찬욱, 1995).

정당이 선거무대에서 활동하지 못하게 되면 후보자의 사적 조직이 정당 역할을 대행하게 되고 이는 더 많은 병폐를 가져올 것이다. 정당을 지방선거 무대로부터 추방할 것이 아니라 지방정치의 장에서도 정당이 제구실하도록 하는 것이 올바른 길이다. 정당이 지방선거 무대에서 활동할 때에는 중앙정치의 쟁점에 매몰되지 않고 그 지방의 문제를 해소하기 위한 정책대안을 형성하고 여기에 대한 논쟁을 제기할 수 있도록 개혁해야 한다는 것이다.

1990년대 치러진 세 차례의 기초의회 선거에서 정당 참여가 금지되었으나 주요 정당들이 후보자를 '내부공천'하고 선거운동을 지원하기도 하였다. 이를테면, 1991년 3월의 기초선거에서 각 정당은 내부갈등을 우려하여 후보자 공천에 가까운 사전조정을 하였다. 기초의원 후보자들 가운데 민자당 당적 보유자가 후보자 총수의 45.2%였는데, 친여성향 인물은 후보자 총수의 65%에 달하였다(안청시·김만흠, 1994: 288~293). 기초의회선거에서조차 정당을 추방하는 것이 현실적으로 어렵다.

지방선거에 출마하기 위해 등록된 후보자수를 선출정수로 나누어 후보자 경쟁률을 계산할 수 있다. 1991년 기초의회 선거는 2.4 대 1, 광역의회 선거는 3.3 대 1이었고, 1995년 선거에서는 기초의회 2.6 대 1, 광역의회 2.7 대 1(지역구 2.8 대 1, 비례대표 1.8 대 1), 기초단체장 4.1 대 1, 광역단체장 3.7이었다. 또한, 1998년 선거에서는 기초의회 2.2 대 1, 광역의회 2.5 대 1(지역구 2.5 대 1, 비례대표 2.4 대 1), 기초단체장 2.9 대 1, 광역단체장 2.5 대 1 수준이었다. 1990년대 지방선거에서 대체로 기초의회나 광역의회 선거에서는 의석당 2~3명의 후보자가 경쟁을 벌였다. 그리고 기초와 광역단체장 선거에서는 평균적으로 3~4명의 후보자가 경합을 보였다. 일반적으로, 선거유형별로 후보자 경쟁률은 기초단체장 선거가 가장 높았고, 그 다음에는 광역단체장, 광역의회의 순이며 기초의회 선거의 경쟁률이 가장 낮았다. 1998년의 제 2 회 동시선거는 1995년의 제 1 회 동시선거에 비하여 모든 선거유형에 걸쳐서 경쟁률이 다소 떨어졌다. 후술하는 바와 같이 1998년 선거에서 정당의 지역할거가 더욱 뚜렷하여 선거결과의 예측이 보다 용이하여 이미 입후보과정에서 정당공천은 지역별로 편중을 보였고 후보자수가 줄어드는 현상이 나타났다.

이제 지방선거에 출마한 후보자들의 선거운동 방식과 제기된 선거쟁점에 있어서 특징을 살펴보자. 광역단체장의 경우에는 기초단체장이나 광역 및 기초 의원선거에 비하여 해당 선거구의 범위가 넓고 정치적 중요성도 훨씬 두드러지기 때문에 텔레비전 방송사를 비롯한 언론기관과 궁극적 선택주체인 유권자들의 주목을 받게 되어 언론매체를 통한 선거운동이 효과적이라고 볼 수 있다. 그러나 기초단체장, 광역의원, 기초의원 선거의 경우에 후보자들의 선거운동은 대체로 노동집약적이다. 유급 선거운동원을 활용하여 유권자들을 개인적으로 또는 조직적으로 접근하면서 후보자를 알리는 방식이 중심이 되고 있다. 뒤에서 언급되는 바와 같이 지방의 언론기관은 취약할 뿐만 아니라 현행법상 선거관련 보도활동을 하는 데 제약이 많다. 또한 시민단체도 자유롭게 선거운동을 전개할 수 없다. 그리고, 주민생활에 직결되는 지역적 문제가 지방선거의 중추적 쟁점이 되지 못하기 때문에 소규모라도 정책현안을 놓고 후보자와 유권자가 한자리에 모여 토론회를 개최하는 것이 중요시되고 있지 않다.

1991년 기초와 광역 의원당선자를 상대로 한 조사에 의하면, 합동유세와 상가 및 결혼식 방문, 홍보물 발송이 가장 많이 활용된 선거운동 방식으로 손꼽혔다. 그런데 이들의 과반수 이상은 불법이지만 유권자와의 접촉을 위해서 호별방문을 소극적으로나마 이용하지 않을 수 없었다고 응답하였다(정세욱·안청시 외, 1991: 422~40). 1998년 4월의 공선법 개정에서는 명함형 소형 인쇄물이나 현수막에 의한 선거운동이 금지되었다. 그 해의 지방선거에서 유권자들은 후보자의 연설회에 관심을 별로 갖지 않았다. 그러므로, 대중매체에 의한 선거운동에 의존할 수 있는 광역단체장 후보자들을 제외하고는 운동원이 선전벽보를 들고 다니거나 골목길 등 적당한 장소에서 행인에게 인사하거나, 또는 후보자의 얼굴과 성명이 노출된 이동홍보차량을 사용하여 후보자 알리기에 주력했다(최한수, 1998: 25~26, 32).

정당은 지방조직이 해당 관할구역에 적합한 쟁점을 발굴하여 제기하도록 하기보다는 중앙당이 주도하여 쟁점을 제기하면서 유권자들에게 지지를 호소하였다. 예를 들어, 1991년에는 3당통합, 1995년에는 김영삼 정부에 대한 중간평가, 지역등권론과 충청도역할론 등의 중앙정치쟁점이 크게 부각되었다(안청시·김만흠, 1994; 김인철, 1995: 32). 1998년의 선거는 이전의 지방선거보다 더욱 두드러지게 중앙정치의 '대리전' 성격이 농후했다(강원택, 1999: 99; 임경호, 1998: 16). 1997년 말에 촉발된 외환위기의 영향으로 유권자들조차 지방선거에도 불구하고 경제위기 극복이라는 전국적 수준의 쟁점을 가장 중요하게 보았다. 정당들은 1997년 12월 대선의 연장선상에서 이 지방선거를 치렀다. 김대중 정부가 출범한 지 4개월 남짓한 시점에서 과거와 달리 오히려 집권당이 나서서 지방선거를 중앙정부의 중간평가로 규정하는 선거전략에 의존했다. 집권당은 대선에서 승리했던 분위기에 편승하여 김대중 정부가 이미 보여준 정책수행 실적이 아니라 그것에 대한 낙관적인 기대에 힘입어 지방선거에서도 승리하고자 하였다(강원택, 1999: 88~89). 당시 한나라당이 국회 의석의 과반수를 차지하고 있었기 때문에 국민회의와 자민련은 정계개편을 유도할 계기를 지방선거를 통해 마련하고자 하였다. 만약 1998년의 제 2 회 동시지방선거가 중간평가의 의미를 갖게 되려면 3년 전에 공직을 맡게 된 현직 지방자치단체장 또는 지방의회 의석과반수 정당의 정책수행에 대한 평가에 역점이 주어져야 했지만 이러한 지방정부 수준의 중간평가는 뚜렷이 부각되지 않았던 것이다.

선관위와 경찰과 검찰, 그리고 시민단체 등이 감시하고 적발하는 호별방문, 금품제공, 향응, 선심공세, 인신공격, 흑색선전, 관권개입 등 각종 부정과 불법 선거운동이 어느 정도 확산되어 있는가에 따라 선거경쟁의 공정성을 가늠할 수 있을 것이다. 어느 지방선거나 이러한 일탈사례들이 적지 않았지만 선거별로 차이가 있다. 1991년에는 기초의회 선거보다는 광역의회 선거에 와서 선거공정성을 저해하는 사례가 더 많이 발생했지만 두 선거가 모두 평온하고 질서 있게 치러졌다고 볼 수 있다(정세욱·안청시 외, 1991: 7~13). 1995년 동시지방선거는 공선법이 최초로 적용된 전국 규모의 선거였는데, 고질적인 불법 및 타락행위가 격감하여 선거공정성 측면에서 매우 긍정적으로 평가되었다. 선거 직후 실시된 유권자 조사에 의하면 선거과정의 공정성에 대한 긍정적 응답은 60.5%, 부정적 응답은 18.2%, 모르겠다는 응답은 21.3%로 나타났다(《조선일보》, 1995. 6. 29). 하지만, 1998년 동시지방선거 분위기는 3년 전에 비하여 매우 혼탁해졌고 지방선거에서조차 선거의 공정성 확보가 용이하지 않다는 것을 보여주었다(최한수, 1998: 32). 검찰의 보도자료에 의하면, 1995년 선거에서는 총 3,259명이 선거사범으로 입건되어 그 중 1,681명이 기소되었는데, 1998년 선거와 관련해서는 총 4,463명이 입건, 그 중 2,420명이 기소되었다. 특히 지역감정 자극을 비롯하여 인신공격과 음해 등 흑색선전이 크게 증가하여 과열 혼탁선거가 되었다(황아란, 1998: 15~22). 쟁점중심이 아니라 인물 알리기가 위주로 되고, 자원봉사자를 표방하는 유급운동원을 대거 동원하여 바람몰이식이나 금품살포를 불사하는 선거운동을 전개하는 한 선거 분위기가 혼탁해질 수밖에 없다.

후보자들이 이미 공천과정에서 특별당비나 기타 대가의 제공으로 거액을 쓰는 경우가 없지 않았다. 그런데 기초의원 선거에서부터 광역의원선거, 기초단체장선거, 광역단체장선거로 갈수록 실제 선거과정에서 막대한 비용이 필요하다는 사실은 잘 알려져 있다. 국가선거에서와 마찬가지로 지방선거에서도 언제나 법정 선거비용 상한액과 실제 선거비용과는 심한 괴리가 존재한다. 실제로 지출된 선거비용의 규모에 대하여는 추측만 무성하고 체계적이고 정확한 정보가 주어져 있지 않다. 그런데 유권자 관심이 저조하였고 이해관계나 권한 측면에서 별로 주목을 받지 못했던 1991년 기초와 광역의원선거를 예로 들더라도 당선자들 대부분은 법정 상한액을 훨씬 상회하여 선거비용을 지출한 것으로 조사되었다. 특히 선거운동원을 고용하고 유권자를 접대하기 위해서 적지 않은 자금이 소모되었다(정세욱·안청시 외, 1991: 441~454). 1998년 선거에서 법정선거비용 상한액의 평균을 선거유형별로 보면 광역단체장 8억 5천 8백만 원(서울시장은 24억 7천 8백만 원), 기초단체장 8천 8백만 원, 광역의원 2천 9백만 원, 기초의원 1천 9백만 원이었다. 그런데 선거공영제는 아직 제한적으로 실시되고 있으며 법정선거비용만 하더라도 이와 같이 적은 규모의 액수가 아님에도 불구하고 지방선거 입후보자들이 선거비용을 합법적으로 조달하는 통로는 제대로 마련되어 있지 않다. 정당공천 후보자라고 하더라도 후보자등록에 소요되는 비용 정도나 소속정당에서 제공하며 선거비용의 대부분은 후보자 자신이 마련해야 한다. 현행 정치자금법은 국회의원과 원외지구당 위원장이 후원회를 결성하여 정치자금을 조달하도록 허용하고 있으나 지방자치단체장이나 지방의회선거에 입후보하는 자에 대해서는 후원회 구성을 금지하고 있다. 지방정치인이 음성적인 정치자금 수수의 유혹을 물리치기 어렵게 만들고 있는 것이다. 실제로 2001년 3월말 기준으로 1998년 7월 이후에 기초와 광역단체장 전체의 10%에 해당하는 45명, 지방의원 전체의 6.1%에 해당하는 255명이 각종 비리로 말미암아 형사사건에 연루되었다(엄태석, 2001). 지방선거 과정에서 언론기관의 선거보도를 분석한 연구(정세욱·안청시 외, 1991: 249~274; 황근, 1998)는, 다음과 같은 특징을 지적하고 있다. 첫째, 각 지방사정에 밝지 않은 중앙의 신문과 방송매체가 중심이 되어 지방선거가 보도되었다. 지방언론, 특히 방송은 주요 중앙방송사의 재송출 역할을 하는 정도이고 인적·물적 여건상 자체적으로 제작하는 프로그램의 비율은 매우 낮다. 지역매체인 종합유선방송은 현행법으로 선거보도나 선거관련토론회 등의 방송이 허용되지 않고 있다. 둘째, 앞의 사실로 말미암아 언론의 선거보도는 광역단체장, 특히 서울시장선거에 초점이 맞추어지고 지방주민의 정치 욕구에 부응하는 선거보도가 되지 못하였다. 셋째, 선거쟁점을 비롯하여 후보자의 정치 비전이나 정책적 입장, 지방선거의 의의에 관한 기본지식과 중요 선거정보가 유권자들에게 충분히 전달되지 못하였다. 그 대신, 언론매체는 특정 사건, 선거운동과 판세의 우열, 선거의 혼탁양상, 후보자 개인문제, 갈등과 인신공격에 초점을 맞추어 부정적 측면을 부각시키거나 경마를 중계하는 식으로 보도하였고 비본질적인 내용의 보도가 많았다. 따라서, 언론의 선거보도마저 유권자의 무관심, 소외와 냉소주의를 유발한다는 우려를 낳았다.

1991년 지방선거에서부터 시민단체의 연대조직으로서 공명선거실천시민운동협의회(공선협)가 구성되고 선거의 공정성 제고를 위해 노력을 경주했다. 공선협은 선거부정사례를 접수, 확인하고 검찰에 고발하는 활동과 이를 언론에 보도하고 시민들에게 폭로, 선전하는 활동을 전개했다. 그리고 보다 자유로운 선거운동을 허용하고, 위법행위에 대한 제재를 강화하며, 선거경비를 공개하도록 하며, 선거공영제를 확대하는 방향으로 선거법을 개정하는 운동도 펼쳤다. 공선협 활동은 취약한 활동여건에도 불구하고 공명선거와 선거법 개혁의 필요성에 대한 유권자의 관심을 환기하는 데에 있어서 긍정적 역할을 수행한 것으로 평가된다(정세욱·안청시 외, 1991: 231~236).

1991년 지방선거 이래 일부 시민단체들은 참신한 시민대표를 지방정치 무대에 직접 내보내는 운동을 전개했다. 이를테면, 참여와 자치를 위한 시민연대회의, 한국노동조합총연맹, 전국노동자협의회, 전국교원노동조합, 전국농민회총연맹 등은 기존 정당의 통로를 통해서 또는 무소속으로 기초와 광역의회 선거에 출마하는 후보자들을 냈다. 그런데, 시민단체 대표들의 당선 성과는 대체로 저조한 편이었다. 시민단체가 내세운 후보자들은 지역사회에 봉사하고 민주화에 기여한다는 자세를 견지했으나 선거운동을 위한 조직이나 자금 면에서 열악한 현실적 제약을 극복하기 어려웠다. 그리고 근본적으로는 시민단체가 명사중심으로 활력을 유지하고 지역시민사회에 굳건한 뿌리를 내리고 있지 못한 한계가 있었다(정세욱·안청시 외 1991: 237~248). 노동조합만이 1998년 지방선거에서부터 선거에 참여하도록 허용되었고(조현연, 1998) 다른 시민단체는 1998년 지방선거에서 단체명의 또는 그 대표자 명의로 선거운동을 할 수 없었다. 2000년의 15대 총선 직전에 와서 공공자금을 지원받는 단체와 사적인 모임 등 일부를 제외한 시민단체들이 법에 저촉되지 않는 방식으로 선거운동을 할 수 있게 되었다.

4. 선거의 결과

이 절에서는 지방선거에서 유권자들의 선택이 최종적으로 낳은 결과를 그 특징적 양상에 초점을 맞추어 논의하기로 한다.

지방선거의 투표율은 대선이나 총선 투표율보다 일반적으로 저조하다. 1991년 기초의회 선거에서 투표율은 55.0%, 광역의회 투표율은 58.9%로 대체로 낮은 수준이었다. 1995년 동시지방선거에서 투표율은 68.4%로 상당히 높아졌다가 1998년 동시지방선거에 와서 52.7%로 아주 낮아졌다(중앙선거관리위원회, 1991a: 94~95; 1991b: 96~97; 1995a: 156; 1998a: 243). 이 세 차례 지방선거의 투표율 평균을 산출하면 58.9%이다. 민주화 이후 치러진 세 차례 대통령 선거(1987년, 1992년, 1997년)의 투표율 평균인 83.9%보다는 매우 낮고, 네 차례 실시된 총선(1988년, 1992년, 1996년, 2000년)의 투표율 평균인

67.2%보다도 훨씬 낮은 수준이다. 중앙의 선출공직과 정치가 지방 공직이나 정치에 비하여 상대적으로 중요하고 유권자들 또한 국가선 거와 중앙정치에 보다 더 많은 관심을 경주하는 현실을 말해주는 것 이다.

1991년 기초의회 선거는 31년이나 지방자치가 중단되었다가 이로 써 복원된다고 이구동성이었으나 유권자의 투표참여율이 높을 수 없 는 상황이었다. 필자가 한국선거연구회의 일원으로 이 선거 직전에 전국적으로 실시한 유권자 조사의 결과에 따르면 응답자의 40% 정도 만이 후보자의 이름을 겨우 인지하고 있었다. 선거운동이 활발하지 못하여 후보자와 유권자 사이의 적절한 의사소통이 이루어질 기회가 지극히 제한되어 있었다. 놀랍게도 지방자치에 대한 유권자들의 기대 치가 매우 낮았다. 즉 응답자의 27.4%만이 지방자치가 실시되면 정 치가 민주화될 것으로 기대했고, 나머지 절대다수인 72.6%는 정치가 별로 변화하지 않거나 아니면 오히려 부패하고 더욱 혼란스러워질 것 이라고 예견했다. 응답자의 약 40% 정도는 지방자치 실시에도 불구 하고 자기 고장은 별로 발전하지 않거나 오히려 발전이 저해될 것이 라는 부정적 견해를 표명했다. 많은 유권자들이 선거에 대한 단순한 무관심에 그치지 않고 정당과 정치에 대한 실망과 불신의 늪에 빠져 있었다. 3당통합으로 거대해진 여권이나, 위축되고서도 단합하지 못 하는 야권이 모두 비난을 받았다. 그리고 수서사건과 광역의원 공천 과정의 금품수수설이 정치권을 궁지에 몰아넣었다. 유권자의 정치불 신, 정치적 소외와 냉소주의가 저조한 투표율의 원인이 되기도 하였 던 것이다(한정일, 1992: 333).

1995년 지방선거에서 투표율이 상승한 것은 광역과 기초의 수준에 서 모두 단체장 선거가 실시되어 본격적인 지방시대가 열리게 될 것 이라는 유권자의 고조된 기대와 관심에서 비롯된다. 한국선거연구회 가 중앙선관위의 후원을 받아 선거직후 실시한 유권자 조사의 결과를 보면, 선거에 대한 어느 정도 또는 많은 관심을 가졌던 유권자는 광역단체장선거의 경우 응답자 전체의 87%에 달하였다. 기초단체장선거에 대해서는 응답자의 79%, 광역의원선거에서는 58%, 그리고 기초의원선거는 61%가 관심을 표명했다. 그런데 투표율은 널뛰듯 변동하여 1998년 선거에 와서 3년 전보다 15% 정도로 현격하게 떨어졌다. 한국사회과학데이터센터가 중앙선관위와 한국행정연구원 후원으로 1998년 선거직후에 실시한 유권자 조사에서도 거의 동일한 질문이 포함되었는데 선거에 관심이 있었던 유권자는 광역단체장의 경우 응답자의 54%, 기초단체장의 경우 48%, 기초와 광역을 포함하여 의원의 경우 41% 수준이었다. 1995년에 비하여 선거에 관심을 보여준 응답 비율이 무려 30% 이상 하락하였다. 위의 두 차례 유권자 조사에서는 투표에서 기권했다는 응답자에게 그 이유를 묻는 질문도 포함되었다. 1995년 조사와 비교하여 1998년 조사에서는 개인사정으로 불참했다는 응답 비율이 크게 준 반면에 정치적 무관심과 소외와 관련된 항목들("선거에 관심이 없어서", "찍을 만한 후보자가 없어서", "후보자들간의 별 차이가 없어서")에 대한 응답 비율은 현저히 늘었다. 1998년 선거에서의 매우 낮은 선거관심도와 투표율은 그 직전 해 말에 경제가 파국위기에 처하고 나서 유권자 대부분이 자신의 생계유지에 우선적으로 전념하지 않을 수 없었던 상황에 비추어서도 해명된다. 또한, 6개월이 채 지나지 않은 대통령 선거의 경쟁구도와 결과, 그리고 지방선거에서의 정당공천 판도는 이미 선거의 승패에 대한 예측을 용이하게 하였다. 이 선거에서는 경쟁주체들이 당당한 정책대결을 벌이기보다는 상호비방과 흑색선전을 일삼는 양상이 더욱 두드러졌다. 이러한 상황이 역시 유권자의 투표 불참을 부추기게 되었던 것이다(황아란, 1998: 46; 최한수, 1998: 26).

대선이나 총선에서와 같이 지방선거에서도 도시화 수준이 높은 지역에 사는 유권자일수록, 젊은 연령층일수록 그리고 학력이 높을수록 투표에 기권을 하게 될 가능성이 커지는 현상이 발견된다. 도시화와 투표율의 관계는 유권자 개인 수준보다 집합체 수준에서 극명하게 나

타나 흔히 도저촌고(都底村高) 현상으로 불리고 있다. 1991년 기초의
회선거에서 투표율은 대도시(서울과 5개 광역시)에서 44.7%, 도의
일반시에서 54.7% 군에서는 70.9%이었다. 같은 해 광역의회선거에
서는 대도시 54.1%, 일반시 56.6%, 군 70.5%였다. 1995년 선거에
서는 대도시 65.7%, 일반시 68.8%, 군 76.8%로 도시에서 농촌으
로 갈수록 투표율이 높아지는 일률적 경향이 나타났다. 1998년 선거
의 경우 단체장 선거구를 분석단위로 삼아 투표율의 평균을 구하면
자치구 47.3%, 시 58.5%, 군 71.6%가 된다(황아란, 1996: 25∼
27, 82; 1998: 49). 유권자 조사 자료에 대한 양변인 및 다변인 분석
에 의하면 유권자의 연령은 투표참여와 강한 긍정적 상관관계를, 교
육수준은 대체로 투표참여와 어느 정도 부정적 관계를 갖는 것으로
밝혀진다(김욱, 1999). 이러한 현상에 대해서는 여기서는 지면 제약
으로 상세히 논하기 어려울 정도로 구구한 설명이 있는데 다음과 같
은 점만 언급하기로 한다. 한국에서는 도시 유권자일수록, 20대와 30
대 유권자일수록, 그리고 고학력 유권자일수록 정치적 불신, 소외감
과 냉소주의가 더욱 강하여 투표에 기권할 가능성이 더 크다. 도시
유권자에 비하여 농촌 유권자가, 또한 저학력 유권자일수록 자발적으
로 투표하기보다는 가족이나 이웃 등 주변으로부터 투표에 참여하도
록 권유와 압력을 받기 쉽다. 덧붙여, 젊은 유권자일수록 기성세대
유권자에 비하여 실제 거주지에 유권자로 등록되어 있지 않을 소지가
많고 선거에 걸린 이해관계에 대한 인식이 강하지 않을 것이다.
　선거결과 분석에 있어서, 경쟁주체인 정당의 승패여부를 논의하지
않을 수 없다. 이 경우에 정당별 득표율과 당선자 분포를 보게 되는
데 결국은 당선자 분포가 더욱 중요하다고 볼 수 있다. 〈표 2-1〉은
선거연도별로 정당공천이 허용되는 광역단체장, 기초단체장, 광역의
원선거에서 각 정당이 얻은 당선자 또는 의석의 수와 비율을 집계하
여 제시하고 있다.

〈표 2-1〉 지방선거 정당별 당선자 분포 당선자수 (%)

연도	정 당	광역단체장	기초단체장	광 역 의 원		
				전 체	지 역	비례대표
1991	계	-	-	866 (100. 0)	866 (100. 0)	-
	민자당	-	-	564 (65. 1)	564 (65. 1)	-
	신민당	-	-	165 (19. 1)	165 (19. 1)	-
	민주당	-	-	21 (2. 4)	21 (2. 4)	-
	민중당	-	-	1 (0. 1)	1 (0. 1)	-
	무소속	-	-	115 (13. 3)	115 (13. 3)	-
1995	계	15 (100. 0)	230 (100. 0)	970* (100. 0)	875 (100. 0)	95* (100. 0)
	민자당	5 (33. 3)	70 (30. 4)	335 (34. 5)	286 (32. 7)	49 (51. 6)
	민주당	4 (26. 7)	84 (36. 5)	390 (40. 2)	352 (40. 2)	38 (40. 0)
	자민련	4 (26. 7)	23 (10. 0)	94 (9. 7)	86 (9. 8)	8 (8. 4)
	무소속	2 (13. 3)	53 (23. 0)	151 (15. 6)	151 (17. 3)	0 (0. 0)
1998	계	16 (100. 0)	232 (100. 0)	690 (100. 0)	616 (100. 0)	74 (100. 0)
	한나라당	6 (37. 5)	74 (31. 9)	253 (36. 7)	224 (36. 3)	29 (39. 2)
	국민회의	6 (37. 5)	84 (36. 2)	303 (43. 9)	271 (44. 0)	32 (43. 2)
	자민련	4 (25. 0)	29 (12. 5)	95 (13. 8)	82 (13. 3)	13 (17. 6)
	국민신당	0 (0. 0)	1 (0. 4)	0 (0. 0)	0 (0. 0)	0 (0. 0)
	무소속	0 (0. 0)	44 (18. 9)	39 (5. 7)	39 (6. 3)	0 (0. 0)

출처: 중앙선거관리위원회 공식 집계.
* 인천, 경북에서 각각 민주당이 비례대표 후보자를 적게 추천하여 정수에 1명씩 (계 2명) 미달함.

1991년 3월과 6월의 지방선거 결과는 권위주의 시기의 선거가 통상 그러하였던 것처럼 지극히 현상유지적이었다. 즉 집권여당이 압도적 승리를 얻었다. 정당공천이 허용되지 않는 기초의원 당선자의 당적을 보면 집권당인 민자당이 49.8%, 제 1 야당 평민당이 18.2%, 군소야당인 민주당이 0.8%을 차지하였다. 그런데 당적을 보유하지 않은 나머지 31.2%의 당선자 가운데에서도 대다수가 친여 성향을 갖고 있었기 때문에 전국적으로 기초의원들의 약 75%가 민자당으로 기우는 것으로 추정되었다(한겨레신문, 1991. 3. 28). 〈표 2-1〉에서와 같이, 광역의원의 정당별 의석률은 민자당 65.1%, 평민당 후신인 신민당 19.1%, 민주당 2.4%, 민중당 0.1%, 무소속 13.3%로 나타났다. 호남 지역을 제외한 전국의 광역의회를 민자당이 장악하였다. 많은 유권자들이 3당통합으로 출현한 거대야당을 비판적으로 보기는 했으나 왜소해지고 무력한 야당을 대체세력으로 간주하지 않았다. 광역의회 선거전의 5월과 6월에는 대학가의 대규모 시위가 확산되었는데 이 와중에서 정원식 총리서리에 대한 대학생의 폭행사건이 발생하여 시국에 대한 불안심리가 조장되었다. 이러한 사태가 유권자들의 안정희구 심리를 촉발시켰고 집권당에 대한 지지로 연결되었다(안청시·김만흠, 1994: 295; 한정일, 1992: 336~339).

그런데 1995년 지방선거에서 민심의 대대적인 반전이 나타났다. 선거결과를 집약하면 민자당 패배, 신민당에서 민주당으로 확대된 제1야당의 승리, 민자당에서 이탈하여 야권에 속하게 된 자민련의 약진으로 표현된다. 광역단체장 당선자 분포는 1여 2야의 3분 구도를 반영하고 있는데, 기초단체장과 광역의원 당선자 분포에서는 여당 패배와 야당 승리의 양상이 뚜렷하게 나타났다. 기초단체장 당선자 230명의 정당별 분포는 민자당 30.4%, 민주당 36.5%, 자민련 10.0%, 무소속 23.0%이었고, 광역의원 당선자 총 970명은 민자당 34.5%, 민주당 40.2%, 자민련 9.7%, 무소속 15.6%로 분포되었다. 김종필 민자당 대표의 '강요된' 이탈과 자민련 창당으로 말미암아 대체로 민자당은 영남, 민주당은 호남, 자민련은 충청 지역을 기반으로 3당이 할거하는 체계가 성립하였다. 하지만, 여당을 약화시킨 지역갈등의 다기화만으로는 선거결과를 충분히 설명하기는 어렵다. 서울에서 민주당은 시장 당선, 시의회 석권(147석 중 130석 획득), 구청장 후보자의 압도적 당선(25개 자치구 중 23개 구)의 바람을 일으켰고 대구에서는 무소속에 의한 시장 당선, 시의회 다수의석 점유(41석 중 22석), 구청장 대거 진출(8개 자치구 중 5개 구)이 이루어졌다. 경남에서는 총 21개 기초단체 가운데 11곳에서 무소속 단체장이 당선되었다. 이 지방선거에서는 3개 정당의 지역할거가 뚜렷했을 뿐만 아니라 김영삼 정부에 대한 중간평가적 성격이 강하게 부각되어 집권당에 등을 돌린 민심이반 현상이 역력했다(정대화, 1995; 최한수, 1995). 이 선거에서의 민주당 승리는 대통령 선거를 통한 정권교체의 가능성을 강력하게 시사했다. 그리하여, 1995년 지방선거는 1992년 대선에서의 패배로 말미암아 정계를 은퇴했던 김대중에게 정치재개의 계기를 마련해 주었다.

1998년 지방선거의 결과는 집권세력 강화에 기여하는 방향으로 나타났다. 대선에서 승리하여 집권당이 된 국민회의는 이 선거에서의 승리를 통해 국회의석의 과반수를 차지하고 있었던 한나라당의 지위를 와해시키는 정계개편을 추진하려고 하였고, 공동여당인 자민련은 명실상부한 위상을 확보하고자 하였으며, 야당으로 전락한 한나라당은 더 이상의 패배를 피하기 위해 안간힘을 썼다. 선거결과, 대선을 통해 집권한 국민회의와 자민련이 계속하여 승세를 유지하였다. 광역단체장 당선자는 국민회의 6명, 자민련 4명, 한나라당 6명으로 분포되었고, 기초단체장 당선자 총 232명의 정당별 당선자 분포는 국민회의 36.2%, 자민련 12.5%, 한나라당 31.9%으로 되었다. 아울러, 광역의원 총 690명은 국민회의가 43.9%, 자민련이 13.8%, 그리고 한나라당이 36.7%로 나누어졌다. 이 선거 이후에 두 공동여당은 결국 국회의원 선거를 치르지 않고서도 의원영입으로 국회의석의 과반수를 확보하는 데 성공했던 것이다.

국가선거나 지방선거를 막론하고 민주화 시기의 선거결과에서 가장 두드러진 양상으로서 주요 정당에 의한 지역분할을 손꼽게 된다. 유권자 수준에서 말하자면 지역주의 투표 현상이다. 선거결과를 통해서 비호남 지역이 호남을 포위하는 식이나 동과 서로 나누어지는 식의 양분 구도가 출현하기도 하고 영남, 호남 및 충청의 3분 구도가 초래되기도 하였다.

1991년 광역의회 선거에서 노태우, 김영삼, 김종필 3인 지도자의 연합 성격을 갖는 민자당은 비호남지역의 모든 시 · 도 의회에서 제 1 당 지위를 확보하였다. 특히 3인의 연고지 의회에서는 압도적 의석률을 점유하게 되었다. 즉 대구(28석 중 26석), 경북(87석 중 66석), 부산(51석 중 50석), 경남(89석 중 73석), 대전(23중 14석), 충북(38석 중 31석), 그리고 충남(55석 중 37석)에서 그러하였다. 반면, 신민당은 김대중의 연고지인 호남에서만 주민의 강고한 지지를 받아 의석을 석권했다(광주 23석 중 19석, 전북 52석 중 51석, 전남 73석 중 67석).

1995년 지방선거시에 민자당은 더 이상 노태우 대통령과 동일시되지 않았고 김종필 대표의 이탈로 오로지 김영삼의 정당이라고 할 수 있었다. 민자당 내에서 개혁을 명분으로 하여 김종필을 퇴진하도록 압박하고 주요 당직자가 "충청도 핫바지" 운운하여 충청지역의 반민자 정서를 고조시켰다. 김대중은 정계를 은퇴한 상황이었지만 '지역등권론' 등을 제기하면서 민주당을 지지하는 호남 유권자들의 결속을 불러왔다(최한수, 1995). 민자당은 부산에서 시장선거에서 승리하였고 총 16개 기초단체 중 14개의 단체장 선거에서 승리하고, 시의회 55석 가운데 50석을 석권하였다. 그런데 민자당은 경남에서 이전보다 약한 지지를 얻었다. 즉 도지사선거에서는 압승했으나 기초단체장선거에서는 22곳 가운데 11곳에서, 도의회 85석 가운데 33석을 무소속에게 넘겨주었다. 민주당은 광주, 전북, 전남에서 모두 광역단체장 후보자를 당선시키고, 기초단체장 선거는 광주 5곳 모두에서, 전북 14곳 중 13

곳(나머지 1곳에서는 무소속 당선)에서, 전남 24곳 중 22곳(2곳 무소속)에서 승리했다. 민주당은 호남의 광역의회 선거에서도 광주 26석 중 25석, 전북 58석 중 53석, 전남 75석 중 66석을 얻는 전적을 기록하였다. 마지막으로, 자민련은 아성인 대전에서 시장, 구청장 5명 중 4명, 시의회 26석 중 25석을 당선시켰고 충남에서는 도지사 당선, 15개 기초단체장 석권, 그리고 도의회 61석 중 52석 확보의 성적을 올렸다.

1998년 지방선거에서는 국민회의와 자민련이 공동여당으로 연합공천 등 선거연합을 구축하여, 국회의석 과반수를 차지하고 있는 거대 야당인 한나라당과 경쟁했다. 선거결과, 두 공동여당이 수도권, 충청, 호남 및 제주에서, 반면에 야당은 강원과 영남에서 압도적 우세를 보이는 동서분할 구도가 초래되었다. 국민회의는 광주에서 시장선거를 이기고 5개의 구청장직을 모두 장악하고 시의회 17석 중 16석을 점유하게 되었다. 국민회의는 전북에서도 도지사, 기초단체장 총 14명 중 9명, 광역의회 37석 중 34석을 차지하게 되었다. 국민회의는 전남에서도 역시 도지사와 기초단체장 총 22명 중 15명을 당선시키고, 광역의회 55석 중 45석을 얻었다. 자민련은 충청지방에서 자당 후보자가 대전, 충남, 충북의 광역단체장으로 선출되는 결과를 이룩하였을 뿐만 아니라 기초단체장 선거에서도 두드러진 성과를 얻었으며(대전 5곳 중 4곳, 충남 15곳 중 11곳, 충북 11곳 중 6곳), 광역의회에서도 안정적 다수를 획득하여(대전 17석 중 16석, 충북 27석 중 19석, 충남 36석 중 32석) 지역 기반을 굳게 다졌다. 한나라당이 영남 유권자들의 열렬한 지지를 받은 것은 더욱더 주목을 끈다. 한나라당은 대구, 부산, 울산, 경북과 경남에서 모두 자당 소속 광역단체장을 탄생시키고 기초단체장 선거에서도 논란의 여지없는 승리를 거두었다(대구 8곳 중 7곳, 부산 16곳 중 11곳, 울산 5곳 중 3곳, 경북 23곳 중 14곳, 경남 20곳 중 14곳). 한나라당은 광역의회선거에서도 비슷한 내용의 승전보를 알릴 수 있었다(대구 29석 중 28석, 부산 49석 중 46석,

울산 17석 중 11석, 경북 60석 중 48석, 경남 51석 중 44석). 한나라당
이 민자당 또는 그 이후의 신한국당의 후신이기는 하지만 이회창 총
재는 영남 출신이 아니었다. 그럼에도 불구하고 한나라당은 김대중
대통령과 국민회의를 배격하는 영남 유권자들의 선택에 의하여 1995
년 김영삼 대통령이 총재로 있던 민자당보다 더욱더 뚜렷하게 영남
기반을 강화할 수 있었다. 동서로 분할된 정당지지 양태는 일차적으
로 영호남 갈등에 뿌리를 두고 있다고 할 것이다. 여러 종류의 선거
결과에 비추어 볼 때, 1998년 지방선거에서는 지역갈등이 3년 전보다
더욱 심각하게 표출되었다(박상병, 1998; 정기영, 1998).

선거결과의 시·도별 집계에서 극명하게 드러나는 정당의 지역할거
는 유권자의 지역주의 투표를 미시적 기반으로 한다. 지역주의 투표
란 유권자가 자신의 출신지(또는 귀속감을 갖는 지역)와 연고가 깊은
지도자의 정당 및 그 후보자를 편중하여 지지하거나 아니면 그와 다
른 특정 정당 및 후보자를 배격하는 현상이다. 이미 시사된 바와 같
이 민주화시기에 기승을 부리고 있는 지역주의 투표는 영남과 호남에
거주하거나 이 두 지역 출신인 유권자의 전형적인 투표행태로서 지적
되고 있지만 충청 거주 또는 출신 유권자들도 그 지역의 연고정당이
출현하고 존재하는 것에 따라서 지역주의 투표의 성향을 표출하였다.
유권자 조사결과에 대한 분석에 의하면, 지역주의 투표의 성향은 연
령적으로 20대와 30대에서 비교적 낮은 수준으로 나타나고 있으며 40
대에서는 상대적으로 높은 수준이고 50대 이상 집단에서 가장 높은
수준이다. 학력 수준이 낮은 유권자일수록 지역주의 투표의 가능성은
높아진다. 농촌에서 지역주의 투표의 성향이 가장 폭넓게 확산되어
있으며, 중소도시 대도시 순으로 지역주의 투표의 확산 정도가 약해
진다. 여성이 남성에 비해 지역주의 투표 성향을 보일 개연성이 높은
편이다(이남영, 1999).

한국 지방정부의 형태는 기초나 광역수준에서나 같게 기관대립형으
로서 집행부인 단체장과 의회가 분립하여 견제와 균형을 이루도록 마

련되어 있다. 단일정당에 의하여 지배되는 비경쟁체계에서는 그렇게 운영될 가능성이 적다. 그런데, 선거결과가 말해주듯이 중앙 수준의 복수정당 경쟁체계가 각 시·도 또는 권역수준에서는 형성되지 못하고 있다. 단체장이 소속한 특정 정당이 단독으로 또는 그 정당에 동조하는 무소속을 포함하여 의회 과반수 의석을 점유하는 경우가 허다하다. 1995년 선거 결과, 부산 경북 경남에서는 민자당에 의한 1당 지배, 서울 광주 전북 전남에서는 민주당의 1당 지배, 대전 충남에서는 자민련의 1당 지배가 확립되었다. 인천, 경기, 강원, 충북에서만 상이한 정파가 집행부와 의회를 각각 주도하게 되었다. 1998년 선거에서는 16개 시·도 가운데 인천광역시만이 자민련 소속 단체장과 국민회의가 주도하는 의회가 되어 외양으로 보아 견제와 균형의 조건을 갖추게 되었다. 하지만, 최기선 인천시장 당선자는 원래 국민회의 소속이었고 자민련은 국민회의와 공동여당의 지위를 갖고 있었으므로 사실상 모든 광역단체가 1당 지배를 받게 되었던 것이다. 이러한 지방 정당정치의 조건은 중앙정치가 지방정치를 용이하게 예속화하도록 한다(박상병, 1998).

1998년 선거에서와 같이 각 시·도에 비경쟁적 정당체계가 자리잡게 된 것은 유권자의 지역주의 투표가 광범위하게 확산되어 있는 점, 그리고 많은 유권자들이 광역단체장, 기초단체장, 광역의원을 선출하는 동시선거에서 모두 일률적으로 동일 정당에 속한 후보자들을 선택하는 일관투표(straight-ticket voting) 행태를 보이고 있는 점을 시사한다(이현우, 1999; 황아란, 1998). 1998년 동시선거 후에 실시된 유권자 조사의 결과에 따르면, 응답자의 약 45%가 정당공천이 허용되는 지방공직 선거에서 각각 동일한 특정 정당의 후보자에게 표를 주었다고 하였다. 강원도를 제외한 모든 시와 도에서 이러한 응답비율은 40% 이상이었다. 충청, 호남과 같이 특정 정당이 초강세를 보이는 지역에서일수록 상이한 공직에 따라 상이한 정당의 후보자를 선택하는 분할투표(split-ticket voting) 성향이 약하고 그 대신에 일관투표 성향은 강하다.

　지방의원 선거제도는 국회의원 선거의 경우와 마찬가지로 기초와 광역수준에서 모두 1구 1인 선출 단순다수제를 골간으로 하고 있다. 이러한 제도를 적용할 경우에 선거구간 인구수의 차이가 많을수록 표의 등가성이 더욱 훼손되어 실질적 의미의 평등선거를 실현하기가 어렵다. 국회의원 선거의 경우에 이러한 문제는 많은 주목을 받았고 2001년 10월 25일 헌법재판소는 16대 국회의원 선거에서 인구수로 최대선거구와 최소선거구의 비가 3.65 대 1에 이르는 것은 평등선거권에 위배된다는 헌법불일치 결정을 내린 바 있다. 그리고 17대 국회의원 지역구선거에서 인구수 최대선거구와 최소선거구의 비가 3 대 1 미만이 되어야 한다고 밝혀 이런 방향으로 법개정이 이루어질 전망이다. 하지만, 지방의회 선거의 경우에 아직은 선거구간 인구수 불균형 문제가 심각하게 논의되고 있지 않다. 1995년 기초의원 선거에서 울산시의회의 경우 최대선거구인 농소읍 선거구는 인구수가 37,630명으로 최소선거구인 주전동 선거구의 인구수 1,001명의 37.6배에 달하였는데 각각 의원 1명을 선출했다(황아란, 1996: 190). 1998년 경기 연천군 의회선거에서 최대선거구인 전곡읍의 인구수는 최소선거구인 중면의 80배를 상회하였다(중앙선거관리위원회, 1998a). 세 차례의 광역의회선거에서 경북의회는 계속하여 가장 큰 인구편차를 보였다. 1998년 선거에서 경북도의회 포항시 제4선거구의 인구수(133,226명)는 울릉군 제2선거구 인구수(3,132명)의 42.5배였다. 이러한 예에서 드러나듯이 기초와 광역의회선거에서 표의등가성 문제는 민주적 선거의 원칙상 간과하기 어려운 수준에 이르고 있다(강휘원, 2001: 97; 황아란, 1996: 193).

　광역의회 선거에서는 국회의원 선거와 같이 1인 선출 단순다수제를 중추적인 것으로 하고 여기에 별도의 정당투표가 없는 명목적 비례대표제를 가미하고 있다. 2001년 7월 19일 헌법재판소는 국회의원 선거에서의 이와 같은 비례대표제는 유권자의 선택권을 제한하고 직접선거권에 위배된다는 판결을 내렸다. 이런 시각에서 보면 광역의회선거에 적용되는 비례대표제 또한 간과할 수 없는 결함을 안고 있는 것이다.

　물론, 광역의회선거제도의 일부를 구성하고 있는 비례대표제는 별도의 정당투표가 없어 유권자가 정당을 직접 선택하는 권리를 행사하도록 하고 있지 않지만 순수한 단순다수제를 적용하는 경우와 비교하여 대표의 공정성을 제고하는 효과를 다소나마 산출하고 있다. 비례성 수준이 높은 선거제도일수록 소정당의 사표를 줄여 대정당의 상대적 이점을 축소하기 때문에 대표의 공정성을 제고한다. 선거결과의 비례성 또는 대표의 공정성을 총체적으로 평가하는 경험적 지수는 여러 가지가 있다. 여기서는 0.5% 이상의 의석률을 기록한 모든 정당의 득표율과 의석률 차이의 절대값을 모두 합하여 얻는 수치를 2로 나누어 구하는 비례성편차(D) 또는 지니지수(G)를 구하기로 한다. 이 수치는 0부터 100까지 범위 내의 값을 갖는데 수치가 작을수록 제도의 비례성이 높다는 것을 말해준다. 이 수치는 1991년 광역의회선거에서 19.6이었는데 1995년 광역의회선거에서는 5.9로 대폭 축소되었고 1998년 광역의회선거에서 4.8로 조금 더 작아졌다. 이것은 1995년 이후에 비례대표제를 도입함으로써 대표의 공정성이 개선되었음을 의미한다. 1995년 전국적으로 광역의원당선자 총수가 970명이었는데 이 가운데 9.8%에 해당하는 97명이 비례대표당선자였다. 1998년 선거에서는 광역의원 당선자 총수 690명 중 비례대표 당선자는 74명, 즉 10.7%이었다. 비례대표 의석의 비중이 다소 높아지면서 대표의 공정성도 얼마간 향상되었다. 여성 당선자 비율을 보기로 하자. 1991년 광역의원 선거에서 여성 당선자가 당선자 총수 가운데 차지하는 비율은 1%에도 미치지 않았다(858명 중 8명). 비례대표제가 도입된 이후인 1995년에 동 비율은 6.0%, 1998년에는 6.3%였다. 비례대표제 도입으로 여성의 광역의원 진출이 획기적으로 증가했다고 말할 수는 없지만, 종전보다는 그 가능성이 나아졌고 이런 측면에서도 대표의 공정성은 개선되었다. 대표의 공정성을 중요하게 고려하여 지방의

원 선거제도를 개선하는 경우에 비례대표 의석의 비중을 높이고 비례
대표 선거를 위한 정당투표를 도입하는 것이 타당하다고 판단된다.

　지방선거가 정기적으로 실시되어 현직 단체장이나 현직 의원이 재
선을 추구하는 경우에 비현직 도전자보다 당선율이 높은 현상을 발견
할 수 있다(황아란, 1998; 2001). 이것은 현직자가 비현직 도전자에
비하여 평상시의 직무수행을 통해서 지명도를 높이거나 긍정적인 평
판을 확산시키면서 사실상의 선거운동 효과를 창출할 수 있는 점, 또
한 선거를 위해서 자금을 조달하고 의정보고회 등 유권자와 만날 수
있는 기회를 용이하게 마련할 수 있는 점 등의 이점을 갖고 있기 때문
이다. 1998년 제2회 동시지방선거에서 현직 재선율은 광역단체장
81.8%, 기초단체장 75.9%, 광역의원 63.3%, 기초의원 61.8%였
다. 반면, 비현직 후보자의 당선율은 광역단체장 33.3%, 기초단체
장 17.6%, 광역의원 29.5%, 기초의원 39.0%였다. 기초단체장 선
거의 사례를 들어 상세하게 분석하면, 무소속이나 기타 정당보다는
한나라당, 국민회의, 자민련의 주요 3당 현직자의 재선율이 높은데,
특히 영남에서 한나라당 소속과 호남에서 국민회의 소속 후보자의 재
선율은 90% 전후로 매우 높다. 이 같은 주요 3당의 지역할거 요인을
충분히 감안하더라도 현직에 있는 기초단체장 후보자는 현직이라는
그 자체의 이점으로 말미암아 비현직 도전자보다 재선될 가능성이 상
당히 크다. 또한 흥미로운 점은 기초단체의 도시화 정도가 낮을수록
현직 후보자의 재선율이 높으며, 또한 정당 소속 후보자와 무소속 후
보자의 재선율 차이는 줄어든다(황아란, 2001). 농촌으로 갈수록 설
령 무소속이라도 현직 후보자가 기왕의 직무수행과 인지도 제고를 통
해서 재선에 성공할 확률이 높다는 것이다. 이는 1998년 선거가 대체
로 중앙정치의 대리전이라고 볼 수 있었으나 좀더 깊이 따져보면 지
방의 선출공직자에 대한 평가요소를 포함하여 지방정치의 관점에서
전혀 무의미하지만은 않았다는 것을 시사한다. 지방선거가 전체적으
로는 중앙정치에 의한 지방정치의 구조적 종속성을 강하게 드러내면

서도 일부나마 지방정치 영역의 존재를 보여주었다는 것이다. 매 선거마다 현직 후보자의 이점이 지나칠 정도로 뚜렷하게 나타나는 것은 지방선거가 경쟁적이지 않다거나 참신한 인물이 지방공직자로 선출될 가능성이 봉쇄된다는 우려를 낳기도 하지만 지방선거의 역사가 아직 짧은 현재로서는 현직 후보자의 이점을 긍정적으로 볼 여지가 있다.

5. 당선자분석

지방선거가 정기적으로 실시되면서 지방수준에서도 선출된 정치엘리트가 대거 등장하게 되었다. 가장 최근의 1998년 제 2 회 동시선거에서는 광역단체장 16명, 기초단체장 232명, 광역의원 690명, 기초의원 3,489명을 포함하여 총 4,428명의 지방정치엘리트가 주민에 의하여 직선되었다. 이 절에서는 지방선거 당선자들이 누구인가, 즉 사회적 배경이 어떠한가를 개괄적으로 분석한다. 이것은 한국 지방정치엘리트의 대표성, 자질과 능력, 그리고 지방정치의 사회적 환경 및 권력구조의 면모를 가늠하는 데 필수적인 작업이 된다.

지방선거 당선자들의 사회적 배경이 이들을 선택한 주체들, 즉 주민들의 사회적 배경과 지나치게 유리되지 않을 때 지방정치엘리트의 대표성이 확보될 수 있을 것이다. 하지만, 당선자들의 사회적 배경 분포가 유권자층의 그것과 완벽하게 비례성을 보일 정도로 정치엘리트의 세계가 일반인들 세계의 축소판처럼 되는 것은 가능하지도 바람직하지도 않다. 정치엘리트가 컴퓨터 추첨이 아니라 선거절차를 통해 충원되므로 비례대표제와 같은 선거제도를 채택한다고 하더라도 사회배경적 구성에 있어서 일반유권자와 일대일 대응하는 양상을 나타낼 수가 없다. 더구나, 대표란 일종의 사회적 분업과 전문화를 의미하기 때문에 정치엘리트는 나름대로 특별한 정치적 자질이나 능력이 요구된다. 이를테면, 공직자로서의 임무를 효과적으로 수행하기 위해서 전문직 배경을 갖는 지방의원들이 많은 비율을 차지하는 것이 바람직한 측면이 있다. 따라서, 이 글은 지방선거 당선자들이 유권자들의 의사와 이익을 대변하는 공직자로서 사회배경의 측면에서 유권자들과 지나치게 동떨어져서는 안 될 것이라는 전제를 하고 있지만, 동시에 대표자 역할을 수행하기 위한 자질과 능력을 위해서는 학력이나 직업적 배경에 있어서 유권자들과 어느 정도 상이한 것이 당연하다고 보는 입장에서 출발한다.

〈표 2-2〉는 지방선거 당선자의 성별, 연령별 분포를 보여주고 있다. 성별을 볼 때에, 지방정치엘리트 가운데 여성이 지나치게 과소대표되고 있다는 것은 매우 분명한 사실이다. 1991년에 기초와 광역 의회선거에서 여성 당선자는 각각 1%에도 미치지 못하였다. 기초의회 선거에서 여성 당선자가 40명이었는데 이 가운데 서울에서 22명, 경기에서 7명, 일부 광역시에서 1~3명 정도 당선되었다. 얼마 안 되는 여성 당선자들은 대체로 농촌보다는 도시 지역에서 선출되었다. 광역의회 선거의 여성 당선자 8명의 선출지역도 서울 3명, 부산 1명, 광주 3명, 경기 1명으로 분포되어 있다. 기초와 광역 수준 모두에서 단체장 선거의 여성 당선자는 그야말로 희귀하다. 1995년 선거에서 기초단체장 1명이 당선된 것이 여성 단체장의 유일한 예이다. 광역의원 선거에서는 1995년 이후 비례대표제가 도입되면서 여성 당선자의 비율이 다소 증가하였다. 1995년과 1996년 광역의회 선거에서 여성당선자는 6% 수준을 차지하고 있다. 하지만 기초의회 당선자는 2% 수준이다. 여성의 대표성을 향상시키기 위해서 비례대표제의 비중을 늘이는 바와 같은 제도개혁이 필요하다는 것이 시사된다. 유권자층과 다름없이 지방정치엘리트 가운데서도 여성이 반을 차지해야 한다는 식의 주장은 비현실적이라고 할 수 있겠으나, 중앙정치에 못지 않게 주민의 일상생활 문제에 근접하여 있는 지방정치가 남성의 전유물이 되고 여성의 진출이 봉쇄되는 현실이 타개되어야 함은 분명하다(손봉숙·조기숙, 1995).

〈표 2-2〉 지방선거 당선자의 성별·연령별 구성 당선자수 (%)

연 도	1991년		1995년				1998년			
선거구분	기초의원	광역의원	광역단체장	기초단체장	광역의원	기초의원	광역단체장	기초단체장	광역의원	기초의원
계	4,303 (100.0)	866 (100.0)	15 (100.0)	230 (100.0)	970 (100.0)	4,541 (100.0)	16 (100.0)	232 (100.0)	690 (100.0)	3,489 (100.0)
성별 남	4,263 (99.1)	858 (99.1)	15 (100.0)	229 (99.6)	915 (94.3)	4,469 (98.4)	16 (100.0)	232 (100.0)	649 (94.1)	3,433 (98.4)
여	40 (0.9)	8 (0.9)	0 (0.0)	1 (0.4)	55 (5.7)	72 (1.6)	0 (0.0)	0 (0.0)	41 (5.9)	56 (1.6)
30이하 (30미만)*	31 (0.7)	4 (0.5)	0 (0.0)	0 (0.0)	9 (0.9)	34 (0.7)	0 (0.0)	0 (0.0)	0 (0.0)	14 (0.4)
31-35 (30-34)*	157 (3.6)	21 (2.4)	0 (0.0)	0 (0.0)	45 (4.6)	180 (4.0)	0 (0.0)	0 (0.0)	28 (4.1)	91 (2.6)
연령별 36-40 (35-39)*	366 (8.5)	63 (7.3)	0 (0.0)	6 (2.6)	100 (10.3)	460 (10.1)	0 (0.0)	5 (2.2)	79 (11.4)	349 (10.0)
41-45 (40-44)*	717 (16.7)	111 (2.8)	0 (0.0)	10 (4.3)	135 (13.9)	694 (15.3)	0 (0.0)	15 (6.5)	113 (16.4)	656 (18.8)
46-50 (45-49)*	929 (21.6)	194 (22.4)	2 (13.3)	27 (11.7)	189 (19.5)	906 (19.9)	0 (0.0)	19 (8.2)	123 (17.8)	700 (20.1)
51-55 (50-54)*	1,096 (25.5)	241 (27.8)	5 (33.3)	55 (23.9)	228 (23.5)	1,050 (23.1)	4 (25.0)	29 (12.5)	134 (19.4)	717 (20.6)
56-60 (55-59)*	637 (14.8)	148 (17.1)	6 (40.0)	85 (40.0)	170 (17.5)	860 (18.9)	7 (43.8)	71 (30.6)	151 (21.9)	639 (18.3)
61이상 (60이상)*	370 (8.6)	84 (9.7)	2 (13.0)	47 (20.4)	94 (9.7)	357 (7.9)	5 (31.3)	93 (40.1)	62 (9.0)	323 (9.3)

* 1998년 제2회 동시선거에 해당됨.
출처: 중앙선거관리위원회가 발간한 각종 지방선거 총람.

　지방정치엘리트는 40대 후반과 50대가 압도적 다수를 차지한다. 그런데 평균 연령은 기초의원, 광역의원, 기초단체장, 광역단체장의 순으로 높아지는 경향이 있다. 지방의원은 50대 전반에서 가장 많이 발견되는 반면에 단체장은 50대 후반에서 가장 많이 발견된다고 보면 큰 무리가 없다. 40대 지방의원은 상당히 많은 편이지만 단체장은 50대 이후에서 당선되는 것이 전형적이다. 기초의회에서는 40대 전반과 후반 당선자가 선거별로 적게는 25% 정도에서부터 40%에 가까운 비율을 차지한다. 광역의회선거에서는 40대 당선자가 기초의회 선거보다 대체로 5% 정도 줄게 된다. 기초단체장선거에서 40대 당선자 비율은 더욱 낮아 약 15%를 차지하고, 광역단체장선거에서는 40대 당선자가 드문 편이다. 지방의원보다는 단체장이 더욱 인생 경험과 연륜을 필요로 하는 공직이라는 점을 알 수 있다.

〈표 2-3〉 지방선거 당선자의 학력별 구성 당선자수 (%)

연도	1991년		1995년				1998년			
선거구분	기초	광역	광역 단체장	기초 단체장	광역 의원	기초 의원	광역 단체장	기초 단체장	광역 의원	기초 의원
계	4,303 (100.0)	866 (100.0)	15 (100.0)	230 (100.0)	970 (100.0)	4,541 (100.0)	16 (100.0)	232 (100.0)	690 (100.0)	3,489 (100.0)
초등 이하	352 (8.1)	14 (1.6)	0 (0.0)	3 (1.3)	34 (3.5)	378 (8.3)	0 (0.0)	4 (1.7)	39 (5.6)	414 (11.9)
중퇴/중졸	427 (10.0)	22 (2.6)	0 (0.0)	4 (1.7)	30 (3.1)	442 (9.7)	0 (0.0)	8 (3.4)	40 (5.8)	445 (12.7)
고퇴/고졸	1,435 (33.3)	153 (17.6)	0 (0.0)	28 (12.2)	236 (26.1)	1,882 (41.5)	0 (0.0)	33 (14.2)	197 (28.5)	1,473 (42.2)
전문대졸/ 대퇴/대졸	1,445 (33.6)	434 (50.1)	9 (60.0)	143 (62.2)	461 (54.6)	1,501 (33.6)	9 (56.3)	129 (55.6)	315 (45.6)	933 (26.7)
대학원 이상	644 (15.0)	243 (28.1)	6 (40.0)	52 (22.6)	114 (12.6)	337 (7.4)	7 (43.8)	56 (24.1)	76 (12.4)	110 (3.2)
미 상	0 (0.0)	0 (0.0)	0 (0.0)	0 (0.0)	0 (0.0)	0 (0.0)	0 (0.0)	2 (0.9)	13 (1.9)	114 (3.3)

출처: 중앙선거관리위원회가 발간한 각종 지방선거 총람.

지방선거 당선자들의 학력분포를 보기로 하자(〈표 2-3〉 참조). 연령별 분포와 유사하게 학력별 구성에 있어서도, 학력수준은 대체로 기초의원, 광역의원, 기초단체장, 광역단체장의 순으로 높아진다. 기초의회 선거에서는 고졸 이하 학력을 가진 당선자가 다수를 차지한다. 기초의원의 상대적으로 저조한 학력수준은 선거를 거듭할수록 더욱 분명하게 나타나게 되었다. 그런데 광역의회와 단체장 선거에서 당선자는 전문대 이상의 고학력자가 다수를 차지한다. 1991년 광역의회선거에서 전문대 이상 당선자가 거의 80%였고, 1995년에는 대략 70%, 그리고 1998년에는 60% 수준이었다. 1995년과 1998년의 기초단체장 선거에서는 당선자 10명을 무작위로 뽑아보면 8명이 전문대 이상의 고학력자였고, 광역단체장 선거에서는 당선자 거의 모두가 동일한 고학력자였다. 특히, 광역단체장 당선자 가운데는 40% 정도가 대학원 이상의 교육수준을 갖고 있었다. 따라서, 학력에 비추어 공직 수행을 위한 능력을 평가한다면, 기초의회 선거의 경우를 제외하고는 당선자들은 대체로 손색이 없다고 할 것이다.

〈표 2-4〉는 지방선거 당선자의 직업별 분포를 제시하는데, 이 자료의 해석에는 세심한 주의가 필요하다. 우선, 이 통계는 선거별로 동일한 직업 분류의 체계에 기초하고 있지 않다. 또한, 동일한 항목이라고 할지라도 그 내용이 불분명한 경우가 있다. 예를 들어, 특히 정치인과 공무원 항목이 그러한데 현직 광역의원이나 단체장으로서 당선된 자는 정당인으로서 정치인에 포함시킬 수도 있고 선출된 공무원으로 간주될 수도 있는 것이다. 그럼에도 불구하고, 이 자료는 이러한 점을 감안한다면 전반적 경향을 읽기에 유용하다고 할 수 있다. 지방선거가 주기적으로 실시되고 현직자의 재선 비율이 높게 되면서 1995년 선거에서부터 직업 배경이 정치인으로 분류되는 당선자가 많아졌다. 1998년에는 직업이 공무원인 당선자가 현저하게 많아졌는데 여기서는 주로 선출직 공직을 의미하는 것으로 보인다. 그런데 지방정치엘리트 가운데 비선출직 공무원 출신이 적지 않다는 사실에 주목할 필요가 있다. 〈표 2-4〉는 1991년

지방의회선거에서 입후보시의 직업이 공무원인 경우가 극히 적었음을 말해주고 있는데, 실제로는 많은 당선자가 공무원 경력을 갖고 있었다. 즉 기초의원 당선자 가운데 10%에 해당하는 430명, 광역의원 당선자의 약 11%에 해당하는 93명이 공무원 경력자였다(정세욱·안청시 외, 1991). 지역사정을 숙지하고 있고 이미 행정경험을 갖고 있는 인사가 지방의원이나 단체장으로 선출되는 것은 긍정적 측면이라고 생각된다.

지방선거에서 전문직을 배경으로 하는 당선자가 상당수 등장하는 것은 지방정치가 주민생활과 직결되는 지역정책의 형성과 집행이라는 본령을 구현하는 데 기여할 것이다. 그런데, 의사, 약사, 변호사, 교육자 출신의 지방정치엘리트는 저조한 비율을 차지하고 있다. 팽배한 정치불신, 지방 선출공직의 직업적 불안정성이나 과도한 정치비용을 고려하면 전문직 배경을 가진 당선자의 비율이 낮은 것은 전혀 이상할 것이 없지만(엄태석, 2001: 18), 바람직하다고는 볼 수 없을 것이다.

기초의회와 광역의회 당선자 가운데는 농축산업, 상업, 건설업에 종사하는 자영업자가 많다. 1991년 기초의원 당선자의 직업배경으로서 농업은 26.5%, 상업은 26.2%, 건설업은 8.0%으로 나타났으며, 같은 해 광역의원 당선자 가운데 농업종사자는 12.5%, 상업종사자는 17.4%, 건설업자는 12.4%를 차지하였다. 이러한 직업에 종사하는 당선자는 1995년 기초의원 당선자들의 절반이 넘었고 광역의회의 경우에는 3분의 1에 육박하였다. 현직 지방의원의 일부가 정치인이나 공무원으로 분류되었을 가능성을 고려하면 이들의 비율은 실제로 더욱 높았을 것이다. 1998년 선거에서도 이러한 경향은 크게 변화하지 않았다. 단순화하면, 지방의회에는 그 관할지역에서 대체로 부유한 자영업자들이 대거 진출해 있다고 말할 수 있다. 이들은 이미 각 지역사회를 지배해오던 유력인사들이었을 것이며 선거를 통해 지방정치 무대의 전면에 등장한 것이다. 지방시대의 개막과 함께 이전에 지역사회의 권력으로부터 배제되었던 사회세력이 정치적으로 새롭게 진출한 변화가 초래되었다고 보기는 어렵다.

<표 2-4> 지방선거 당선자의 직업별 구성 당선자수 (%)

연도	1991년		1995년				1998년			
선거 구분	기초	광역	광역 단체장	기초 단체장	광역 의원	기초 의원	광역 단체장	기초 단체장	광역 의원	기초 의원
계	4,303 (100.0)	866 (100.0)	15 (100.0)	230 (100.0)	970 (100.0)	4,541 (100.0)	16 (100.0)	232 (100.0)	690 (100.0)	3,489 (100.0)
정치인	36 (0.8)	67 (7.7)	10 (66.6)	82 (35.6)	265 (27.3)	322 (7.0)	7 (43.8)	32 (13.8)	119 (17.2)	141 (14.0)
농업/ 축산업	1,141 (26.5)	108 (12.5)	0 (0.0)	24 (10.4)	116 (11.9)	1,044 (22.9)	0 (0.0)	4 (1.7)	56 (8.1)	718 (20.6)
상 업	1,128 (26.2)	151 (17.4)	0 (0.0)	14 (6.1)	127 (13.0)	1,029 (22.6)	0 (0.0)	5 (2.2)	88 (12.8)	611 (17.5)
공업/ 광업	238 (5.5)	83 (9.5)	0 (0.0)	2 (0.9)	29 (2.9)	133 (2.9)	0 (0.0)	1 (0.4)	13 (1.9)	55 (1.6)
수산업	74 (1.7)	20 (2.3)	0 (0.0)	3 (1.3)	15 (1.5)	61 (1.3)	0 (0.0)	1 (0.4)	6 (0.9)	36 (1.0)
운수업	85 (2.0)	42 (4.9)	0 (0.0)	0 (0.0)	19 (1.9)	67 (1.5)	0 (0.0)	0 (0.0)	12 (1.7)	37 (1.1)
건설업	344 (8.0)	107 (12.4)	0 (0.0)	4 (1.7)	66 (6.8)	336 (7.4)	0 (0.0)	0 (0.0)	29 (4.2)	229 (6.0)
출판업	20 (0.5)	3 (0.4)	0 (0.0)	2 (0.9)	5 (0.5)	20 (0.4)	0 (0.0)	0 (0.0)	4 (0.6)	11 (0.3)
의사· 약사	146 (3.4)	73 (8.4)	0 (0.0)	6 (2.6)	45 (4.6)	95 (2.1)	0 (0.0)	0 (0.0)	22 (3.2)	35 (1.0)
변호사	0 (0.0)	4 (0.5)	1 (6.7)	5 (2.2)	5 (0.5)	1 (0.1)	0 (0.0)	1 (0.4)	2 (0.3)	0 (0.0)
회사원	196 (14.5)	27 (3.1)	0 (0.0)	1 (0.4)	35 (3.6)	188 (14.1)	0 (0.0)	6 (2.6)	24 (3.5)	114 (3.3)
교육자	11 (0.3)	6 (0.7)	1 (6.7)	4 (1.7)	10 (1.0)	10 (0.2)	0 (0.0)	2 (0.8)	10 (1.4)	8 (0.2)
공무원	8 (0.2)	0 (0.0)	0 (0.0)	7 (3.0)	7 (10.7)	12 (0.3)	8 (50.0)	152 (65.5)	160 (23.2)	782 (22.4)
기 타	747 (17.3)	164 (18.9)	1 (6.7)	60 (26.1)	220 (22.6)	1,156 (25.5)	1 (6.3)	15 (6.5)	133 (19.3)	611 (17.5)
무 직	129 (3.0)	11 (1.3)	2 (13.3)	17 (7.4)	6 (0.6)	67 (1.5)	0 (0.0)	12 (5.2)	20 (2.9)	101 (2.9)

출처: 중앙선거관리위원회가 발간한 각종 지방선거 총람.

6. 결 론

지난 10여 년 동안에 이루어진 지방자치 복원과 수 차례 지방선거의
실시는 한국의 민주화에서 의미 있는 진전임에 틀림없다. 지방정부의
수준에서도 주민이 참여하여 지방정치엘리트의 충원과 정책수행에 대
한 영향력을 행사하게 된 것이다. 민주 한국의 지방선거는 더 이상
중앙 집권세력의 정당화와 권력유지에 기여하는 기제(*mechanism*)가
아니다. 1995년 선거에서 제 1 야당이 승리했던 바와 같이 유권자들은
지방선거에서 중앙의 집권세력에 대한 불만을 표출하고 심판할 자세
를 갖게 되었다.

그런데, 한국 지방선거의 의미와 위상에 있어서 여전히 가장 큰 문
제점은 지방선거가 근본적으로 중앙정치의 연장선에서 파악되고 다분
히 중앙정치의 도구가 되어 있다는 사실이다. 지방선거가 중앙의 집
권세력에 대한 중간평가 기회를 제공하고 중앙정치의 영향을 받는 것
이 어느 정도는 당연하고도 불가피한 점이 있다. 선진 민주국가에서
도 지방선거의 결과는 중앙정치의 향방을 가늠하는 하나의 척도가 되
기도 한다. 하지만, 지방선거는 국가선거와 달리 지방정치의 독자성
을 살리고 지방수준에서 민주주의를 발전시키는 측면이 엄연히 존재
하여야 한다. 다가오는 지방선거를 중앙정부에 대한 평가나 대선의
전초전이라는 관점에서만 보아서는 안 되며, 지방정치가 어떻게 하면
그 나름의 독자적 영역을 마련할 것인가에 더욱더 주목해야 한다.

지방선거는 일차적으로 지방정치의 축제로 자리잡아야 한다. 지방
선거에서 경쟁하는 정당들은 지방정치의 고유한 성격을 제대로 인식
하여 그것에 적합한 훌륭한 인물을 내세우고 알찬 지역정책을 제시할
수 있어야 한다. 지방수준에서도 지역정책의 문제를 제기하고 대안을
형성하는 정치와 정치인이 절실하다. 구태의연한 개발일변도의 건설
이나 도시계획 등이 지역정책의 전부가 아니다. 지방의 생태적 조건

을 살리며 주민의 쾌적한 삶을 실현할 수 있는 다양한 지역정책은 내실 있고 건전한 지방정치를 통해서만 형성되고 집행될 수 있다.

앞의 논의를 통해서 지방선거 제도의 개선과제가 여러 가지 제기되었다. 기초와 광역 의회선거에서 현행 1구 1인 선출 단순다수제를 유지하게 될지라도 선거구 간 인구수가 극심한 불균등을 보이는 선거구 획정과 당초부터 인구수가 아니라 행정단위 위주로 하는 의원정수 설정은 평등선거와 대표의 공정성 실현을 위해 개선되어야 한다. 그런데, 1인 선출 단순다수제가 정당의 지역할거를 조장하고 여성이나 소수 사회세력의 정치적 진출을 억제하고 있는 점에 비추어 보다 더욱 근본적인 제도개혁이 요구된다. 현행과 같이 기초의회 선거에서 정당의 참여를 허용하지 않는다면 기초의회 선거는 1구 3~5인 선출 중선거구나 6인 이상을 선출하는 대선거구로 하여 단기비이양투표나 제한연기투표를 하는 방식을 검토할 수 있을 것이다. 만약, 기초의회 선거에서도 정당참여를 허용한다면 광역의회 선거와 동일한 내용의 제도개선을 고려해 볼 만하다. 유권자가 정당을 직접 선택할 권리를 행사하고 평등선거를 실현하며 대표성을 제고하기 위해서는 후보자와 정당을 별도로 선택하는 1인 2표제나 정당선택 위주의 전면적 비례대표제를 채택하여야 할 것이다.

다가올 지방선거와 관련하여 개정해야 할 공선법의 문제점이 적지 않다. 우선 단체장이 임기중에는 사직을 하고서도 대선, 총선, 지방의원 선거 및 다른 지방자치단체장 선거에 입후보할 수 없도록 하고 있는 조항을 지적할 수 있다. 이 조항의 취지는 지방정부 운영의 안정성 확보와 공직을 이용한 선거운동 예방인데 이러한 제한이 없는 국회의원과 비교하여 형평성에 어긋나고 공직담임권을 침해한다는 점에서 위헌 소지가 있다. 이 밖에 국가선거의 경우에서도 마찬가지인데, 자유롭고 공정한 선거를 위해 다음과 같은 내용의 개선이 필요하다. 즉 무소속이나 정치신인 입후보에 불리하게 작용하는 기탁금 반환요건을 완화해야 하고, 시민·사회단체의 선거운동을 보다 자유롭

게 확대해야 하며, 국민의 알권리 보장을 위해 선거기간 중에도 여론
조사결과를 공표할 수 있도록 해야 한다.

지방선거를 통한 지방정치엘리트 충원과정에서 과다하게 지출되는
비용의 문제를 간과할 수 없다. 금품제공과 향응 등 선거분위기를 혼
탁하게 하고 공정한 경쟁을 저해하는 선거비용의 지출행위에 대하여
는 관리와 사정 당국이 법을 엄정하게 집행해야 함은 물론이다. 그러
나 한편, 필요하고 합당한 선거운동에 소요되는 비용에 대하여는 공
영제를 확대하도록 해야 할 것이다. 또한 지방정치인의 경우에도 최
소한의 정치자금을 합법적으로 조달하고 공직을 맡게 된 이후에는 비
리에 연루될 우려를 해소하기 위하여 후원회를 결성하여 운영할 수 있
도록 정치자금법을 개정하는 것이 마땅하다. 이와 아울러 정치비용의
조달과 지출을 공개하고 투명성을 확보하는 방안을 검토해야 한다.

그런데, 관련법의 조항만으로 자유롭고 공정한 선거를 보장하는 것
은 아니다. 선거무대에서의 정당, 후보자, 유권자, 언론, 시민·사회
단체, 선관위, 사정당국 등 여러 행위자들이 실제로 법을 지키면서
각자의 이익과 목표를 추구해야 한다. 특히, 선거란 본질적으로 정책
중심으로 경쟁하여 공직을 획득하는 절차라는 인식이 바로 서야 하고
이에 부합하는 관행이 정착되어야 한다. 이를테면, 지방선거에서의
저조한 투표참여를 법 조항의 개정으로 개선하는 데에는 한계가 있
다. 정당과 후보자들이 당당한 정책경쟁을 활발하게 전개하면서 유권
자의 관심과 참여의식을 고양하여야 한다. 언론 또한 이런 방향으로
선거정보를 확산시켜야 할 것이며, 선관위나 사정당국은 공정한 선거
관리와 선거법집행에 차질이 없어야 한다. 그리고, 유권자들의 경우
특히 젊거나 도시인이거나 교육수준이 높은 유권자일수록 지방선거에
적극적 관심을 경주하고 참여하려는 확고한 의지가 매우 아쉽다.

선거를 통해 등장한 지방정치엘리트는 전형적으로 50대 남성으로서
다소라도 대학교육을 받았다. 지방의원은 여기에 덧붙여 농축산업,
상공업, 또는 건설업에 종사하는 자영업자 출신일 가능성이 매우 농

후하다. 남성 위주의 지방정치 무대는 대표성의 한계를 안고 있으며 지방의원의 주요 직업적 배경은 사익이 보다 일반적인 공익을 훼손할 우려를 암시하고 있다. 지방정치엘리트가 주민의 의사와 이익에 민감하게 대응하고 책임 있게 활동하는 대표자가 되도록 하려면 일반유권자의 적극적 관심과 참여를 다시 한번 강조하지 않을 수 없다. 주민들이 가정, 이웃, 직장, 교회에서 지역현안을 토의하는 분위기가 조성되어야 하며, 지역 언론매체는 공정한 입장에서 쟁점에 대한 주민의 관심을 환기하여야 한다.

지난 10여 년의 국가선거와 지방선거에서는 모두 정당의 지역할거와 유권자의 지역주의 투표가 특징적인 양상으로 드러났다. 이는 한국사회에 내재한 갈등의 불가피한 정치적 표출임에도 불구하고 한국정치의 건전한 발전을 위해서 결코 건전한 형태로 전개되고 있지 않다. 이러한 현상은 사회분열을 가져오고, 생산성 있는 경쟁이 아닌 감정적 경쟁으로 사회를 몰고 가는 것이다. 정권경쟁에서 어느 편이 이기든 경쟁에 참여하는 모두에게 상처만 남기는 경쟁, 낭비적이고 소모적인 감정싸움을 빚고 있는 것이다. 이런 선거에서 창출된 정치권력의 정당성은 한계를 안게 마련이다. 김대중 대통령의 임기가 아직 만료되지 않았고 김종필 자민련 총재가 정치적 야망을 누그러뜨리지 않는 상황에서 다가올 지방선거에서는 불행하게도 지역갈등의 표출이 여전히 심각한 수준에 이르게 될 전망이다.

선거에서 지역갈등이 극명하게 표출되는 현상을 완화하려면 3김시대가 서서히 막바지에 이르고 있는 현재의 시점에서 정치가 개혁되지 않으면 안 된다. 이 국면에서는 아직 3김에 필적할 만큼 특정 지역의 상징으로 강하게 인식되고 그 지역 유권자들을 흡인하는 호소력을 갖는 인물이 없기 때문이다. 구조적 조건에 주목하는 사람들의 말처럼 지역간 균형발전이나 지역차별 없는 인사정책이 시행되어야 하고 계층간 불평등이 시정되어야 한다. 문화론자들이 이야기하는 대로 지역적 편견을 불식하는 교육과 사회화, 일상생활에서의 지역차별 의식과 관행의 철폐, 시민사회 수준에서의 지역간 교류도 중요하다. 그런데, 여기서 강조하는 바는 일차적으로 정당의 지역할거와 유권자의 지역주의 투표는 사회의 지역갈등이 정치화되는 과정에 주목하여 해소되어야 한다는 점이다. 즉 정당정치의 이념적 조건, 정당내부의 조직구조 및 선거제도를 개혁해야 한다.

첫째, 각 정당이 일관된 정책기조를 확립해야 한다. 정당간에 차별적인 정책 이미지가 형성되어 있지 못하고 표방하는 정강정책을 실현하려는 의지와 노력이 결여되어 있는 상황에서는 지역이 유권자의 정당 및 후보자 선택을 위해서 분명한 단초를 주게 마련이다. 지역이 아닌 이념과 정책이 정당을 구분하게 되고 유권자들이 선택할 수 있게 되어야 한다. 둘째, 정당이 민주화되지 않고 특정 지도자 일인 또는 극히 소수에 의하여 좌우되는 한 해당 연고지역을 넘어서 지지기반을 확장하기란 불가능하다. 즉 정당의 민주화 없이 지역할거 구도를 극복할 수 없다. 셋째, 선거제도가 지역갈등의 정치적 표출과 확산을 증폭시키지 않게 하려면 1구 1인 단순다수제 원칙의 선거방식을 변경해야 한다. 물론, 선거제도를 변경한다고 해서 유권자의 지역주의 투표성향과 정당의 지역할거체제를 일거에 근본적으로 해소할 수는 없다. 다만, 제도는 유권자의 선호와 선거결과 사이에서 매개 역할을 하는 것인 만큼 제도를 변경해서 부분적으로나마 지역갈등의 표출을 약화시킨다면 그런 대로 의미가 있는 것이다. 넷째, 정당과 정치인이 지역연합을 구축하는 극히 지역주의적인 정치전략으로써 선거에서 승리하고 권력을 창출하는 발상을 탈피해야 한다. 지역연합을 중추적 선거전략으로 삼는 정당이나 후보자는 지역갈등의 정치화를 촉진하는 장본인으로 비판받아 마땅하다.

▪ 참고문헌

강명구(1993), "선거와 지역갈등: 구조화 과정과 지역적 시민사회", 《한국
　　정치학회보》 27(2, 상), pp. 77~96.

강원택(1999), "지방선거에 대한 중앙정치의 영향: 지방적 행사 혹은 중앙
　　정치의 대리전?" 조중빈 편, 《한국의 선거 III: 1998년 지방선거를
　　중심으로》, 서울: 푸른길, pp. 79~116.

강휘원(2001), "투표의 등가성을 위한 선거구획정의 정치와 기법", 《한국정
　　치학회보》 35(2), pp. 89~112.

곽진영(1999), "지방선거에서의 정당의 사회이익 대표성: 어떤 이익을 어떻
　　게 반영하는가", 조중빈 편, 《한국의 선거 III: 1998년 지방선거를
　　중심으로》, pp. 151~206.

김병준(1998), "지방선거제도 개선방향과 과제", 한국정치학회 지방정치 특
　　별학술회의 발표논문.

김성호 · 황아란(2000), 《지방정치의 부패구조 개혁방안》, 서울: 한국지방
　　행정연구원 연구보고서 2000-12.

김　욱(1999), "거주지 규모와 연령이 투표참여에 미치는 영향: 합리적 선
　　택 이론의 관점을 중심으로", 조중빈 편, 《한국의 선거 III: 1998년
　　지방선거를 중심으로》, pp. 207~248.

김인철(1995), "시 · 도지사 선거결과", 《지방행정》 7월호, pp. 31~40.

김재한(1999), "한국의 이념성향과 선거정치: 1998년 지방선거를 중심으
　　로", 조중빈 편, 《한국의 선거 III: 1998년 지방선거를 중심으로》,
　　pp. 117~150.

김　혁(1998), "안성시장 선거 분석", 박병섭 · 정대화 · 조희연 외, 《한국민
　　주주의와 지방자치: '98년 6 · 4 지방선거 분석》, 서울: 문원,
　　pp. 289~310.

김형준(1998), "6 · 4 서울시장 선거 분석", 박병섭 · 정대화 · 조희연 외,
　　《한국민주주의와 지방자치: '98년 6 · 4 지방선거 분석》, pp. 193~
　　235.

내무부(1995), 《제1회 전국동시지방선거 백서》.

박경산(1995), "1995년 지방선거와 신정당구도", 《한국정치학회보》 27(2):
　　pp. 233~251.

박병섭(1998), "선거법 개정과정", 박병섭 · 정대화 · 조희연 외, 《한국민주

주의와 지방자치: '98년 6·4 지방선거 분석》, pp. 31~45.

박상병(1998), "6·4 지방선거와 한국의 정치균열", 박병섭·정대화·조희
연 외, 《한국민주주의와 지방자치: '98년 6·4 지방선거 분석》,
pp. 105~122.

박종민 편(2000), 《한국의 지방정치와 도시권력구조》, 서울: 나남출판.

박찬욱(1995), "지방화와 정당정치" 크리스챤 아카데미(편), 《주민자치, 삶
의 정치》, 서울: 대화출판사, pp. 184~201.

배기찬(1998), "서울시 강동구청장 선거 분석", 박병섭·정대화·조희연 외,
《한국민주주의와 지방자치: '98년 6·4 지방선거 분석》, pp. 256~
271.

소순창(1999), "한국 지방선거에서 나타난 '무당파층'의 실증 분석: 특징과
전망", 조중빈 편, 《한국의 선거 III: 1998년 지방선거를 중심으로》,
pp. 401~443.

손봉숙·조기숙(1995), 《지방의회와 여성엘리트》, 서울: 집문당.

손혁재(1998), "안양시 의회 선거 분석", 박병섭·정대화·조희연 외, 《한
국민주주의와 지방자치: '98년 6·4 지방선거 분석》. pp. 332~349.

신광영(1998), "춘천시장 선거 분석", 박병섭·정대화·조희연 외, 《한국민
주주의와 지방자치: '98년 6·4 지방선거 분석》, pp. 272~288.

신기현(1998), "지방선거공천제도의 문제점과 개선방안", 《호남정치학회
보》, 10, pp. 75~98.

안병만·김인철·서진완(1995), "6·27 지방선거에 나타난 유권자의 자치정
향과 투표행태", 《한국정치학회보》 29(4), pp. 373~392.

안성호(1998), "98년 광역의회의원 선거 분석" 박병섭·정대화·조희연 외,
《한국민주주의와 지방자치: '98년 6·4 지방선거 분석》, pp. 311~
331.

안순철(2001), "한국 지방선거제도 개혁의 방향과 과제", 《정치·정보연
구》, 4(2), pp. 97~115.

안청시·김만흠(1994), "지방자치와 지방선거", 안청시·진덕규, 《전환기
의 한국민주주의》, 서울: 법문사, pp. 267~313.

엄태석(2001), "지방의회와 지방민주주의", 한국정치학회 추계학술대회 발
표논문.

이남영(1999), "1998년 지방선거와 지역주의", 조중빈 편, 《한국의 선거
III: 1998년 지방선거를 중심으로》, pp. 15~42.

이현우(1999), "동시선거제도와 유권자의 선택", 조중빈 편, 《한국의 선거 III: 1998년 지방선거를 중심으로》, pp. 249~296.

임경호(1998), "'95, '98양대 선거를 비교 결산한다", 《지방행정》, 7월호, pp. 16~18.

정기영(1998), "6·4 지방선거 평가", 박병섭·정대화·조희연 외, 《한국민주주의와 지방자치: '98년 6·4 지방선거 분석》, pp. 171~189.

정대화(1995), "6·27 지방선거 결과분석", 《동향과 전망》, 통권 27호, pp. 175~206.

_____ (1998), "경기도지사 선거결과에 관한 실증적 분석", 박병섭·정대화·조희연 외, 《한국민주주의와 지방자치: '98년 6·4 지방선거 분석》, pp. 236~255.

정세욱·안청시 외(1991), 《지방의회의원선거 분석을 위한 연구》, 한국지방행정연구원.

정영국(1998), "한국의 민주주의와 지방자치", 박병섭·정대화·조희연 외, 《한국민주주의와 지방자치: '98년 6·4 지방선거 분석》, pp. 15~30.

정영태(1999), "지방자치가 정당정치에 미치는 영향", 조중빈 편, 《한국의 선거 III: 1998년 지방선거를 중심으로》, pp. 45~78.

조현연(1998), "시민·사회(운동) 단체의 지방선거 참여 과정과 결과", 박병섭·정대화·조희연 외, 《한국민주주의와 지방자치: '98년 6·4 지방선거 분석》, pp. 122~145.

중앙선거관리위원회(1991a), 《시·군·구의회의원선거총람》.

_____ (1991b), 《시·도의회의원선거 총람》.

_____ (1995a), 《제1회 전국동시지방선거총람》.

_____ (1995b), 《제1회 전국동시지방선거 당선자명부》.

_____ (1996), 《유권자의 의식조사》, 한울 아카데미.

_____ (1998a), 《제2회 전국동시지방선거총람》.

_____ (1998b), 《제2회 전국동시지방선거 당선인명부》.

지병문(2001), "2002년 지방선거와 정치개혁", 전국 시·도지사협의회 외 주최 21세기 지방자치발전 대토론회 발표 논문.

진영재(1999), "분할정부는 지방선거에서도 연장되는가", 조중빈 편, 《한국의 선거 III: 1998년 지방선거를 중심으로》, pp. 297~346.

최한수(1995), "6·27 지방선거의 평가: 정당지지 및 지역주의 실태", 《한국정치학회보》 29(3), pp. 141~161.

_____ (1998), "지방의회의원선거를 결산한다", 《지방행정》7월호, pp. 25~
  30.
한국갤럽조사연구소(1996), 《한국인의 투표행동: '95지방선거를 중심으
  로》.
_____ (1999), 《제2회 지방선거 투표행태 (1998)》.
한국여성정치연구소(1995), 《6・27지방선거와 남녀유권자의 투표행태연
  구》.
한정일(1992), "한국 지방자치와 주민의 정치참여에 관한 연구: 제6공화국
  의 기초와 광역의회의원선거를 중심으로", 《한국정치학회보》
  25(2), pp. 319~341.
현대사회연구소(1991), 《지방의회선거 사례연구 I》.
_____ (1991), 《지방의회선거 사례연구II: 광역의회의원선거》.
황 근(1998), "6・4지방선거에서 미디어정치 평가", 박병섭・정대화・조희
  연 외, 《한국민주주의와 지방자치: '98년 6・4 지방선거 분석》,
  pp. 146~170.
황아란(1996), 《지방선거제도 개선에 관한 연구》, 연구보고서 96-4(제200
  권), 서울: 한국지방행정연구원.
_____ (1998), 《1998년 6. 4지방선거분석》, 연구보고서, 98-13, 서울: 한
  국지방행정연구원.
_____ (2001), "지방자치시대와 정당정치", 한국정치학회 추계학술대회.

제 3 장

지방재정제도의 개편과 그 성과

오 연 천

1. 서 론

올해는 1991년 지방의회 의원들의 직선을 시작으로 지방자치제가
부활된 지 10년째에 해당하는 시기이다. 또한 1995년 민선자치단체장
의 직선을 통해 보강된 지방자치시대가 개막된 지 6년째 되는 해이다.
지방자치가 시민적 요구와 선호에 부합되도록 운영되기 위해서는
지역주민에 의한 지방정부의 구성이 보장되며, 중앙정부의 정치적 통
제가 최소한으로 억제되는 가운데 지방재정운영의 건전성과 자주성이
일정 범위 내에서 확보되어야 한다. 특히 지방자치의 실시가 명실상
부한 주민복지 향상의 전기가 되도록 하기 위해서는 여러 가지 요인
중에서도 지방재정의 건실한 자립기반을 확충하고, 대응능력을 높이
는 것이 우선적 과제 가운데 하나이다. 이런 맥락에서 그 동안 정부
에서도 지속적으로 지방재정제도의 개혁과 성과 향상을 위해 노력해
왔다. 이 글에서는 지방자치 실시 이후 지난 10년 동안 이루어진 지
방재정제도의 개혁 내용과 그 성과를 분석하는 데 목적을 두고 있다.
지방자치시대의 전개에 대응한 지방재정제도의 개혁방향은 재정적

대응력의 확충, 재정자율성의 확대, 재정책임성의 확보, 재정건전성의 보장, 재정운영의 효율성 제고, 재정운영의 공개성 및 민주성 제고 등으로 집약된다고 할 수 있다. 이러한 방향에 입각하여 지방정부의 자체재원(지방세, 세외수입 등), 지방재정조정제도, 지방재정운영·관리제도, 지방공기업, 지방교육재정 등을 대상으로 논의에 임하고자 한다. 이 글에서는 이 중 지방공기업과 지방교육재정을 제외한 나머지 영역을 분석대상으로 설정하여 지난 10년 동안의 지방재정제도 개혁의 주요 내역과 그 성과를 분석하고자 한다.

2. 지방자치단체의 자체 재원 확충을 위한 제도 개편

1) 지방세목의 신설 및 지방세체계의 개편

(1) 공동시설세의 도세 전환과 지역개발세 신설

지방의회 구성을 통해 지방자치제의 실시가 재개된 1991년 말에 단행된 지방세법 개정과정에서는 지방자치 실시에 따른 업무분담체계의 변동을 반영하기 위하여 종전에 시·군 기초자치단체의 목적세로 과징되던 공동시설세(소방공동시설세)를 광역자치단체(도세)의 목적세로 전환하였다. 또한 지방자치 실시에 따른 지역개발 수요의 증대에 대응하기 위하여 시·도 목적세인 지역개발세를 신설하였다.

지역개발세는 지방자치단체 수준에서 독자적인 세원개발 노력의 일환으로 1980년 중반 이래 지속적으로 거론되어온 바 있는 자원세 도입구상의 일부가 지역개발세의 형태로 빛을 보게 된 것이다. 지역개발세는 각 지역별로 산재해 있는 지역적 특수 부존자원을 지방세원화함으로써 자치단체의 자주재원을 확충하는 데 기본적인 입법취지가 있었다. 특히 동 세는 광역자치단체인 시·도의 목적세로서 세수입을 지역균형개발 소요재원에 활용토록 하기 위한 취지에서 세목의 이름

도 '지역개발세'로 정하였다. 천연자원개발이나 컨테이너의 취급이 당
해 지역에 외부불경제를 안겨줌으로써 추가적 재정지출이 초래되는
반면 그에 상응하는 지방세 수입의 증대로 귀착되지 않는다는 문제인
식이 지역개발세 신설의 이면에 자리잡고 있다. 그러나 1994년의 지
방세법 개정을 통해 동 세목의 존치 의의를 '균형개발 및 수질개선과
수자원보호에 소요되는 재원확보'로 규정함으로써 목적재원의 성격과
범위를 확대하였다.

(2) 마권세의 경주·마권세로의 전환과 세수배분방식의 개편

한편 1993년에는 마권세를 '경주·마권세'로 그 명칭을 바꾸는 가운
데 과세 대상을 종전의 승마투표권에서 경륜·경정의 투표권으로까지
확대하였다. 아울러 1994년에는 그 동안 경륜장·경정장 또는 경마장
소재지의 도에만 경주·마권세를 납부하던 것을 장외발매 소재지의
시·도에도 당해 지역에서 발매한 경주·마권세액의 50%를 납부토록
개정함으로써 마권세 배분을 둘러싼 지역간 갈등 문제를 해소하게 되
었다.

이에 따라 1997년부터 장외발매소에서 판매한 승마투표권에 대한
마권세 수입은 경마장 소재지의 광역자치단체와 장외발매소 소재지의
광역자치단체간에 50% 대 50%의 비율로 안분하게 되었다. 다만 급
격한 변화에 따른 혼란을 최소화하기 위해서 1995년에는 80% 대
20%의 비율로 안분하고, 1996년에는 이를 60% 대 40%로 조정한
다음에 1997년 이후부터 50% 대 50%의 안분비율을 적용토록 하였
다. 또한 경마장이 신설된 경우에는 일정기간 동안 경마장 소재지의
도에 80%를 납부하고, 장외발매소 소재지의 도에는 20%를 안분토
록 기준을 설정하였다.

(3) 자동차세의 세율 인하와 주행세의 신설

1990년 말 자동차세 세율구조의 대폭적인 개편 이후 1995년과 1999년에는 비영업용 승용자동차 중 대형승용차에 대한 세율만을 인하하는 조치를 취했다. 이와 같은 비영업용 대형승용자동차만을 대상으로 한 세율인하 조치는 한·미 자동차 무역협상과정에서 고급승용차에 대한 과중한 세부담이 미국 자동차의 국내 판매에 있어 무역장벽으로 작용하고 있다면서, 자동차 세율인하를 요구하는 미국측의 주장을 수용하는 데 따른 것이다.

한·미 자동차 무역협상 결과에 따른 자동차세 세율인하로 인한 지방세수 감소를 보전하기 위하여 1999년 말에 주행세가 신설되었다. 현행 주행세는 교통세 수입의 3.2%를 지방정부에 이양하되, 지방정부간 세수 배분과정에서 각 자치단체별 비영업용 승용자동차에 대한 자동차세 수입을 배분기준으로 삼고 있다. 이러한 세수배분방식은 1999년의 자동차세 세율인하에 따른 세수결손을 보전하기 위한 취지를 수용한 것이다. 주행세는 대도시자치단체에서는 특별시세와 광역시세의 세목으로 배분되고 있으며, 도단위 자치단체에서는 시·군세의 세목으로 배분되고 있다.

주행세는 외형적으로는 지방독립세목의 형태를 갖추고 있으나, 실질적으로는 전형적인 공동세 형태의 세원공동이용방식이라고 할 수 있다. 즉 유류관련 특별소비세를 중앙정부에는 교통세, 지방정부에는 주행세 형태로 배분하고 있으며, 지방정부에 대한 세수배분과정에서는 일종의 징세지주의를 채택하고 있는 것이다. 다만, 현재에는 승용자동차에 대한 자동차세 수입을 주행세 배분기준으로 삼고 있기 때문에 완전한 의미의 징세지주의를 살리지 못하고 있는 것이다.

(4) 지방교육세의 신설

2001년 세제개편안에 의하면 2001년부터 그 동안 지방세에 부가과세되던 교육세를 별도로 분리하여 국세교육세와 별도로 지방교육세가 신설된다. 지방교육세의 경우 과세권자는 지방자치단체의 장이지만, 지출권은 행정적으로 독립되어 있는 교육청이 맡게 된다. 그러나 형식적으로는 지방세 세목 중의 하나로 분류되기 때문에 지방교육세가 도입되면, 지방정부의 지방세 수입이 증대되어 부유한 자치단체의 지방교부세 수입이 감소하게 될 것이다.

(5) 지방세체계 개편 동향의 특징

지방자치 실시 이전 30년 동안 국세에서 지방세로 이양된 지방세목을 통해 지방세제의 재원조달기능이 유지 · 확충되어 왔다. 현재 지방세의 기간 세목으로 자리잡고 있는 취득세, 등록세, 종합토지세, 자동차세, 담배소비세 중에서 등록세, 자동차세, 담배소비세는 국세에서 지방세로 이양된 세목들이다.

그런데 지방자치제 부활 이후 지난 10년 동안의 지방세체계의 특징을 살펴보면, 국세의 지방세 이양보다는 새로운 세원발굴을 통한 지방세목의 신설 및 확장을 통해 지방세제의 재원조달기능의 확충이 이루어져 왔다고 할 수 있다. 또한 신설된 주행세와 지방교육세가 공히 공동세와 부가세방식의 세원공동이용방식을 활용하고 있다는 점도 주목할 만한 일이다. 지방분권화의 확대, 특히 세입의 확대를 도모하기 위해서는 세원공동이용방식의 적극적인 활용을 통한 지방세목의 신설이 불가피하다는 점에서 주행세와 지방교육세의 신설 사례는 눈여겨 볼 만하다고 하겠다. 1)

---

1) IMF 직후 지방세체계의 간소화 방안과 함께 세목신설이 검토되었던 지방소득세와 지방소비세가 공히 공동세 방식의 채택을 상정하고 있다는 점도 이런 맥락에서 이해할 수 있다.

2) 탄력세율제도를 활용한 지방정부 과세권 확대

　지방세로 배분된 세원에 대한 조세입법권(정책결정권), 조세수입권(사용권), 조세행정권(부과징수권)을 중앙정부와 지방정부 사이에 어떻게 배분하느냐에 따라 지방정부가 행사할 수 있는 과세자주권의 수준과 범위가 달라지게 된다. 다시 말해서 조세법률주의와 함께 지방세조례주의가 인정되느냐에 따라 지방정부가 누릴 수 있는 과세자주권이 달라지게 된다. 이와 관련하여 Owens(1992)는 지방정부가 행사할 수 있는 과세자주권의 수준을 기준으로 지방세의 유형을 '자율적 지방세'(*own tax*), '통제된 분리형 지방세'(*overlapping tax*), '공동세'(*shared tax*) 등으로 구분한 바 있다. 또한 Bird(1993)는 진정한 의미의 지방세(*truly local tax*)는 지방정부가 자율적으로 정한 세율에 의해 부과·징수하여 사용하는 조세를 의미한다고 주장한 바 있다.

　그런데 현재 우리나라에서는 조세법률주의를 채택하고 있어 지방세의 세목과 세율에 대한 결정권(조세입법권)을 중앙정부가 보유하고 있다. 다만, 조세법률주의의 틀 속에서 지방정부에 과세자주권을 일정 수준 보장하기 위하여 탄력세율제도를 운영하고 있다.

　1949년 지방세법 제정 당시에는 모든 지방세 세율이 '제한세율제도'[2]로 설계되었으며, 특별한 경우에는 '법정이외의 목적세'(法定以外의 目的稅)도 부과할 수 있도록 하였다. 그러나 1961년에 전면 개정된 지방세법에서는 일부 세목에 한해서만 제한세율제도를 그대로 수용하였을 뿐 나머지 대부분의 세목에 대해서는 법정세율제도를 적용하였다. 그 이후에 다시 탄력세율제도가 확대 도입되는 과정을 거치게 되었는바, 1973년에는 '표준세율제도'[3]를 새로 채택하였고, 1976년에는 '임의세목제도'를 도입하였다.[4]

---

2) 최고세율 한도 내에서 세율을 선택적으로 결정할 수 있는 제도이다.
3) 표준세율제도는 개별 지방정부의 여건에 따라 법정세율 수준을 일정수준 범위 내에서 조례를 통해 탄력적으로 가감 조정할 수 있도록 허용하는 것이다.

지방자치 실시 이후 이러한 탄력세율제도를 활용하여 지방정부의 과세자주권을 확대하기 위한 노력이 지속적으로 전개되어 왔다. 1991년 신설된 지역개발세는 임의세목제도와 표준세율제도가 함께 수용되었으며, 자동차세의 세율도 표준세율제도로 개편하였다. 또한 1995년에는 종합토지세의 과표결정권을 지방자치단체장에게 부여하였으며, 주민세 개인균등할의 세율을 제한세율제도로 개편하였다. 이어서 1997년에는 취득세와 등록세의 과표결정권을 지방자치단체장에게 부여하는 가운데 세율을 표준세율제도로 개편하였으며, 재산세의 세율도 표준세율제도로 개편하였다. 그 결과 현재 16개 지방세목 중에서 4개 세목(마권세, 면허세, 농지세, 주행세)를 제외한 12개의 세목에 대한 실효세율의 결정권을 지방정부에 부여하고 있다. 현재 취득세, 등록세, 재산세, 도시계획세, 도축세, 사업소세, 담배소비세에는 제한세율제도를 적용하고 있고, 공동시설세, 주민세, 자동차세, 지역개발세에는 표준세율제도가 적용되고 있다. 또한 공동시설세와 지역개발세의 경우에는 표준세율제도와 함께 임의세목제도가 가미되어 있다.

한편 탄력세율제도의 활용을 활성화하기 위하여 1991년의 지방세법 개정과정에서는 표준세율의 일정 범위 내에서 지방세 세율을 가감 조정할 경우 내무부장관의 승인을 얻도록 하던 것을 "지방의회의 의결을 얻어 조례로 시행할 수 있도록" 함으로써 지방자치단체의 과세자주권을 더욱 확대시켰다.

이처럼 지방자치 실시 이후 탄력세율제도의 추가 도입을 통해 조세법률주의의 제약 하에서 지방정부의 과세자주권을 확대하여 왔다. 그러나 지방정부가 이 제도를 적극적으로 활용할 수 있는 정치적·재정적 유인이 제공되지 않고 있으며, 실제로 이를 활용하고 있는 지방정부도 극소수로 한정되어 있다. 행정자치부의 지침에 따라 주민세 균등할 세율 및 종합토지세의 과표만이 약간씩 조정되고 있으며, 조세

---

4) 지방자치단체가 과세여부를 선택할 수 있는 제도이다.

〈표 3-1〉 지방세목별 탄력세율제도의 도입시기와 형태

세목별	도입시기	탄력세율의 내용 및 형태
도시계획세	1961 (신설)	제한세율제도: 표준세율(0.2%)의 50%를 초과 (0.3%)를 초과할 수 없음
공동시설세	1961 (신설)	제한세율제도: 재산가액의 10%를 초과하지 못함
	1973 (개정)	표준세율제도: 표준세율(0.03%)을 초과할 경우, 그 세율은 0.1%를 초과할 수 없음
	1976 (개정)	임의세목제도: '부과한다'를 '부과할 수 있다'로 개정
주민세 (소득할)	1973 (신설)	표준세율제도: 표준세율의 50% 범위 안에서 가감 조 정
도축세	1976 (신설)	제한세율제도: 10% 이하로 정함
사업소세	1976 (신설)	제한세율제도: 표준세율 이하로 정할 수 있음
담배소비세	1988 (신설)	제한세율제도: 30% 범위 안에서 정함
자동차세	1991 (개정)	표준세율제도: 표준세율의 50%까지 초과하여 징수할 수 있음
지역개발세	1991 (신설)	표준세율제도: 표준세율의 50% 범위 내에서 가감조 정할 수 있음 임의세목제도: '부과할 수 있다'
종합토지세	1995 (개정)	과표결정권: 개별 공시지가에 대통령령이 정하는 바 에 의하여 자치단체의 장이 결정고시한 과세표준액 적용 비율을 곱하여 산정한 가액을 과표로 함
주민세 (개인균등할)	1995 (개정)	제한세율제도: 10,000원을 초과하지 않는 범위 내에 서 결정할 수 있음
취득세	1997 (개정)	과표결정권: 개별 공시지가에 대통령령이 정하는 바 에 의하여 자치단체의 장이 결정고시한 과세표준액 적용 비율을 곱하여 산정한 가액을 과표로 함 표준세율제도: 표준세율의 50% 범위 내에서 가감조 정할 수 있음
등록세	1997 (개정)	과표결정권: 개별 공시지가에 대통령령이 정하는 바 에 의하여 자치단체의 장이 결정고시한 과세표준액 적용 비율을 곱하여 산정한 가액을 과표로 함 표준세율제도: 표준세율의 50% 범위 내에서 가감 조 정할 수 있음
재산세	1997 (개정)	표준세율제도: 표준세율의 50% 범위 내에서 가감 조 정할 수 있음

수출이 가능한 지역개발세를 대상으로 부산광역시와 강원도 등이 탄력세율제도를 활용하고 있을 뿐이다. 이와 같이 조세경쟁과 조세수출의 가능성을 체계적으로 고려하지 않은 채 탄력세율제도를 확대 도입하는 것은 지방정부에 대한 과세자주권 부여를 통한 재원조달기능 강화와 재정책임성 확보라는 정책목표의 달성을 기대하기란 어려운 것으로 판단된다.

3) 지방복권제도의 도입·발행

지방자치단체의 자체적인 재정확충 수단의 하나로서 지방복권제도를 1995년 7월 도입하여 지방자치복권을 발행하고 있다. 그러나 자치복권의 발행을 통한 재원조달 규모가 아직은 미미하며, 지방자치단체가 왜 도박행위의 일종인 복권제도를 운영해야 하는가에 대한 시비가 제기되고 있다.

3. 지방재정조정제도의 개편

1) 지방교부세제도의 개편

지방교부세는 포괄적 재원조달능력을 지니고 있는 중앙정부가 자신이 확보한 내국세 수입의 일정 비율을 지방정부에 공여하는 것으로서 지방정부의 운영에 필요한 최소한도의 재원을 보장해 주는 가운데 전반적으로 지방정부의 가용재원규모를 높여주기 위한 제도적 장치이다. 따라서 지방교부세는 지출용도를 지정하지 않고 있으며, 재원배분과정에서 재정조정장치를 가미하고 있다. 지방교부세 재원의 10/11은 기준재정수요액에서 기준재정수입액을 차감한 나머지 부족액을 보전해주는 방식으로 운영되는 보통교부세 형태로 지방정부에 교부되

며, 나머지 1/11은 특별교부세로 보통교부세 배분방식에 의해서 포착
되지 않는 특수한 재정수요가 있을 경우에 교부된다. 또한 지방재정
상 부득이한 수요가 있는 경우에는 법정교부세 외에 별도로 증액교부
금을 교부할 수 있다.

지방교부세제도는 지방자치 실시 이전부터 중앙 - 지방정부 간 재정
관계 설정의 핵심축으로 자리잡아 왔으며, 지방자치 실시 이후에는
그 역할과 기능의 중요성이 더욱 부각되었다. 지방자치 실시 이후 지
방교부세제도의 개편 내역은 법정교부율의 상향조정, 교부세 산정방
식의 간소화 및 재정인센티브제도의 도입, 운영의 투명성 제고 등으
로 집약해 볼 수 있다.

첫째, 지방교부세의 법정교부율은 1983년 법정교부율제도가 부활
된 이후 내국세 수입의 13.27%를 계속 유지해 왔다. 그러다가 2000
년 IMF 이후 어려워진 지방재정을 지원하고 국가사무의 지방이양 확
대에 따른 추가적 재원이양의 필요성 등을 감안하여 지방교부세의 법
정교부율을 내국세 수입의 15.0%로 상향조정하였다.[5]

둘째, 지방교부세 산정방법의 간소화를 추진하였다. 2000년 지방
교부세 산정시부터 종전 29개로 설정되어 있던 기준재정수요 측정항
목을 12개 항목으로 축소·단순화하는 한편, 해당 47개의 세항목도
개선된 측정항목에 따라 28개 세항목으로 축소조정하였다. 또한 공무
원수·인구수 중심의 측정단위를 조정된 측정항목에 따라 종전 27종
에서 19종으로 조정하는 한편 공무원 수의 비중을 축소하여 행정서비
스 위주의 수요 반영을 확대하였다. 이를 통해 복잡한 기준재정수요
산정방법을 단순화하는 가운데 지방자치 실시 이후 변화된 지방재정
수요를 적절히 반영토록 하였으며, 보통교부세 산정의 투명성을 제고
하고자 하였다.

셋째, 그 동안 지방교부세는 기준재정수요액에서 기준재정수입액을

---

5) 1996년에도 내무부는 지방교부세의 법정교부율을 13.27%에서 15.2%~
16.4%로 상향조정해 줄 것을 재정경제원에 요청하였지만 실현되지 못하였다.

뻔 재원부족액을 기준으로 삼아 배급제의 형태로 운영됨으로써 지방
자치단체 수준에서 독자적 재원확보 노력이나 교부재원운영의 효율화
를 기하려는 노력이 투입될 수가 없다는 비판이 끊임없이 제기되어
왔다. 지방자치 실시 이후 이러한 문제점을 개선하여 지방재정운영의
효율성을 제고하기 위하여 1997년부터 보통교부세와 특별교부세 산정
시 자구노력 지방자치단체에 대한 인센티브제도를 도입하였다. 1997
년 당시에는 보통교부세 교부규모 산정시(5개 지표) 경상적 경비절감
단체, 지방세징수노력 단체, 일용인부 사용이 적은 단체, 지방세 징
수율이 높은 단체, 공무원 표준정원 기준유지 단체 등에 대해서는 인
센티브를 부여하는 반면에 불량한 자치단체에 대해서는 재정벌칙을
부여하였다. 6) 또한 특별교부세 교부규모 산정시(3개 지표)에는 학교
폭력 근절, 재난관리, 물가관리에 있어 우수한 자치단체에 대하여 인
센티브를 부여하고 있다. 2000년에는 표준정원반영비율과 경상적 경
비 절감단체 인센티브 반영비율을 확대하였으며, 상수도요금 현실화
율 반영, 주민세 개인균등할 인상률 반영, 과표현실화율 반영 등을
신규 인센티브항목으로 개발하여 적용하였다. 7)

　넷째, 특별교부세의 경우에는 과다한 재원규모, 배분방식과 절차의
투명성 미흡 등이 지속적으로 문제되어 왔다. 그리하여 특별교부세에
배분되는 재원규모(지방교부세의 11분의 1)의 축소조정 및 특별교부세

---

6) 재정인센티브제도의 운영방식은 다음과 같다. 즉 경상적 경비(일반운영비,
　 관서당경비, 여비 등) 절감단체에 대한 보통교부세수요(일반관리비) 증액 반
　 영, 표준정원제도를 이용한 인건비 절감단체의 재정보전, 일용인부 사용인원
　 이 동종단체의 평균보다 적은 경우 보통교부세(일반관리비)에 증액반영(많은
　 단체는 감액반영), 지방세 부과액 대비 징수율이 동종단체의 평균보다 높은
　 자치단체에 대한 보통교부세수요(징세비) 증액반영(낮은 단체는 감액 반영),
　 읍면동 공무원 1인당 인구수가 동종 자치단체 평균보다 많은 경우 일반교부세
　 수요(읍면동비)에 증액반영 등의 방식으로 인센티브를 부여하고 있다.

7) 2000년에 신규 개발된 인센티브항목 중에서 상수도요금 현실화율 반영 지표
　 는 기준재정수요액 산정 시 반영되며, 나머지 항목들은 기준재정수입액 산정
　 시 반영된다.

의 합리적 배분이 이루어지도록 '특별한 재정수요'의 의미를 더욱 구
체화하고 특별교부재원의 배분기준과 요건을 더욱 분명하게 명시함은
물론이고, 특별교부세 배분의 합리성과 지역간 균형성을 보장하기 위
한 방안의 하나로 특별교부세의 교부내용에 대한 공개와 사후평가가
확립이 필요하다는 주장이 제기되어 왔다. 이러한 제도개편의 필요성
을 지방자치제 실시 이후 일부 수용하여 특별교부세의 지원대상을 시
책사업비, 재정보전수요, 재해대책수요, 지역개발수요, 특정현안수
요로 구분하여 각 사업별 재원배분규모를 법정화하였으며, 교부대상
별 산정항목 및 교부기준을 간소화하였다. 그러나 아직도 특별교부세
규모의 축소조정과 배분결과의 공개 등은 이루어지지 않고 있다.

2) 지방양여금제도의 도입 및 개편

지방양여금제도는 일부 국세 세목의 수입을 지방정부에 양여하되,
세원분포의 불균형을 고려하여 중앙정부가 통일적으로 과세한 후 그
수입의 전부 또는 일부를 일정한 기준에 따라 지방자치단체에 양여하
여 특정사업수요에 충당할 수 있도록 마련된 재원배분장치이다.[8] 지
방양여금제도는 본격적인 지방자치의 실시에 대비하여 지방재정의 확
충이 필요한 상황에서 일부 국세의 기계적인 지방이양이 초래하는 지
역간·자치단체간 재정력 불균형 심화문제를 해소하기 위한 새로운
재원이양 장치로 도입된 것이라고 할 수 있다. 즉 지방양여세제도는
기존 지방세를 통한 징세노력 강화방안이 일부 대도시 또는 공업화
지역을 제외하고는 현실적으로 한계에 부딪히고 있을 뿐 아니라 일부
국세의 지방이양이 전반적인 지방재정력의 제고에는 기여하나 자치단
체간·지역간 재정력의 상대적 불균형을 오히려 확대시킨다는 인식
하에 지방세적 성격을 띤 중요 세원의 중앙·지방정부간 공동이용방

---

8) 지방양여금제도는 중앙정부에 조세입법권과 함께 부과징수 및 세원관리의 역
   할을 부과하고 있으며, 지방정부에는 세수입이용권만을 부여하고 있다.

식을 통하여 '지방재원의 확충'과 '지방재정의 불균형완화'를 동시에 도모하기 위한 새로운 제도적 틀로서 도입된 것이다.

지방양여금제도는 〈표 3-2〉에 정리되어 있는 바와 같이 1991년 도입 이후 대상 사업과 양여재원규모가 계속 확대되어 왔다. 1991년 신설 당시에는 전화세 수입 전액, 주세 수입의 15%, 토지초과이득세 수입의 50%를 재원으로 하여, 도로정비사업(지방도로 등 4개 사업)을 대상으로 출범하게 되었다. 1992년에는 국고보조사업의 지방이양 확대에 따라 지방양여금 대상사업으로 수질오염방지사업, 농어촌지역개발사업, 청소년육성사업 등 3개 사업이 추가되었으며, 대상 재원도 주세수입의 배분비율의 15%에서 60%로 상향조정되었다. 이어서 1994년에는 교통세가 목적세로 신설됨에 따라 지방교부 산정의 기초가 되는 내국세 수입이 감소하게 되면서 발생하는 지방교부세 부족분을 보전하기 위하여 주세의 양여 비율을 60%에서 80%로 상향조정하면서 지역개발사업이 대상사업으로 추가되었다. 또한 1995년에는 UR 대책에 따른 농어촌도로·농어촌하수도 등 농어촌관련사업이 추가되고,[9] 재원은 신설된 농어촌특별세 19/150이 배정되었으며, 1997년에는 물관리종합대책에 따른 재원 및 국가직 공무원의 지방직 전환에 따른 재원을 보전하기 위하여 주세의 양여비율을 80%에서 100%로 상향조정하였다.

1999년 토지초과이득세가 폐지됨에 따라 현재 지방양여금 대상 재원은 전화세와 주세 수입의 전액과 농특세 전입금 19/150으로 구성되어 있다. 또한 현재 지방양여금 대상사업은 도로정비사업, 농어촌지역개발사업, 수질오염방지사업, 청소년육성사업, 지역개발사업 등 5개 사업부문의 15개 단위사업으로 구성되어 있다. 그런데 이들 양여금 대상사업의 대부분은 당초 국고보조금 사업으로 존치하고 있었으나, 지방자치단체로 이양되는 과정에서 지방양여금 대상사업으로 수

---

9) 이 때 추가된 동 사업들은 1996년부터 지방양여금 대상사업에서 제외되었다.

〈표 3-2〉 지방양여금제도의 변천 추이

구분	1991	1994	1995	1998
재원 규모*	5,573억원	17,747억원	18,701억원	28,627억원
대상 재원	전화세: 전 액 주 세: 15% 토초세: 50%	전화세: 전 액 주 세: 80% 토초세: 50%	전화세: 전 액 주 세: 80% 토초세: 50% 농특세: 19/150	전화세: 전액 주 세: 전액 농특세: 19/150
지출 대상 사업	도로사업	도로정비사업 농어촌지역개발사업 수질오염방지사업 청소년육성사업 지역개발	도로정비사업 농어촌지역개발사업 수질오염방지사업 청소년육성사업 지역개발 농어촌도로정비사업 농어촌도로정비 마을단위하수도 및 오염 소하천 정비	도로정비사업 농어촌지역개발사업 수질오염방지사업 청소년육성사업 지역개발

* 재원규모는 매년도 예산 기준임.
자료: 유 훈(2000: 230).

용되었다. 다만, 지역개발사업은 1993년 목적세인 교통세 신설로 인해 지방교부세 수입이 감소하게 되자, 이를 보전하기 위하여 주세 수입의 양여율을 20% 인상(60% → 80%)하면서, 이를 재원10)으로 하여 지방정부의 지역개발을 위한 일반재원으로 지원하기 위하여 신설되었던 사업이다.

지방양여금제도는 당초 지방교부세와 국고보조금의 중간형태로 설계되어 지방의 입장에서 두 제도가 가지는 장점들을 함께 취하자는 것이었다. 즉 재원의 사용에 대한 지방정부의 자율성은 보장하는 가운데 재정의 균등화를 지향하는 한편 그 대상사업은 중앙과 지방정부가

---

10) 지역개발사업에 할당된 재원은 현재 주세 수입의 30%로 인상되었다. 지역개발사업은 보통교부세 산출기준에 따라 배분된다.

이해관계를 같이하는 지방사회 간접자본사업을 중심으로 하여 선정되었다. 그러나 실제 운영과정에서는 국고보조금과 거의 유사한 형태로 변모되어 독자적인 제도적 장치로서, 특히 지방분권화의 확대에 따른 추가적 재원이양 장치로서의 제도 존립의 근거가 약화되고 있다.

3) 국고보조금제도의 개편

중앙정부와 지방정부가 서비스 공급에 공동의 책임을 지고 있거나 지역단위를 넘어서는 편익의 외부 유출효과가 일어나는 활동이나 기능에 있어서는 국고보조금이 교부된다. 국고보조금은 일정한 공공목표 달성의 취지에서 중앙정부가 사용범위를 정하여 지방정부에 제공하는 재정지원제도이다. 또한 국고보조금제도는 국가적 성격의 사업을 지방정부로 하여금 지방단위에서 수행케 하기 위한 재원이전통로의 하나라고 할 수 있다. 국고보조금은 재원이전의 성격에 따라 '부담금' 형태의 국고보조금, '교부금' 형태의 국고보조금, '보조금' 형태의 국고보조금 등으로 구분된다. 현재 〈보조금의 예산 및 관리에 관한 법률〉에는 정률보조사업과 정액보조사업이 규정되어 있으며, 정률보조사업의 경우에는 20%에서 100%까지 매 10% 단위(단, 60%와 90%는 없음)로 국고보조율을 설정하고 있다. 11)

지방자치 실시 이후 그 동안 세분화된 국고보조사업의 통폐합을 통해 지방자치단체의 사업집행상의 자율성과 신축성을 제고하였으며, 기준보조율 미준수 또는 과다한 지방비 부담사업의 재조정을 통해 지방자치단체의 과다한 지방비 부담을 완화하였다. 또한 1995년 4월 행정자치부의 주도 하에 재정경제부 등 관계부처와 협의를 거쳐 국고보조금관리방법을 개선하였다. 즉 지방자치단체가 국고보조사업을 행정자치부에 일괄신청하면 행정자치부는 기준보조율 적정 여부, 지방비

---

11) 1996년까지는 38개 유형의 보조율이 적용되었으나, 1997년도 예산편성시부터 7개 유형으로 국고보조율체계가 단순화되었다.

부담능력 등을 종합적으로 검토하여 관계부처에 통보하고, 관계부처는 이를 토대로 기획예산처와 협의를 거쳐 예산확보 후 9월 30일까지 시·도별 내역을 행정자치부에 통보하며, 행정자치부는 이를 종합하여 지방자치단체에 10월 15일까지 일괄통보하도록 하였다. 이를 통해 지방재정보조와 국고보조금의 경직성을 완화하여 지방자치단체의 자율성을 확대할 수 있게 되었다.

4) 징수교부금제도의 변천과 지방재정보전금제도의 도입

광역자치단체와 기초자치단체에 배분된 지방세는 당해 지방자치단체가 직접 부과징수하는 것이 원칙이겠으나 징세의 편의와 징세 효율을 제고하기 위하여 기초자치단체장에게 시·도세의 부과·징수권한을 위임하고 있다. 이와 같이 기초자치단체가 광역자치단체인 시·도세의 부과·징수를 위임받아 수행하고 있는 데 따라 동 위임사무에 소요되는 경비를 교부하기 위하여 도입된 것이 징수교부금제도이다. 그런데 징수교부금제도는 단순히 시·도세 부과징수에 소요되는 실경비의 교부 수준에 그치지 않고 실질적으로 광역·기초자치단체 간 지방세 수입 배분 장치로서의 역할을 수행하여 왔다. 이러한 징수교부금제도의 교부율 수준 변천 추이를 1949년 이후부터 정리하여 제시하면 〈표 3-3〉과 같다.

1988년에는 '자치구'제도가 도입되어 특별시세와 직할시세를 자치구에서 부과·징수하게 됨에 따라 특별시·직할시세의 자치구에 대한 징수교부율을 3%로 새로 설정하였다. 이어서 1990년과 1995년에는 인구 50만 이상의 시 및 자치구가 아닌 구가 설치된 시에 대한 도세 징수교부율을 30%에서 50%로 상향조정하였다. 징수교부율을 이렇게 상향조정한 것은 이들 시 자치단체의 경우에는 지방자치실시로 중앙정부와 도의 사무가 대폭 이양됨에 따라 예상되는 재원부족을 보전하려는 데 그 목적이 있었다.

〈표 3-3〉 시·도세 징수교부금 교부율 변천 추이

연도별	교부율 수준 및 변천 내용
1949	入亭稅 : 30%, 기타 세목 : 5%
1951	5% → 10%로 상향 조정
1952	10% → 30%로 상향 조정
1954	30% → 10%로 인하 조정
1976	취득세 : 30%, 기타 세목 : 20%
1979	30%로 통일(지방세법 시행령으로 교부율 규정)
1988	도세 : 30%, 특별시세·직할시세 : 3%(자치구 신설)
1990	인구 50만 이상의 시: 도세 징수교부율을 30%에서 50%로 상향 조정
1995	인구 50만 이상의 시 및 자치구가 아닌 區가 설치된 시: 도세 징수교부율을 30%에서 50%로 상향 조정

이처럼 도세 징수교부금의 교부율이 상향조정되는 가운데 자치단체별 차등교부로 인해 도와 시·군 간에 지속적인 마찰요인이 되어 왔으며, 시·군 간 재정불균형을 심화시키는 요인으로 작용하였다. 즉 도에서는 징수교부금 교부율을 교부하지 않기 위해 도세징수사무소를 설치하여 도세를 직접 징수한다거나, 징수교부금 교부율을 도조례에 위임해 줄 것을 요구해 왔다. 반면에 일반 시·군에서는 인구 50만 이상의 시와 같이 징수교부율을 50%로 인상해 줄 것을 요구하는 등 이를 둘러싸고 광역·기초자치단체 간에 갈등이 계속 야기되었다.

도세 징수교부금제도를 둘러싸고 야기되고 있는 이러한 문제점을 해소하고, 도와 시·군 간 재정조정기능의 확보를 위하여 도세징수교부금제도를 재정보전금제도로 개편하여 2000년부터 시행되고 있다. 즉 종전의 차등적인 도세징수교부율(50%와 30%)을 실제 징세처리비인 3%로 통일하고, 나머지 잔여 재원인 47%, 27%를 재원으로 하여 인구수, 징세실적 등에 근거하여 시·군에 재교부하는 일종의 지방재정조정제도인 '재정보전금제도'를 도입하였다. 재정보전금제도는

118

도와 시·군 간 수직적 재정불균형을 시정하는 데 사용하기 위하여 개
발된 제도적 장치라고 할 수 있다.

재정보전금 재원의 90%는 일반재정보전금으로 배분되고, 나머지
10%는 시책추진보전금으로 배분된다. 일반재정보전금은 관할 도내
시·군의 인구규모 60%, 징세실적 40%의 비율로 안분하며 시·군
자치단체별로 배분된다. 또한 시책추진보전금은 시·군의 지역개발사
업 등으로 배분된다. 그러나 교부세 불교부자치단체가 있는 도(경기
도)의 경우에는 일반재정보전금 중 일부를 교부세 불교부자치단체에
대한 특별재정보전금으로 지원할 수 있는 특례를 두고 있다.

4. 지방재정의 운영 및 관리제도의 개편

1) 지방중기재정계획제도의 내실화 추진

중기재정계획은 전통적인 통제목적을 위주로 하는 단년도 예산제도
의 제약성을 보완하기 위하여 중장기적인 사업계획(기획)과 단년도
예산의 유기적인 연계장치로서 도입된 제도적 장치이다.

지방정부가 동 제도의 도입을 최초로 시도한 것은 1982년에 시·도
종합개발 10개년계획(1982~1991)을 수립하면서이다. 당시 내무부는
1981년 12월 각 시·도에 중기지방재정계획의 수립지침을 시달하고
1982~1986년의 5개년을 계획기간으로 하는 최초의 중기지방재정계
획을 수립토록 하였다. 그러나 이 당시에는 개발계획과 재정의 연계
를 위한 제도적 장치가 미흡하고 실제로 운영의 실효성이 낮아 서울
특별시를 제외한 모든 시·도에서는 동 제도가 정착되지 못하였다.

보다 체계적이고 실효성 있는 중기재정계획제도의 도입이 추진되기
시작한 것은 지방자치의 실시가 본격적으로 논의되고 있던 1988년부
터이다. 당시 내무부는 지방자치 실시에 대비하여 건전한 지방재정을

확보할 수 있는 장치를 마련하고, 국가시책과 지방재정의 연계기능을 강화하기 위하여 지방재정법에 중장기지방재정계획의 수립에 관한 법적 근거를 마련하였다. 이에 근거하여 내무부는 1989년 4월 각 지방자치단체에 중기지방재정계획 수립지침을 시달하게 되었고, 각 지방자치단체는 1990~1994년의 5개년을 계획기간으로 하는 중기재정계획을 수립하게 되었다.

지방자치 실시 이후에는 제도화된 지방중기재정계획제도의 내실화를 위한 노력이 다양한 형태로 전개되었다. 우선 1992년에는 중기재정계획의 실효성을 확보하기 위한 방안의 하나로서 투·융자사업 심사제도를 도입하였다. 이어서 1994년에는 지방재정법시행령에 근거하여 운영되어 오던 투·융자심사제도를 법제화시키는 한편 투·융자심사결과를 예산편성, 중기지방재정계획에 반영토록 함으로써 지방재정계획과 연계한 계획적인 예산운영을 강화하였다.

그럼에도 불구하고 지방자치단체는 취약한 재정여건으로 인하여 가용재원이 부족하고 국가재정으로부터의 의존도가 높을 뿐 아니라 중기계획의 수립시기와 예산편성의 시기가 연계되지 않아 중기재정계획에 의한 예산편성의 실효성을 거두지 못하였다. 이에 내무부는 1996년도 예산편성시부터 중기재정계획의 수립목적인 계획과 예산의 연계가 충실히 이루어질 수 있도록 유도하기 위하여 중기재정계획을 기초로 예산을 편성토록 하였다. 이를 위하여 내무부는 1995년도에 수립하는 중기재정계획은 8월 이전까지 연동계획을 수립하여 1996년 예산에 반영될 수 있도록 하고 있다. 즉 종전에는 투·융자심사시기(9월), 중기지방재정계획(8월), 지방채발행계획수립(8월), 국비보조금신청(4월), 예산편성지침수립(7월) 등의 지방재정운영 순기가 상호 유기적으로 연계되지 못함으로써 중기재정계획의 실효성이 미흡하였는바, 내무부는 '1996년도 지방자치단체 예산편성기본지침'을 작성하면서 재정계획수립과 예산편성의 시기를 합리적으로 재조정함으로써 유기적인 연계가 가능토록 하였다.

한편 1991년에는 중기지방재정계획의 투자재원조달과 밀접한 관련이 있는 지방채발행계획제도를 도입하였다. 즉 투자재원의 안정적인 확보와 지방재정의 건전성을 유지하기 위하여 지방자치단체별, 사업별로 지방채 발행규모, 자금의 종류 및 발행조건 등에 관한 종합계획을 수립토록 하였다.

지방재정의 계획적 운영은 지방재정계획의 실효성 확보 여부에 의해 좌우된다고 할 수 있다. 이를 위하여 그 동안 행정자치부는 지방재정계획에 의한 국고보조사업의 신청, 지방재정계획에 반영되지 아니한 사업에 대한 지방채 발행의 제한 등의 시책을 전개하여 왔다.

지방자치 실시 이후 중기지방재정계획제도의 내실화를 위한 행정자치부의 지속적인 제도보완과 운영방식의 개편에도 여전히 중기재정계획제도의 실효성이 본궤도에 진입하지 못하고 있다. 즉 중기지방재정계획제도가 내실 있게 운영될 경우에는 지방자치단체의 효율성과 생산성 제고에 크게 기여할 것으로 기대되고 있음에도 불구하고 우리나라의 현실은 그렇지 못한 실정이다. 현재에는 단순한 재정전망에 기초한 재정수지균형이라는 차원에서 산출된 가용재원을 투자사업에 적절히 안배하는 소극적인 계획에 그치고 있을 뿐 구체적인 중장기적 발전목표와 이를 실행하기 위한 사업계획이 체계적으로 제시되고 있지 못하다. 지방자치단체의 중기지방재정계획의 필요성에 대한 현실 인식이 낮은 수준에 머물러 있는 가운데 행정자치부의 지침에 의거한 '하향적 계획수립' 과정은 계획의 형식성을 초래하고 있다. 따라서 계획은 수립되어 있지만 이것이 1년 단위로 이루어지는 예산배분의 지침이나 기초자료로서 큰 의미를 갖지 못하고 있다.

2) 지방재정 투 · 융자사업심사제도의 도입 및 내실화

지방재정 투 · 융자심사제도는 1992년에 중기재정계획의 실효성을 확보하기 위한 방안의 하나로서 도입된 것이다. 즉 지방재정의 계획적 · 효율적 운영을 도모하고 각종 투자사업에 대한 중복 · 과잉투자를 방지하기 위하여 도입된 것이다. 지방재정법시행령에 제도도입의 근거를 마련하고, 이에 기초하여 1992년 8월 〈지방재정투 · 융자사업심사규칙〉(내무부령)이 제정되었다. 이어서 1994년에는 지방재정법시행령에 근거하여 운영되어 오던 동 제도의 법적 근거를 지방재정법으로 격상시키고, 주요 사업은 예산편성 전에 반드시 투 · 융자심사 후 예산을 편성토록 함으로써 지방재정투융자심사제도의 내실화를 도모한 바 있다.

지방재정투융자심사제도는 1994년 법제화 이후 제도의 기본틀은 계속 유지되는 가운데 지방재정법시행령과 지방재정투융자심사규칙 및 분석지침의 개정을 통해 심사대상 조정, 심사분석자료 제출시기 조정, 심사분석 순기와 횟수 조정, 투자심사기준의 합리화 등을 지속적으로 추진해 왔다.

한편 1999년 지방재정투융자심사규칙의 개정에 따라 2000년부터는 〈표 3-4〉에 정리되어 있는 바와 같이 심사구분을 종전의 시 · 도심사분석사업, 중앙심사분석사업에서 자체심사, 시 · 도의뢰심사, 중앙의뢰심사로 개선하고, 그 대상사업의 범주를 합리적으로 조정하였다.

3) 지방재정분석 · 진단제도의 도입 및 재정분석의 실시

1995년 6 · 27 지방선거를 통한 본격적인 민선자치시대의 개막에 대비하여 행정자치부(당시 내무부)는 지방재정의 건전성과 효율성을 담보하기 위한 제도적 장치를 마련하였다. 즉 1994년 12월 지방재정법의 개정을 통해 행정자치부장관은 지방재정의 건전하고 효율적인

〈표 3-4〉 지방재정투·융자 심사구분 및 적용대상 개편

종전(1999년 이전)		개정(2000년)	
심사구분	적용 대상 사업	심사구분	적용 대상 사업
시도 심사 분석 사업	○특별시의 자치구는 총사업비 30억원 이상, 광역시의 자치구 및 시군은 총사업비 20억원 이상의 신규투자사업. 다만, 인구 50만 이상의 시 및 광역시의 자치구는 총사업비 30억원 이상의 신규투자사업 ○2개 이상 시군 및 자치구와 관련된 사업	자체 심사	○시·군·자치구의 사업비(용역비등 각종 부대경비포함)와 50억원 미만 신규투자사업과 사업비 전액을 자체재원(지방채 제외)으로 부담하는 신규투자사업 ○특별시·광역시·도의 200억원 미만의 신규투자사업과 사업비 전액을 자체재원(지방채 제외)으로 부담하여 시행하는 신규투자사업
중앙 심사 분석 사업	○광역시 및 자치구는 총사업비 200억원 이상, 도 및 시군은 총사업비 100억원 이상의 신규투자사업 ○2개 이상 광역시 및 도와 관련되는 사업 ○외자도입 사업 ○기타 행정자치부장관이 국가경제 및 사회정책상 필요하다고 인정되는 사업	시도 자체 심사	○시·군·구의 총사업비 50억원 이상 200억원 미만의 신규투자사업 ○2개 이상의 시·군·구와 관련되는 사업
		중앙 심사 의뢰	○시·도 또는 시·군·구의 사업비 200억원 이상의 신규투자사업 ○2개 이상의 시·도와 관련되는 사업 ○외국의 자본이 도입되는 사업 ○기타 행정자치부장관이 국가경제 및 사회정책상 필요하다고 인정되는 사업

운영을 위하여 합리적·효율적인 예산관리기법, 지방재정운영상황의 측정기법, 기타 국가의 실효성 있는 지방재정지원방안 등을 연구·개발하여 시행하도록 규정하였다(지방재정법 제2조). 또한 지방재정분석·진단제도를 도입하여, 지방자치단체장이 행정자치부장관에게 제출하는 재정보고서를 분석하여 필요한 경우에는 적절한 지도를 할 수 있도록 규정하였다. 아울러 지방재정분석결과 재정의 건전성과 효율성이 현저히 떨어진 자치단체에 대해서는 재정진단을 실시할 수 있으

며, 필요한 경우에는 그 결과를 공개할 수 있도록 하였다. 이러한 지방재정분석 및 진단제도는 각 지방자치단체가 재정책임을 갖고 지방재정운영의 건전화를 도모할 수 있도록 하고, 재정위기에 처할 가능성이 높은 지방자치단체의 재정건전화계획을 수립하기 위하여 도입된 제도적 장치이다.

지방재정분석·진단제도가 지방자치단체의 반발과 논란 끝에 법제화된 이후, 행정자치부는 재정분석지표의 개발 등 준비작업을 거쳐 1998년에 〈지방재정분석·진단실시규정〉(1998. 10. 19 훈령 제14호)을 발령하여 지방자치단체의 1997 회계년도의 결산자료를 대상으로 종합적인 지방재정분석을 최초로 실시하여 그 결과를 공개하였다. 1998년에는 〈표 3-5〉에 정리되어 있는 바와 같이 7개 지표를 기준으로 지방재정분석을 실시하였다. 그러나 동 재정분석지표의 타당성에 대한 문제제기가 잇따르자, 1999년에는 재정분석지표를 자주성, 안정성, 생산성, 노력성 등의 4개 영역 10개 지표로 개선하여 1998 회계연도의 결산자료를 대상으로 재정분석을 실시하였다. 현재 재정분석결과는 특별·광역시, 도, 시, 군, 구의 5개 단체별로 등급화하여 공개하고 있다.

한편 재정분석 결과 재정안정성이 크게 저하된 단체를 대상으로 실시할 수 있는 재정진단은 아직 실행되지 않고 있다. 지방재정법시행령에서는 재정진단 대상 자치단체의 선정기준으로 채무잔액과다, 적자단체, 경상경비의 비중이 높은 자치단체로 정하고 있으며, 재정진단을 실시한 결과 필요한 경우 재정건전화계획을 수립·시행하여 재정건전성과 효율성을 확보하도록 규정하고 있다. 앞으로 재정운영의 건전성 제고를 위한 유인기제가 효과적으로 작동하도록 하기 위해서는 정확한 재정진단과 경보체제의 구축이 필수적이라고 할 수 있다.

124

<표 3-5> 재정분석지표의 구성 및 개편 내역

당초(1998년)		변경(1999년)		
분석영역	재정분석지표	분석영역	재정분석지표	활용방안
자 주 성	①재정자립도 ②1인당지방세수력	자 주 성	①재정자립도 ②재정력지수	중앙의 의존재원 지원
효 율 성	③투자비비율 ④가용재원율	안 정 성	③경상수지비율 ④세입세출충당비율 ⑤지방채상환비율	재정진단단체 선정 기준
안 정 성	⑤지방채상환비비율 ⑥1인당 채무부담액	생 산 성	⑥재정계획운영비율 ⑦세입예산반영비율 ⑧투자비비율	재정운영의 효율성 측정 및 재정인센 티브 부여 기준
노 력 도	⑦자체수입 징수율	노 력 성	⑨자체수입증감율 ⑩경상경비증감율	재정운영의 효율성 측정 및 재정인센 티브 부여 기준

4) 예산성과금제도의 도입

예산절감 노력을 유도하기 위한 인센티브제도의 한 형태로 2000년부터 예산성과금제도가 도입되었다. 예산성과금제도는 공무원이 특별한 노력으로 지방재정수입을 증대하거나 예산을 절약한 경우에 수입증대액 또는 지출절약액의 일부(1인당 2천만 원 한도)를 인센티브로 지출하는 제도이다. 동 제도의 도입을 통해 지출 측면에서 자발적 직제 축소 및 인력 감축 운영을 통한 인건비 절감, 기준경비 및 경상비 절감, 제도개선을 통한 사업비 절감 등 공무원의 자발적인 자구노력이 유도되고, 수입 발굴을 위한 유인이 제공될 수 있을 것으로 기대되고 있다.

5) 지방재정공개제도의 도입

주민의 알 권리를 충족시키고 재정운영의 투명성 확보와 방만하고 자의적인 재정운영에 대한 통제장치로서 지방재정공개제도의 도입이 필요하다. 지방재정공개제도는 주민에게 지방재정 운영상황을 알리고 자치행정에 대해 주민이 참여하고 주민에 의한 평가가 이루어져 궁극적으로는 재정운영의 합리화를 도모하고 재정의 건전운영을 이끌어낼 수 있다.
이러한 요구에 부응하기 위하여 지방자치 실시 이후 행정자치부는 1994년 12월 지방재정법을 개정하여 〈지방재정상황의 공개제도〉를 법제화하였다. 이에 따라 지방자치단체장은 조례가 정하는 바에 의하여, 매 회기년도마다 1회 이상 세입·세출의 집행상황, 지방채 및 일시차입금의 현재액, 공유재산의 증감 및 현황, 중요 물품의 증감 및 현재액, 기타 재정운영에 관한 중요한 사항을 지역주민들에게 공개하여야 한다.

5. 지방재정제도 개편의 성과 평가

1) 지방재정조정제도의 역할 증대

지방세목의 신설, 지방재정조정제도의 개편 등이 중앙·지방정부 간 재원배분 수준과 구조에 미친 성과를 평가해 보면 다음과 같다. 〈표 3-6〉은 1998년도 실적을 기준으로 국세와 지방세 형태로 배분되는 형식적 세원배분, 국세 수입을 재원으로 하여 지방자치단체에 이전되는 재원의 경로와 규모, 그리고 최종지출단계에서의 중앙정부와 지방정부 간 실질적인 세원배분수준 등을 정리한 것이다. 이에 따르면 현재 지방정부가 자체적으로 조달하여 자율적으로 사용할 수 있는 지방세 형태로 배분되고 있는 세수입은 전체 조세수입 중에서 19.7%에 불과하지만 최종지출단계에서는 40.9%를 배분받고 있다. 12) 형식적 세원배분과 실질적 세원배분의 차이에 해당하는 26.3% 정도의 조세수입은 중앙정부가 운영하는 지방재정조정제도를 통해 지방자치단체에 지원되고 있다. [13)

다음으로 중앙정부와 지방정부 간 세원배분의 추이를 살펴보면 〈표 3-6〉에 표시된 바와 같이 지난 70년대 이래 지방세 수입의 비중이 점차 증가하여 왔으며, 1998년 현재에는 국세 대 지방세 수입의 비중이 81.3% 대 19.7% 수준을 기록하고 있다. 그러나 지방자치 실시 이후에는 국세 대비 지방세 수입의 비중의 증대 경향은 두드러지지 않고 있다. 반면에 지방교부세, 국고보조금, 지방양여금 등 국세 수입을 재원으로 한 중앙정부로부터의 이전재원 규모는 상당한 수준으로 증대하였다. 특히 지방양여금제도가 도입된 1991년 이후 이전재원 규모가 크게 늘어나 1998년 기준으로 일반지방행정분야(지방교육재정 제외)에 대한 재정조정 재원의 대 국세수입 비율이 26.3% 수준을 기록하고 있다. 또한 지방재정조정 수입의 대 지방세 비중은 1998년 기준으로 107% 수준에 달하고 있다.

그 결과 지방세를 통한 형식적 세원배분 수준과 최종지출 단계를 기준으로 한 지방정부의 실질적 세원배분 수준간의 격차가 지난 1990년 이후 크게 확대되고 있는바, 1998년에는 그 비율이 21.2%를 기록하고 있다. 실질적 재원배분과 형식적 세원배분의 격차가 확대된다는 것은 지방재정 운용에 있어서 대 중앙정부 의존도가 상대적으로 높아진다는 것을 의미한다. 2000년부터 지방교부세의 법정교부율이 13.27%에서 15%으로 상향조정되었고, 2001년부터는 지방교육재정교부금의 법정교부율이 11.8%에서 13%로 상향조정될 예정이기 때문에 앞으로 지방재정에서 차지하는 이전재정의 비율은 더욱 높아지게 될 것으로 전망된다.

---

12) 교육자치단체까지를 포함할 경우 지방정부의 실질적인 재원배분비율은 1998년 실적 기준으로 58.7%에 해당된다.

13) 교육자치단체에 지원되는 이전재원까지를 포함하면 이 비율은 39%에 이른다.

이러한 결과는 지난 10년 동안의 지방재정제도 개혁 결과, 세출의 분권화는 크게 확대되었으며 이러한 확대는 이전재정의 역할 증대의 결과로서 나타난 것이라고 해석할 수 있다.

<표 3-6> 중앙·지방정부간 재원배분 수준과 구조의 변화 추이

(단위: 억 원, %)

구 분		1970	1980	1990	1995	1998
형식적 세원배분	국 세 (A)	7,649	58,077	219,242	480,977	677,977
	지방세 (B)	332	7,678	51,575	132,620	166,767
	B/(A+B)	8.3	11.7	19.0	21.6	19.7
이전재원	지방교부세	503	4,100	20,613	51,615	70,392
	국고보조금	213	3,269	16,873	35,508	78,663
	지방양여금	-	-	-	17,317	29,457
	합 계 (C)	716	7,369	37,486	104,440	178,512
	C/A	9.4	12.7	17.1	21.7	26.3
실질적 세원배분	중앙정부 사용 재원(A-C=D)	2,933	50,708	181,756	376,537	499,465
	지방정부 사용 재원(B+C=E)	1,048	15,047	89,061	237,060	345,279
	E/(D+E)	26.3	22.9	32.9	38.6	40.9
실질적·형식적 세원 배분비율의 격차		16.9	11.2	13.9	17.0	21.2

1) 1990년과 1995년은 예산기준이고 나머지는 실적기준임
2) 국세 수입에는 지방양여금 대상 세원도 포함되어 있음
3) 지방교육분야 이전재원은 제외한 것임

자료 : 재무부(1990) ; 재정경제원(1997) ; 내무부(1997).

128

2) 자치재정권 보장의 한계

우리나라의 현행 재정분권제도는 효율성의 논리보다는 형평성의 논리가 강하게 스며들어 있다. 14) 우선 지방정부의 과세자주권이 제약되어 있어 지방세가 공공서비스 공급에 대한 반대급부로서의 역할이 그렇게 높은 수준이 아니라는 점을 지적할 수 있다. 한편 지방세외수입은 물론이고 지방양여금, 국고보조금 등 이전재원의 사용, 예산편성 등 지방세입 확보 및 재정운용에 있어서 지방정부의 책임성과 자원배분의 효율성을 살리기 어려운 측면을 간과할 수 없다. 또한 일부 국세의 지방세 이양 방안을 모색하는 과정에서 지방정부간 재정력 격차의 확대를 방지하기 위하여 지방양여금제도를 도입한 것이나 지방교부세, 지방양여금, 국고보조금 등 지방재정조정제도 전반에 걸쳐 재정력격차를 반영하기 위한 보정제도가 마련되어 있는 점 등도 지방재정제도 설계에 있어서 형평성의 논리가 강하게 작용하고 있음을 잘 나타내 주는 것이다.

현재의 중앙·지방정부 간 재원배분체제가 자율과 자주 및 자유경쟁을 통한 자기책임의 확보라는 지방자치의 원리에 적절히 부합하지 못하고 있는 또 하나의 이유는 지방세를 통한 재원배분에 비해 지방재정조정제도를 통한 재원배분 규모가 상대적으로 큰 비중을 차지하고 있다는 점은 자치시대 지방재정운영의 한계로서 작용하고 있다. 지방자치가 부활된 1990년대 이후에 중앙정부 이전재원의 대 국세 비중이 계속 증대하고 있으며, 이로 인해 형식적 세원배분과 실질적 재원배분 간의 격차가 확대되고 있음이 이를 반증하고 있다. 형식적 세원배분과 실질적 재원배분 간의 격차가 확대되고 있다는 사실은 지방재정규모의 확대에도 불구하고 지방정부의 재정 자율성은 상대적으로

---

14) 중앙·지방정부간 재원배분제도를 설계하는 과정에서 각 지방정부간 재정력 (세원분포)의 불균형이 높을수록 중앙정부의 재정조정기능이 강화될 필요가 있다는 점에서 효율성보다는 형평성이 강조될 수 있다.

위축되고 있다는 아이러니를 말해주는 것이다.

3) 재정운영의 효율성 · 책임성 · 건전성 확보를 위한
제도 운영의 내실화 미흡

지방자치 실시 이후 지방재정 운영에 있어서 효율성과 책임성 및 건전성 확보를 위하여 지방중기재정계획제도의 내실화 추진, 지방재정 투 · 융자사업심사제도의 도입 및 내실화, 지방재정분석 · 진단제도의 도입 및 재정분석의 실시, 예산성과금제도의 도입, 지방재정공개제도의 도입 등 다양한 제도개선과 대책이 마련되어 왔다. 그 결과 외형적으로는 재정운영의 효율성을 제고하고, 재정운영의 책임성과 건전성을 확보하기 위한 제도적 장치는 어느 정도 갖추게 되었다. 그러나 문제는 이러한 제도들이 아직도 뿌리를 내리지 못하고 겉돌고 있거나, 실효성 있게 운영되고 있지 못하다는 사실이다. 중앙정부 주도의 제도 개선과 이들 제도의 필요성을 개별 자치단체들이 스스로 인식하여 이를 내실 있게 운영토록 유도하는 것이 필요한 시점이다.

6. 결 론

지난 20세기 후반기에 우리는 지방자치의 실시와 중단 및 부활을 경험하였다. 1990년대 초에 부활된 지방자치는 아직껏 지방분권형 행 · 재정체제의 구축 수준에는 이르지 못하고 있다. 현재의 지방재정제도는 중앙집권체제 하에서 지방정부에 대한 재원보장 차원에서 그 구도가 형성된 것이기 때문에 분권화된 정부운영환경 하에서도 지방재정의 효율적 운영, 지방재정과 지역경제의 유기적 연계, 그리고 지역단위에 있어서 지방행정서비스로부터 누리는 편익과 비용부담을 효과적으로 연계할 수 있는 제도적 장치로서는 진전되지 못하고 있다.

130

또한 현재의 지방재정제도는 자율적 경쟁을 통한 자기책임성의 확보라는 지방자치의 원리가 가동되기 어려운 현실이다. 특히 최근 국정개혁의 새로운 패러다임으로 폭넓게 적용되고 있는 신공공관리론 (NPM)에서 강조하고 있는 경쟁과 시장기구 및 인센티브제도를 활용한 정부 운영을 뒷받침할 수 있는 제도적 틀을 효과적으로 제공하고 있지 못하다.

따라서 자율과 경쟁 및 책임원리에 기초한 지방분권형 행·재정체제를 뒷받침할 수 있는 지방재정제도를 구비하기 위해서는 그 동안 단편적이고 점증적인 제도개편의 접근방법을 지양하고 새로운 패러다임에 입각하여 지방재정제도 전반에 걸친 체계적이고 종합적인 개혁노력이 요망된다.

▪참 고 문 헌

곽채기(1997), "중앙-지방정부 간 재원배분체계의 재구조화 방안", 《한국행정연구》 6(2).
권강웅(1999), 《지방세강론》, 서울: 조세통람사.
김정완(1998), "지방교부세에 있어서 자구노력에 대한 인센티브제도의 대안적 모델 모색", 《한국행정학보》 32(2).
오연천(1987), 《한국지방재정론》, 서울: 박영사.
_____ (1991), 《한국조세론》, 서울: 박영사.
_____ ·곽채기(1997), "지방세제사", 《한국조세정책50년사: 제1권》, 한국조세연구원.
유 훈(2000), 《지방재정론》, 서울: 법문사.
하혜수·이재원·곽채기(1996), 《지방재정투융자심사분석기법개발》, 수원: 경기개발연구원.

제 4 장

정부간 관계
의사결정체제의 변화

임 도 빈

1. 서 론

90년대 실시된 한국의 지방자치는 정통성이 부족하면서도 중앙집권적인 군사정권을 약화시키기 위한 민주화의 차원에서 요구되어 왔다. 당시 선거제도와 선거문화에 비춰볼 때 대통령선거나 총선에서 야당이 승리한다는 것이 매우 어려워 보이는 반면, 지방직을 주민직선으로 선거를 하면 야당후보를 당선시킬 수 있다고 믿는 사람들이 많았다. 그러나 지방자치의 요구는 단순히 군사정권에 제동을 걸 수 있는, 야당이 지배하는 지방정치체제의 구축만을 의미한다고 볼 수는 없다. 크고 작은 모든 정책이 중앙정부에서 결정되는 서울 중심의 정책결정체제는 비능률적인 정책과정임은 물론이고 일선 현장에서 괴리된 정책내용이 채택된다는 비판을 많이 받고 있다.

중앙집권국가에서 지방자치를 실시한다는 것은 그 나라의 의사결정체제의 근본적인 변화를 의미한다. 즉, 의사결정점이 중앙에 있었던 것을 지방으로 분산시키는 것이 지방자치라고 할 수 있다. 그러나 완전한 지방자치는 반드시 지방에서 모든 것을 결정하는 의사결정체제를 의미하는 것은 아니라고도 할 수 있다. 또한 그 나라의 정치사, 지리적 여건, 정치엘리트들의 분포 및 속성 등에 따라서 중앙과 지방의 의사결정비중이 결정될 수도 있다. 이런 맥락에서 박동서(1990)는 급격한 지방화에 대한 열망에도 불구하고 지역의 여건과 도시화수준에 따라서 적절한 수준의 지방자치가 이뤄질 것임을 예측한 바 있다.

우여곡절 끝에 실시된 지방자치 10주년을 맞이하여 과연 한국의 공공부문 의사결정체제가 어떻게 변화하였는가를 살펴보는 것은 지방자치의 효과를 평가하는 데 필수적인 작업이다. 지방자치의 실시가 공동체사회로서 한국사회에서 의사결정체제를 합리화하였다면 매우 긍정적인 효과라고 할 수 있다. 반면에 단체장과 지방의원을 선출하였을 뿐 우리나라의 의사결정체제에 근본적인 변화를 가져오지 않았다면 지방자치의 필요성은 존재하지 않는다고 해도 과언이 아니다. 이러한 맥락에서 이 연구는 한국 지방자치 실시 10년간의 변화를 평가하는 것을 목적으로 한다. 그러나 비교자료가 항목별로 충분하지 않기 때문에 체계적이고 객관적인 평가를 하기는 매우 어렵다. 따라서 가능한 기존자료를 활용하여 지방자치 10년의 효과를 평가하고자 한다.

2. 이론적 시각과 분석모델

모든 중요한 정치행정행위는 의사결정행위라고 할 수 있다. 즉, 조직에서 조직구성원이 하는 일은 모두 의사결정의 성격을 가진다고 할 수 있다(Simon, 1976). 지방자치를 공공의사결정체제와 연결시켜 생각할 때, 가장 어려운 점은 과연 모든 의사결정을 지방에서 하는 것이 바람직한 것이냐 라는 의문이 제기될 수 있다는 점이다. 이것은 한 국가에서 이뤄지는 많은 의사결정 중 어떤 의사결정을 누가 하느냐의 문제와 연결되는 문제이다.

지방자치 (*decentralization*) 는 적어도 두 가지의 의미가 있다 (Pollitt et al., 1998: 7). 첫째는 정치적 지방자치 (*political decentralization*) 이고, 둘째는 행정적 지방자치 (*administrative decentralization*) 이다. 전자는 중앙의 권력을 선출직 지방정부에게 이양하는 것을 의미하고, 후자는 중앙의 권력을 임명된 지방공무원에게 이양하는 것을 의미하는 것으로 지방분권 (*deconcentration*) 이라고도 부른다. 적어도 한국의 맥락에서는 지방자치라고 하면 정치적 지방자치를 지칭하는 것이 일반적이다.

광의로 볼 때 중앙의 의사결정권을 지방에 이양한다는 것이 지방자치라면, 정치적 지방자치는 지방에 이양된 의사결정권을 누가 행사하느냐의 문제와 직결된다. 지방에는 중앙 혹은 지방자치단체에서 임명한 공직자들이 있다. 이들에게 의사결정권을 주는 것도 ― 중앙에서 지방의 현안문제를 풀기 위한 의사결정을 하는 것보다는 ― 의사결정권자와 의사결정결과에 영향을 받는 주민과의 거리를 줄인다는 점에서 중요하다. 특히 중앙집권국가에서 지방자치를 실시한다는 것은 지방의 공직자(즉, 단체장 혹은 지방의원)를 주민직선으로 선출하는 것으로부터 출발한다.

문제는 주민직선으로 주민의 대표를 선출한다고 해서 중앙정부의 권력이 지방에 미치지 않는 것은 아니라는 데 있다. 미국식 주민자치 전통에서는 자치권 내지 주권이 주민에서 비롯되기 때문에 중앙정부의 지방에 대한 영향력은 원칙적으로 성립하기 어렵다. 그러나 대륙의 전통에서는 주민자치보다는 단체자치의 속성이 있어 자치권은 중앙정부에 의해서 부여되는 것이다(윤영진 외, 2001). 대륙적 지방자치제도 특성을 가진 한국에서는 중앙정부의 영향력이 여전히 문제시된다. 조직의 속성상 중앙정부는 지방자치 실시 이후에도 자신의 지방에 대한 영향력을 계속하여 발휘하고 싶어하기 때문이다. 즉, 단일국가에서의 지방자치 실시는 결국 중앙정부와 지방자치단체 간의 상대적인 정책결정력 비중에 달려 있다고 할 수 있다.

〈표 4-1〉 중앙-지방관계에서 본 통치유형

지방공직자 중앙정부권력	임 명	선 출
강 함	중앙집권형(제1유형)	제한된 자치형(제3유형)
약 함	분권행정형(제2유형)	지방자치형(제4유형)

이상의 논의를 종합하여 볼 때, 〈표 4-1〉에서 제시하는 바와 같이, 지방자치단체를 선출로 구성하느냐 여부와 중앙과 지방의 상대적 권력의 양이라는 두 가지 차원에서 네 가지 통치유형을 도출할 수 있다.

제1유형은 지방의 정치행위자를 중앙에서 임명하고 중앙정부의 지방에 대한 권력도 절대적으로 큰 유형이다. 이를 '중앙집권형'이라고 부를 수 있는데, 강력한 군사독재 정치체제가 대표적인 예이다. 이 유형에서는 중앙정부와 지방정부가 하나의 조직과 같이 계서적으로 배열되어 있다.

제2유형은 제1유형의 변형으로서 중앙정부에서 지방의 공직자를 임명하기는 하지만 지방의 사무에 관한 한 지방행정기관에 많은 자율권을 부여하는 것을 말한다. '분권행정형'이라고 명명할 수 있을 것이다. 프랑스의 경우 중앙정부에서 임명한 국가도지사(Préfet)에게 지방의 자율권을 대폭 부여하는 것이 그 예이다(임도빈, 1997; 2002).

제3유형은 지방의 공직자를 중앙정부의 임명권이 아닌 주민직선에 의하여 임명하기는 하지만 중앙정부가 지방에 대하여 여전히 커다란 권력을 행사하는 경우를 말한다. 즉, 공식적으로는 지방자치를 실시하였지만 사실한 중앙정부의 지방지배가 계속되는 의사지방자치 유형 혹은 '제한된 자치형'이라고 명명할 수 있다.

제4유형은 지방의 공직자가 선출될 뿐만 아니라 중앙정부의 지방에 대한 영향력이 상당히 감소된 경우를 의미한다. 진정한 의미에서 지방자치모형이라고 할 수 있다. 이 지방자치형은 지방이 중앙과 완전히 분리되어 별개로 작동되는 극단적인 연방국가 형에서부터 비교적 중앙과 지방이 잘 협조되는 모형까지 다양한 유형이 있을 수 있다.

이 연구는 최근 10년의 한국의 지방자치를 위의 모델 중 어느 것으로 설명할 수 있는가를 검토하는 데 의의가 있다. 위의 모델에 내포된 핵심적인 변수는 중앙정부와 지방정부 간의 관계이다. D. Wright (1988)는 정부간 관계(intergovernmental relations)를 계서모델(The Hierarchical Model), 중첩모형(The Overlapping Model), 독립모형(The Independent Model)으로 분류한 바 있다. 상술한 모형과 비교한다면 계서모델은 중앙집권형, 중첩모형은 분권행정형과 제한된 지방자치형뿐만 아니라 지방자치형도 일부 포함한다고 할 수 있다. 독립모형은 지방자치형의 일부를 포함한다고 할 수 있다.

이러한 중앙-지방정부 간 관계유형은 단순히 권력관계만을 의미하는 것은 아니다. 중앙정부와 지방정부간의 기능배분이 어떠한가에도 관련되는 문제이다. 중앙-지방 기능배분에 관한 이론은 다양하다. 중앙은 정책형성 기능을 담당하고, 지방은 정책집행을 담당한다는 것이 대표적인 예이다. 이것은 중앙집권형 혹은 행정분권형 모델과 부합되는 이론이다. 중앙은 생산 혹은 경제기능을 주로 담당하고 지방은 소비기능을 담당한다는 이론(Saunders, 1984)도 있다. 이것은 위의 모든 유형에 해당될 수 있지만 특히 지방자치형에 잘 부합되는 모델이다.

이하에서는 이러한 이론적 배경과 네 가지 분석모형에 비춰볼 때, 한국의 지방자치 실시 10년이 한국의 정책결정체제에 어떠한 변화를 가져왔는가를 살펴보도록 하겠다.

3. 수직적 권력관계: 중앙정부와 지방자치단체와의 관계

여기서 수직적 관계란 편의상 중앙정부와 지방자치단체 간의 관계를 지칭한다. 지방자치 실시 이전에는 중앙정부의 권력이 국민의 일상적인 생활에까지 침투할 수 있을 정도로 매우 강력하였다. 지방자치 실시는 적어도 공식적으로는 의사결정기구를 재배열한 것이다. 그러나 공식적인 의사결정체제가 재배열되었다고 하여 의사결정이 지방 중심으로 이루어지는 것은 아니다. 따라서 편의상 공식적인 측면과 비공식적인 측면으로 중앙정부와 지방자치단체와의 관계를 논하기로 한다.

1) 공식적 측면: 일극체제에서 다극체제로

역사적으로 중앙집권적 전통을 가진 한국의 공식적 의사결정구조는 중앙정부(즉 왕)로부터 일반 국민에게까지 이르는 통치관계를 군대와 같이 일사불란한 수직적 지배체제로 구성되도록 하였다. 지방자치 실시 이전의 행정구역 구분을 보면 광역자치단체와 기초자치단체로 구분되어 대체로 조선시대의 그것을 거의 이어받는 체제로 되어 있었다(조석준, 1994: 274).

물론 지방선거가 실시되기 이전에도 형식적으로는 지방자치가 실시되고 있었다. 비록 중앙에서 임명하지만 단체장이 있었고 지방의회의 기능은 상급행정기관이 대신하였다. 즉, 자치사무에 관해서 지방의회의 승인을 요하는 사안에 대해서는 서울시는 국무총리가, 기타 광역자치단체는 내무부장관이, 모든 기초자치단체는 관할 광역자치단체장이 지방의회의 기능을 대신하였다. 그러나 이것은 국가사무를 비롯한 다른 모든 사무에 관한 한 계서상 관계와 정확히 일치되는 것이었기 때문에 지방자치의 특성을 살릴 수 있는 것은 아니었다고 보아야 한다.

이 당시의 지방과 중앙 간의 관계는 중앙은 정책결정, 지방은 정책집행이라는 전형적인 이원법에 기초하였다. 이를 바탕으로 중앙은 명령하는 '머리'의 역할을 수행하고 지방은 이를 집행하는 '수족'의 역할을 수행하였다고 봐도 과언이 아니다. 따라서 중앙정부가 모든 정책결정을 독점하는 1극 체제였다고 할 수 있다. 그러나 정책집행 면에서는 일극체제라고 보기 어렵다. 소관분야별 정책을 결정하는 중앙의 부처들은 자신의 특별행정기관이 있는 곳도 있지만 대부분의 사안은 지방자치단체의 손을 빌려 정책을 집행해야 했기 때문에 지방자치단체를 직접 관할하는 내무부의 협조를 얻어야 할 때가 많았다. 따라서, 내무부는 다른 중앙부처간 권력관계에서 지방관할권이라는 자원 때문에 비교적 우월한 위치에 있었다(임도빈, 1997: 303~310).

구체적으로 내무부의 내무국은 매우 강력한 권력을 행사하는 조직이었다. 광역자치단체의 내무국, 그리고 기초자치단체의 지방행정과는 내무국과 직통으로 연결되는 수단적 존재였다고 봐도 과언이 아니다. 대통령이 중요한 의사결정을 할 때나 국민의 반응을 알아볼 때, 이러한 라인을 활용할 수 있었을 뿐만 아니라 정책의 집행에도 활용할 수 있었다. 내무부 - 광역 자치단체 내무국 - 기초자치단체 - 읍·면·동 - 통·리 - 반은 일반국민까지 포괄하는 중앙집권체제의 핵심 라인이었다.[1]

지방자치 실시 당시 광역 및 기초자치단체의 구역을 어떻게 할 것인가는 많은 논란의 대상이 되었다. 이러한 논란은 어떤 제도가 지방자치 정신을 가장 잘 구현할 수 있느냐 라는 점도 있지만, 그 이면에는 구역획정에 따라 선출직 공직자의 수가 달라지기 때문에 이해관계가 갈라지는 점도 있었으리라고 생각된다. 그러나 결론은 종전의 체제를 거의 그대로 유지하는 것으로 나타났다. 만약 이 점에서 종전과

---

[1] 이 당시 광역 및 기초자치단체는 성격상 종합 지방행정기관이었다. 다만 법률상으로는 지방자치단체라는 지위를 인정받았기 때문에 이러한 개념을 사용하였다.

완전히 다르게 하였다면 오늘날 지방자치의 모습은 달라졌을 것이다. 예컨대 만약 현재의 읍·면·동을 기준으로 주민의 생활권을 고려하여 인구 1만 명 이하로 하는 기초자치단체를 구성하였다면, 주민들이 지방자치에 참여하는 효능감도 달라졌을 것이고 국가의 의사결정구조도 달라졌을 것이다.

결과적으로 지방자치 실시 당시의 광역과 기초자치단체는 종전의 시·도와 시·군의 토대로 하는 1특별시, 5광역시, 9도라는 형태가 되었다. 그리고 종전의 이 행정구역구획은 8도를 근간으로 하는 조선시대의 골격을 그대로 유지하고 있다고 봐도 과언이 아니다(조석준, 1992). 구체적으로 보면 전국을 13도로 개편한 것은 갑오경장을 겪은 1896년(고종 33년)이고, 부·군·면(府·郡·面)을 통폐합하여 현재의 군(郡)과 같은 편제를 갖춘 것은 1914년 3월이다(서태윤, 1985: 378~386). 이러한 체제는 기본적으로는 영미식 주민자치의 개념보다는 대륙식의 단체자치의 특성에 가까운 것으로서, 중앙의 국가권력의 원활한 행사를 기본으로 하고 있었다.

1991년 지방자치실시의 가시적인 효과는 중앙중심의 일극 의사결정구조를 광역 15개, 기초 260개의 다극 의사결정체제로 바꾸었다는 것이라고 할 수 있다. 물론 후술하는 바와 같이 이들 자치단체들이 종전의 중앙정부 권력을 완전히 분점하는 것은 아니지만, 적어도 자치사무에 관한 한 본격적인 의사결정주체가 된 것이다. 행정자치부로 명칭을 바꾼 내무부도 종전의 시·도-시·읍·면으로 직결되던 계서적 관계면에서 많은 변화를 겪게 된 것이다(임도빈, 1997: 307~319).

그러나 10년 동안 이러한 자치단체의 수가 변화하지 않은 것은 아니다. 〈표 4-2〉에서 볼 수 있는 바와 같이 광역시(울산시)가 1개 증가되고 기초자치단체는 총 23개가 줄어들었다. 기초자치단체의 경우 군은 52개가 줄어든 반면 시와 자치구는 29개 늘어났다. 이것은 언뜻 보면 인구의 도시집중을 반영한 자연스러운 변화인 듯하다. 즉, 해방 이후 지방행정구역은 지역의 발전에 따라 인구규모와 구조가 바뀌면

〈표 4-2〉 의사결정주체 수의 변화

	서울시	구	광역시	군	구	도	시	군	계	
									광역	기초
1991	1	22	5	0	34	9	68	136	15	260
2000	1	25	6	5	49	9	74	84	16	237
차이	0	+3	+1	+5	+15	0	+6	-52	+1	-23

서 시 승격이라는 측면에서 이뤄졌다. 즉, 정부의 경제개발정책에 따라 농촌인구의 도시이동은 급속히 진행되는 가운데, 이 중 일부만 선별적으로 시 승격을 허용함으로써 시 승격과 관련한 중앙정부의 정치·행정적 역할이 크게 작용하였다(임도빈, 1997: 100).

여기서 주목해야 할 점은 본격적인 지방자치실시(단체장 주민직선)를 앞두고 시 승격에 대한 정부의 전략이 '분리관리전략'에서 '통합관리전략'으로 크게 변한 것이다(임도빈, 1997). 이러한 전략의 변화는 적어도 지방자치실시로 의사결정점이 부분적으로는 사실상 이백여 개로 분점되고, 결과적으로 중앙정부가 주요 의사결정권을 독점함으로써 누리던 지위가 위협받게 된 것에 기인했다고 해석할 수 있다. 즉, 단체장 직선을 앞두고 1994년부터 1995년에 걸쳐 황급히 41개 시 39개 군이 통합되어 40개의 도·농 통합형 복합시가 탄생하였다. 그 동안 시·군 통합의 당위성을 주장하는 주된 논리는 효율성 증대였다. 따라서 실제로 효율성이 증대했는가 여부를 검토하는 연구가 수행되었으나 모든 자치단체에 대하여 효율성이 현격히 증가되었다는 일치된 결론이 얻어지지 않고 있다(홍준현, 1997; 박종관·조석주, 2001; 김재홍, 2000; 이시원·민병익, 2001).[2]

---

2) 홍준현, 박종관·조석주의 연구들은 행정비용과 인력절감의 효과가 미미하다고 주장하는 반면, 김재홍은 긍정적인 효과가 있다고 주장하고, 이시원·민병익은 유형별로 효율성의 효과 차이가 있는 것으로 분석하고 있다.

140

이 연구의 목적인 의사결정체제의 변화라는 측면에서 본다면, 적어도 한국과 같이 중앙의 강력한 권한집중이 커다란 문제점으로 지적되는 상황에서 의사결정점(즉, 자치단체의 수)이 많으면 많을수록 권력이 분산될 뿐만 아니라 주민생활권과 자치구역이 일치된다는 효과가 있을 수 있다. 따라서 시·군 통합은 이러한 효과를 감소시키는 결과를 초래했다고 볼 수 있다.

요컨대, 지방자치단체의 구역 획정과 수의 변화에도 불구하고 지방자치실시는 한국 의사결정체제의 구조에 획기적인 변화를 가져온 것이 사실이다. 종전의 인위적으로 나타난 행정구역을 지방자치실시를 계기로 전면조정하지 못한 것이나, 황급히 시·군 통합을 한 것에 대하여 비판의 여지는 많다. 그러나 더 근본적인 문제로써, 대단위 아파트 조성과 같은 방식에 의해 도시생활이 집단화되고 인구의 도시집중이 심해지면서 기초자치단체를 어떻게 구성해야 지방자치의 기능을 충분히 살릴 수 있을 것인가가 향후 중요한 과제로 남는다.

2) 비공식적 측면 : 사무배분

공식적 의사결정주체로서 지방자치단체를 주민직선에 의하여 구성한다고 하여 의사결정점이 중앙인 일극체제에서 지방의 다극체제로 완전히 바뀐다고 볼 수는 없다. 실제로 중앙정부와 지방자치단체가 어떤 의사결정(즉 사무처리)을 어떻게 하는가에 달려 있다.

사무배분의 측면에서 지난 10년간의 변화를 객관적으로 보여주는 통계수치를 제시하기는 곤란하다. 이에 대한 근사치로서 소관기능의 종류별 수치변화는 다음 표와 같다. 〈표 4-3〉에서 제시하는 수치는 각 주체가 담당하는 기능의 수이다. 즉 각 기능별로 실제 처리하는 건수를 고려하여야 그 권한 변화의 실제를 가늠할 수 있으나, 이 표는 단순히 기능의 종류 수만을 나타낸다. 각 기능을 처리하는 주체는 국가와 지방(기초와 광역자치단체 포함)인데, 문제는 국가기능이라도

〈표 4-3〉 기능의 변화 단위

개(%)

	국가사무	위임사무	자치사무	계
1994	11,744(74.5)	1,920(12.2)	2,110(13.3)	15,774(100.0)
1996	11,646(73.8)	1,246(7.9)	2,882(18.3)	15,774(100.0)
차 이	-98(0.7)	-674(35.1)	+772(36.6)	

출처: 오연천(1998), p. 135.

모두 국가가 처리하는 것이 아니고 지방자치단체에 그 처리를 위임하기도 한다. 이를 위임사무라고 한다. 지방자치 실시 몇 년 후인 1994년과 1996년 2년 사이의 변화는 국가사무를 지방에 위임하거나 자치사무화하는 방향으로 변화를 가져왔음을 알 수 있다. 즉, 지방자치 실시 후 의사결정점의 변화를 형식에 그치지 않고 실제효과를 나타낼수 있도록 기능변화를 해온 것은 바람직한 방향으로 변화된 것이다. 그러나 여전히 전체기능의 81.7% 정도가 국가기능(위임사무포함)이라는 점에서 국가기능이 압도적임을 알 수 있다.

이를 실제 각 행위주체가 처리하는 사무의 종류 수와 위임사무와 재(再)위임사무를 고려한 실제 처리사무종류수라는 측면에서 보면 〈표 4-4〉와 같다. 이 자료는 본 연구의 비교기간에 해당하는 것이 없다. 따라서 1996년의 경우 전라북도 도청과 전라북도 내 시·군청의 것을 제시한 것이다. 표에서 보면 중앙정부는 전체 8,910건의 40%에 해당하는 3,598건의 사무를 처리하고 있다. 그러나 이것은 자신의 고유사무인 국가사무 4,842건의 74.3%에 불과하다. 도의 경우는 산하 시·군의 행정기구에 의존하여 처리하는 비율이 많아 자신의 고유업무(3,573건) 중 65.3%에 해당하는 2,334건을 처리할 뿐이다. 이에 비하여 기초자치단체인 시·군들은 자신의 고유사무는 1,556건에 불과하지만 국가 및 도에서 위임받아 처리하는 사무가 많아 거의 두 배에

142

〈표 4-4〉 주체별 처리사무건 수 비교

	중앙정부	전라도청	시군청	계
고유사무건 수(A)	4,842	3,573	1,556	9,973
처리사무건 수(B)	3,598(40%)	2,334(26.6%)	2,978(33.4%)	8,910(100%)
비중(B/A*100)	74.3	65.3	191.1	

출처: 지방행정연구원(1997).

해당하는 2,978건이나 되는 업무를 처리한다. 이것은 기초자치단체
가 고유의 자치사무를 처리할 수 있는 여력을 제약하는 것이다. 뿐만
아니라 중앙부처와 광역자치단체는 각각 이러한 위임사무를 완전히
피(被)위임 자치단체에게 맡기는 것이 아니고 이에 관하여 끊임없이
간여하는 경향이 있다.

  법률적 측면에서 봐도 광역자치단체장이 자신의 권한에 속하는 사
무 중 일부에 기초자치단체장에게 위임할 수 있는데 이러한 광역자치
단체장의 위임사무에 관해서는 물론이고, 국가사무를 기초자치단체장
이 위임받아 처리할 때에도 광역자치단체장의 지도를 받기 때문이다
(지방자치법 제95조 2항, 지방자치법 제155조). 정부는 진정한 지방자
치는 사무와 기능의 이양에 있다는 것을 알게 되었다. 따라서 대통령
직속으로 정부기능 지방이양 추진위원회를 설치하여 2002년까지 단계
적으로 기능이양을 추진하는 정책을 추진하고 있다.

  4. 수평적 관계

  여기서는 편의상 지방자치단체간의 관계와 한 지방자치단체의 집행
부와 지방의회와의 관계 등을 수평적 관계라고 보기로 한다. 주민직
선에 의한 지방의회의 구성이 이뤄지기 이전까지에는 자치사무에 관

한 한 상급행정기관이 하급행정기관의 의회기능을 담당하도록 되어 있었다. 이제 지방자치실시가 중앙정부와의 관계뿐만 아니라 상·하급 자치단체나 인근자치단체 그리고 각 자치단체 내의 주요 의사결정 주체간의 관계에 어떤 변화를 가져왔는가를 분석하기로 한다.

1) 광역자치단체와 기초자치단체 간의 관계

지방자치법 제10조에는 다음과 같이 광역시, 도의 업무를 규정하고 있고 이를 제외한 주민의 일상생활에 관한 모든 사항은 기초자치단체에서 담당하도록 되어 있다.

- 행정처리결과가 2개 이상의 시·군 및 자치구에 미치는 광역적 사항
- 시·도 단위로 동일한 기준에 따라 처리되어야 할 성질의 업무
- 지역적 특성을 살리면서 시·도 단위로 통일성을 유지할 필요가 있는 사무
- 국가와 시·도 및 자치구 간의 연결, 조정 등의 사무
- 시·군 및 자치구가 공동으로 설치하는 것이 적당하다고 인정되는 규모의 시설설치 및 관리에 관한 사무

이는 기초자치단체의 기능을 중심으로 하고 광역자치단체는 마치 기초자치단체가 단독으로 하지 못하는 잔여 업무를 담당하는 것으로 보이게 한다. 그러나 실제로는 상급 광역자치단체가 자신의 지리적 경계 내에 있는 하급 기초자치단체들의 업무를 상당히 제약하는 측면도 가지고 있다. 예컨대 지방자치법 제9조에는 광역자치단체와 기초자치단체가 공통으로 담당하는 사무를 광범위하게 나열하고 있다. 이런 사무의 경우 광역자치단체의 사무는 '○○○의 계획'으로, 기초자치단체의 사무는 '○○○의 세부계획'으로 표현되어 있다. 따라서 광역자치단체가 기초자치단체를 어느 정도 제약하는 특성을 가지고 있다.[3] 지리적으로 광협의 차이가 있을 뿐 각각 동일한 주민들의 직선에 의해

서 구성된 자치단체이지만 완전 독립된 의사결정 주체라기보다는 상호의존 속에 중첩적으로 활동하는 의사결정주체라고 할 수 있다.

특히 도시지역의 기초자치단체인 자치구, 도시화된 지역인 시, 그리고 농어촌지역인 군에 따라서 상급자치단체에 대하여 갖는 의사결정상의 자율권의 범위는 달라진다. 일반적으로 자치단체의 인구규모가 클수록, 또 재정자립도와 예산규모가 클수록 그 자치단체의 자율성과 권력의 크기는 커진다. 모든 단체장은 주민직선에 의해 선출되는 정무직 공무원이기 때문에 직급을 가늠하기 어렵지만 직급이 부여되어 임명될 수 있는 부단체장을 기준으로 봐도 그 자치단체의 인구규모가 클수록 단체장의 암묵적 직급은 올라간다. 사무배분에 있어서도 차이가 있다.

그러나 도시지역인 자치구 구청장의 권한은 시장이나 군수의 권한보다 적다. 하나의 생활권으로 이뤄진 도시공동체이기 때문에 세분화된 기초자치단체보다는 광역자치단체의 권한을 크게 해놓았다. 시장이 군수보다는 소속 광역자치단체에 대하여 누리는 자율권의 크기가 크다. 동일한 시장 중에서도 인구 50만 이상이어서 일반구를 가지고 있는 시장은 그렇지 않은 시장보다 소속 광역자치단체장에 대하여 갖는 권한이 크다(임도빈, 1997: 129~130).

기초자치단체간의 차이가 있지만 기초자치단체장이 자신의 의사결정에서 소속 광역자치단체에 대하여 어느 정도 구속된다는 점은 공통점이다. 상급자치단체와 기초자치단체가 대등한 관계가 아닌 것은 일정한 범위에서 광역자치단체장에게 기초자치단체장을 감독하고 통제할 수 있도록 법률이 명시하고 있는 데서 알 수 있다. 광역자치단체장은 기초자치단체장의 행위에 대하여 불법, 부당하다고 판단하는 경우 시정을 요구할 수 있고 경우에 따라서는 이를 취소하거나 정지시

---

3) 이를 거꾸로 보면 기초자치단체가 광역자치단체의 기능을 제약하고 있다고 할 수도 있을 것이다. 그러나 전통적으로 계서적 관계에 있었기 때문에 상급이 하급자치단체를 구속하는 정도가 더 크다고 봐야 더 일반적인 해석일 것이다.

킬 수도 있는 강력한 권한이 있다. 이러한 권력을 행사하기 위하여
광역자치단체장은 적어도 자신의 권한 범위 내에서 기초자치단체에게
자료제출을 요구하거나 보고하도록 할 수 있고, 감사를 실시할 수도
있다(임도빈, 1997: 134). 특히 광역자치단체장이 기초자치단체장의
행위에 간여할 수 있도록 한 법률의 내용을 중심으로 정리하면 다음
과 같았다.

첫째, 두 개 이상의 기초자치단체간 분쟁이 있고 당사자의 신청이
있을 때 광역자치단체장은 이를 조정할 수 있다. 둘째, 광역자치단체
장은 기초자치단체의 사무에 관하여 조언 또는 권고, 지도할 수 있으
며 필요한 경우 자료제출을 요구할 수 있다. 특히 주목할 것은 기초
자치단체의 '자치' 사무에 관하여서도 보고를 받거나 서류, 장부 또는
회계를 감사할 수 있다. 물론 기초자치단체의 입장에서는 광역자치단
체의 감사뿐만 아니라 행정자치부, 감사원의 감사를 받기 때문에 감
사 때문에 업무의 지장을 받는다는 불평이 나올 정도이다. 셋째, 기
초자치단체장이 소관사무의 일부를 다른 지방자치단체에 위탁하여 처
리할 때에는 소속 광역자치단체장에게 이를 보고하여야 한다.

이렇게 볼 때 지방자치실시가 의사결정권을 200여 개로 분점시켰지
만 사실상 광역자치단체는 중앙정부에, 그리고 기초자치단체들은 소
속 광역자치단체와 중앙정부에 의하여 간섭을 받는 방식의 계서제적
중앙집권 전통은 어느 정도 유지되고 있다고 볼 수 있다. 지방자치
실시 이후에 나타나는 증상 중의 하나는 이렇게 의사결정권이 사실상
공유됨에 따라 자치단체간 갈등수준이 높아졌다는 점이다. 지방자치
실시 이전에는 상급기관에 의하여 권위적으로 조정될 수 있는 문제였
는데, 이제는 독자적인 의사결정권을 누리려는 자치단체가 반발을 하
는 것이다.

실제로 자치단체간의 분쟁은 이른바 님비현상과 같이 인접자치단체
간에 이해관계가 달라지는 경우 주민의 표를 의식한 지방선출직들이
서로 양보하지 않으면서 발생하는 경우가 급격히 많아졌다. 이와 더불

어 서로 다른 의사결정주체인 자치단체들간에 의사결정권이 사실상 겹치는 데에서 갈등이 비롯되는 경우가 많다. 구체적으로 직원의 인사관리문제와 감사의 경우에 분쟁이 발생한다(배준구, 1997: 81; 김순은, 1997: 18~19). 직원의 인사권은 지방자치 실시 이전에는 광역자치단체를 중심으로 소속 기초단체들과 인사를 교류하던 데에서 비롯된다. 즉, 유사한 직책이라도 광역자치단체에는 기초단체보다 마치 약 한 단계 혹은 반 단계 높은 계급의 공무원이 보임되는 것과 같은 방식으로 하는 것이다. 예를 들면, 상위직으로 갓 승진되는 공무원을 소속 기초자치단체에 보임하는 반면, 동일직급에서 일정한 경력을 갖춘 고참자를 광역자치단체에 임용하는 관례가 있었다(조석준, 1992; 임도빈, 2000). 이러한 계서적 관계를 상정한 상하 자치단체간 인사교류는 지방자치 실시 이후 점점 감소되는 추세에 있다. 특히 기초자치단체의 장이 소속한 정당이 광역자치단체장의 당과 다를 경우 이러한 관행에 제동이 걸린다. 과거의 행동유형을 그대로 유지하려는 관행이 자치단체간의 갈등을 일으키는 주요 요인이 된다(이원일, 1998: 201~217).

이상의 논의는 자신의 의사결정권을 신장시키려고 하는 자치단체들의 입장에서 본 것이다. 즉, 중앙집권모델 국가에서 지방자치의 실시는 가능한 많은 중앙의 의사결정권을 지방에게 이양하는 것을 의미하는 것이고, 이 중에서도 자치단체가 다른 간섭을 받지 않고 독자적으로 의사결정하는 것이 중요하다는 관점을 반영한 논의이다. 그렇다면 자치단체들이 이러한 독자적인 자율권을 향유할 능력이 있는가를 검토할 필요가 있다.

자치단체의 의사결정능력을 결정하는 가시적인 지표는 재정적 능력과 인력이다. 재정적 능력은 재정자립도 등 여러 가지 지표가 있으나 이 연구에서는 상세히 다루지 않기로 한다. 다만 군의 재정자립도는 취약한 편이어서 평균 22% 정도이며 가장 낮은 곳은 양양군으로써 9.2%에 불과하다는 점은 지적하기로 한다.

〈표 4-5〉 국가 및 지방 공무원 수의 변화

연 도	국가공무원(A)	지방공무원(B)	계 (C)	비 율	
				A/C	B/C
1992	565,115	306,295	871,410	0.65	0.35
1998	553,561	315,370	868,931	0.64	0.36
차이	-11,554	9,075	-2,479	-0.01	0.01

　　인력은 지방공무원의 수로 측정할 수 있다. 〈표 4-5〉는 지방자치 실시 직후인 1992년과 6년 후인 1998년도의 국가공무원과 지방공무원 수를 비교한 것이다.

　　우선 공무원 총수가 6년 동안 2,479명 줄어든 것은 외환위기 이후 대폭적인 구조조정에 기인한 예외적 상황이었다. 그럼에도 불구하고 같은 기간 동안 국가공무원은 11,554명이 줄어든 반면 지방공무원은 9,075명이 증가하였다. 이것은 지방자치실시가 지방으로의 의사결정 능력을 증진시키기 위한 인력증가라는 경향을 보였다는 점에서 긍정적인 것이라고 할 수 있다. 그러나 국가공무원 대 지방공무원의 비율로 본다면 여전히 64 : 36 정도에 머문다는 점에서 지방자치단체가 자율적인 의사결정권을 향유하기 위하여 충분한 인력을 가지고 있다고 볼 수 없다. 적어도 상술한 바와 같이 국가와 지방자치단체의 기능변화라는 측면에서 보면 그렇다는 것이다. 그러나 이를 외국의 경우와 단순 비교할 수는 없다. 예컨대 대부분의 선진국은 교사(특히 초등학교 이하)와 경찰 등이 지방공무원인 데 비하여 한국은 국가공무원이기 때문이다.

　　인력의 문제는 공무원의 수뿐만 아니라 공무원의 질을 고려해야 한다. 그러나 인력의 질을 객관적으로 측정하는 방법은 존재하지 않는다. 본 연구는 지방자치 실시 후 10년의 변화에 관심이 있으므로 10년간 인력의 질이 현격한 변화를 겪었는가를 검토할 필요가 있다. 과거로부터 유사직급을 비교할 때 지방공무원은 국가공무원에 비하여 학력수준이 낮고 연령이 높으며 근무연수가 높은 편이었다. 그런데 지방자치 실시 이후 지방공무원이 대폭적으로 교체되거나 새로운 인력이 투입되지도 않았고 그대로 잔류하였다. 따라서 단체장들은 유능한 직원이 부족함을 느끼는 것이 보통이고, 따라서 종전의 행정체제를 고수하려는 공무원들이 지방행정 혁신에 대한 저항세력으로 작용한다고 한다(임도빈, 2001).

2) 집행부와 의회와의 관계

지방자치 실시 이전에는 지방의회가 구성되지 않았으므로 집행부와 의회와의 관계를 비교하기는 불가능하다. 당시에는 지방의회의 기능을 상급 행정기관이 대행하였으므로 굳이 말한다면 의회(상급행정기관)가 집행부(임명직 단체장)를 지배하는 사실상의 계서 관계였다고 할 수 있다. 지방자치 실시의 가장 중요한 측면중의 하나는 주민직선으로 의회가 구성되었으므로 단체장과 일정한 관계설정을 하게 되었다는 점이다.

서구의 시각에서 본다면 지방정부에서 의사결정과정은 의회와 집행부간의 긴밀한 협조를 통해서 이루어지는 것이 보통이다(Chandler, 1988: 1~10). 이것은 아마도 중앙정부의 형태가 의원내각제라서 지방정부형태도 기관통합형을 택하는 나라가 많기 때문일 것이다(Staffell, 1993: 222~254).

그러나 지방자치 실시 당시 한국은 기관구성에 관한 여러 논란 끝에 기관대립형을 택하였다. 기관대립형은 기본적으로 단체장과 의회간 견제와 균형을 통한 합리적 의사결정을 추구하는 모형이다. 지방의 정책과정을 개념적으로 정책형성, 정책집행, 정책평가와 환류로 나눈다면, 집행부는 정책집행을 주로 담당하고, 지방의회는 정책형성과 정책평가를 통한 환류기능을 주로 전담하는 분업형태를 상정한 것이다. 물론 실제로는 각 정책과정에 의회와 집행부는 물론이고 시민 등 여러 행위자들이 참여한다.

〈표 4-6〉 의회 - 집행부간 관계유형

	의회우위형	상호침투형	균형형	무관심형	집행부우위형	계
사례수	31	18	39	27	109	224
%	13.8	8.0	17.4	12.1	48.7	100.0

출처: 임헌만(1999).

　　그러나 실제로는 의회와 단체장(집행부) 간에 권력관계에 따라 의사결정구조가 달라진다. 임헌만(1999)은 1998년 현재 존재하는 230개 기초자치단체를 대상으로 하여 양자의 권력관계를 실증적으로 연구하였다. 자료획득이 가능한 224개 자치단체 중 48.7%에 해당하는 109개의 사례가 집행부 우위형으로 나타났고, 반대로 의회우위형은 13.8%인 31개 경우에 불과하다. 소위 강시장형이 지배적임을 알 수 있다. 행정학에서 주장하는 바와 같이 집행부가 정책집행권을 바탕으로 권력을 행사하는 경우가 많고, 한국의 가부장적이고 권위주의적인 정치문화에 따라 단체장 1인에게 권위가 집중되는 경향이 있다. 따라서 의회의 견제에도 불구하고 집행부가 주도하는 의사결정과정에서 참여자가 제한적이어서 집행부의 의사가 결정적이라고 할 수 있다(심익섭·손경희, 2000).

　　그러나 구체적으로는 의회와 집행부간의 관계는 대체로 이들의 소속정당이 동일한가 여부에 의하여 결정되며, 부차적으로는 단체장과 의원개인의 역량차이에 의하여 결정된다. 예를 들면 단체장이 야당인 반면 의회의 다수당이 집권여당에 가까운 경우에는 의원들의 권력이 단체장에 비하여 상대적으로 크다.[4] 자원의존론적 시각에서 볼 때 단체장은 많은 정책을 집행하기 위하여 아직도 중앙정부에 의존하는 경향이 있는데 당이 다를 경우 곤란을 겪기 때문이다. 정당소속의 차

---

4) 기초의원은 정당공천이 ·배제되어 있음에도 불구하고 내천이라는 형태로 이뤄지는 경우가 많아 사실상 친화적 정당이 있다고 할 수 있다.

원이 아니더라도 개인의 분석능력이 외부자원이 상대적으로 두드러질 경우 권력관계가 달라질 수 있다. 즉, 일반적으로 집행부의 권력이 크기는 하지만 특정 의원이 행정지식이 풍부하고 외부와 개인적 네트워크가 잘 구축된 경우에는 의회우위형으로 의사결정이 이루어질 가능성이 높다.

5. 결론적 논의 : '신(新) 철의 삼각관계'와 과제

미국에서 '정부간 관계'(intergovernmental relations)는 1930년 뉴딜 정책을 기화로 주민에서 공공서비스를 어떻게 하면 효과적으로 전달하는가 라는 문제의식에서 등장한 개념이다(Wright, 1988). 이에 비하여 한국은 중앙 집권국가에서 지방자치를 실시했기 때문에 중앙과 지방간의 권력관계로 분석의 초점이 맞춰져야 한다. 특히 의사결정권이 누구에 의하여 어떻게 행사되는가 라는 시각에서 논의되어야 한다.

이 연구는 한국에서 지방자치를 10년간 경험한 결과 어떠한 유형에 가까워졌는가를 검토하는 데 목적이 있다. 한국의 전체적인 의사결정 과정을 본다면 지방자치 실시 이전과 이후에 변화된 것이 거의 없다고 해도 과언이 아니다. 대통령중심제적 헌법구조에서 대통령과 국회가 주요한 정책결정과 집행주체인 점에서 변함이 없기 때문이다. 자치단체의 종류나 구역개편, 자치권의 내용 등도 국회에서 결정된다. 자치단체에서 하는 조례 등의 의사결정은 법률적 성격 면에서 볼 때 법에 구속되기 때문에 법의 하위규범이라고 볼 수 있다. 따라서 법이 최고의 규범이라는 점에서 지방자치 실시는 국가의 최고정책결정권과 구조에 커다란 변화를 가져왔다고 볼 수는 없다.

그럼에도 불구하고 과거에 비하여 지방수준에서 볼 때 의사결정과정과 구조는 많은 변화를 가져왔다. 주민직선에 의해 구성되는 단체

〈표 4-7〉 중앙-지방 관계 변화 요약표

	지방자치실시 이전	지방자치실시 이후
모델	중앙집권형	제한적 자치형
수직적 관계	권위적, 계서적	협상, 갈등표출
수평적 관계	거의 존재하지 않음	상호작용급증, 협력과 갈등
주요문제	중앙정부능력의 한계, 지방의 자율성부족	지방정부의 무능력, 중앙정부의 지방통제, 낮은 시민참여

장과 지방의회가 새로운 지위가 부여된 행위자로 등장했기 때문이다. 요컨대 본 연구의 논의를 종합하여 보면 전형적인 중앙집권형 모델에서 '제한적 자치형'으로 바뀌었다고 할 수 있다.

〈표 4-7〉에서 요약하고 있는 바와 같이 과거 권위주의적이고 계서적이던 수직적 관계는 자치권을 부여받은 지방자치단체가 자율권을 행사함으로써 갈등이 표출되고 서로 협상하는 간접적 관계로 바뀌었다. 엄밀한 의미에서 자치단체간 수평적 관계는 지방자치 실시 이전에는 존재하지 않았다고 해도 과언이 아니다. 비록 인접 자치단체간의 의견이 달라지더라도 상급 행정기관이 계서적으로 조정하기 때문에 갈등도 거의 존재하지 않았던 것이다. 이에 비하여 지방자치 실시 이후에는 자치단체간의 상호작용이 현저히 증가했다고 볼 수 있다. 또한 중앙의 독주에 대응하기 위하여 광역의회 의장, 단체장, 시장군수 등 각 수준의 협의회가 구성되는 등 상호협력의 정도가 증가하였다.

과거에는 중앙정부의 관료적 속성 등 중앙정부에 많은 문제점이 기인했다고 할 수 있다. 지방자치 실시 이후에는 주어진 범위에서 지방자치를 실현시켜야 하는 지방자치단체에 많은 문제점이 존재하고 있다고 할 수 있다. 물론 지방자치가 실시되었음에도 불구하고 아직 중앙이 지방을 과도하게 통제하거나 간섭하는 경향은 중앙정부에 책임이 있다고 할 수 있다(정세욱, 2000). 그러나 적어도 지방자치단체의 능력부족과 이에 필수적인 주민참여의 부족은 현재 수준에서 주어진 지방자치사무조차도 만족할 만한 수준에서 수행되지 못하게 하는 원인이라고 할 수 있다.

특히 이른바 철새형 혹은 과시형 단체장은 선거를 의식하여 모든 의제설정을 주민홍보용으로 하는 경향이 있다. 이 경우 민주적이고 효율적인 지방정책과정을 거치기보다는 일부 참여지향적 지식인과 취약한 영업 수준에 있는 지방언론 등을 동원하여 마치 주민의 의견수렴이나 지지를 받는 양 포장하여 정책을 수행한다. 즉, 대다수 주민들의 관심권에서 벗어난 정책을 단체장(지방공무원의 지지와 실무적 뒷받침을 바탕으로 수행) - 일부 지식인 - 매스컴, 3자로 구성되는 폐쇄적 의사결정체제를 보이게 된다. 이를 '신 철의 삼각관계'라고 할 수 있을 것이다. 많은 연구들이 강시장형 정책결정체제가 두드러진다고 밝히고 있는 것이 이러한 점을 반증하여 주는 것이다(박종민 외, 2000).

이러한 문제점에도 불구하고, 한국의 지방자치경험은 중앙집권국가에서 지방자치 실시에 대한 몇 가지 시사점을 던져준다.

첫째, 지방자치를 단순히 주민대표를 주민이 선출하여 이들에게 중앙의 권한을 이양시켜 준다는 단일 차원에서 보면 안 된다. 지역의 의사결정권을 확보하는 것이 지방자치라면 지방의 역량증대 등 다차원에서 볼 필요가 있다.

둘째, 지방자치와 중앙집권을 완전히 대립된 개념으로 보고, 하나를 실시하면 하나가 손상된다는 제로섬게임으로 보아서는 안 된다. 양자가 서로 양립될 수 있는 가능성도 고려해야 한다.

마지막으로 이상적이고 보편적인 지방자치 수준이란 존재하지 않는다는 점이다. 완전한 지방자치 실시를 주장하는 자치론자들의 경우 그들이 주장하는 내용이 사실상 천차만별일 경우가 많다. 그러나 적어도 그 나라의 정치사, 지방 공직자의 역량, 지리적 광협과 교통통신의 발달 수준, 주민의 참여정도 등 여러 가지 변수에 의하여 적절한 지방자치 수준이 결정된다는 것이다. 예컨대 미국의 경우 오랜 지방자치 역사를 경험하였고 이 과정에서 주민대표성, 정치적 중립성, 집행부의 리더십이 지방자치 수준을 결정했다고 할 수 있다(Kaufman, 1969). 정치적 맥락이 다른 한국이 미국을 비롯한 특정국가의 지방자치를 모방할 필요는 없다. 이제 지방자치의 골격이 갖추어졌으므로 한국형 지방자치 수준과 방법이 무엇인가를 의사결정구조라는 측면에서 고려해야 할 것이다.

▪참고문헌

김순은(1997), "갈등관계와 그 대안", 《지방의회연구》 7, 동의대학교.
김재홍(2000), "도·농통합형 행정구역개편이 지방정부의 효율성 변화에 미친 영향연구", 《한국정책학회보》 9(2).
박동서(1990), "광역과 기초자치단체간의 분업변수", 《행정논총》 28(1).
박종관·조석주(2001), 《시·군통합에 의한 행정구역개편정책의 성과평가에 관한 연구", 《한국사회와 행정연구》 12(3).
박종민 외(2001), 《한국의 지방정치와 도시권력구조》, 서울: 나남.
박호숙(2000), "지방자치단체의 정책결정에 있어 지방의회와 집행기관의 상호작용에 관한 연구", 《한국지방자치학회보》 12(3).
배준구(1997), 《자치단체간 갈등과 그 해결방안: 부산시의 경우", 《지방행정논집》 9(1), 부산: 부산대학교.
서태윤(1985), 《한국정부조직론》, 서울: 법문사.
심익섭·손경희(2000), 《지방정부의 정책결정구조와 지방의회의 역할 - 경상북도의회의 조례제정사례를 중심으로", 《한국자치학회보》 12(3).
오연천(1998), "지방정부 개혁의 논리와 정부간 관계의 재구축", 《행정논총》 36(1).
윤영진 외(2001), 《새행정학》, 서울: 대영문화사.
이시원·민병익(2001), "시·군통합에 따른 행정구역개편의 효율성 분석 - DEA분석 기법을 적용한 통합전후의 비교를 중심으로", 《사회와 행정연구》 12(3).
이원일(1998), "광역기초단체간의 갈등에 관한 연구 - 부산광역시를 중심으로", 《한국행정학보》 32(2).

임도빈(1997), 《지방조직론》, 서울: 박영사.

_____ (2000), "한국 관료제 내 보직이동유형에 관한 연구", 《한국정책학회
   보》 9(3).

_____ (2001), "행위체제로서 도청조직", 《한국정치학회보》 35(1).

_____ (2002), 《프랑스의 정치행정체제》, 서울: 법문사.

임헌만(1999), "지방자치제하의 정치와 행정간 관계에 관한 연구", 《한국정
   책학회보》 8(3).

정세욱(2000), "자치행정권의 범위와 통제체제에 관한 연구: 자율적 통제와
   중앙통제를 중심으로", 《한국지방자치학회보》 12(3).

조석준(1992), 《한국행정학》, 서울: 박영사.

_____ (1994), 《한국행정조직론》, 서울: 법문사.

홍준현(1997), "시·군통합에 의한 지방행정구역개편의 효과분석", 《한국사
   회와 행정연구》 8(2).

Chandler, J. A. (1988), *Public Policy-Making for Local Government*,
   London: Croom Helm.

Dahl, R. A. (1961), *Who Governs?*, New Haven: Yale University Press.

DiMaggio, Paul J. and Walter W. Powel(1991), "The Iron Cage
   Revisited: Institutional Isomorphism and Collective Rationality in
   the Organizational Field", in DiMaggio, Paul J. and Walter W.
   Powel(ed.) *The New Institutionalism in Organizational Analysis*,
   Chicago: The University of Chicago Press.

Hage(1980), *Theories of Organization*, New York: John Wiley and Sons,
   Inc..

Hood, C, (2000), "Where the Art of State Meet State of the Art",
   International Review of Public Administration.

Hunter, Floyd(1953), *Community Power Structure: A Study of Decision
   Makers*, Chapel Hill: University of North Carolina Press.

Kaufman, Herbert(1969), "Administrative Decentralization and Political
   Power", *Public Adminstration Review.*

Logan, J. and H. Molotch(1987), *Urban Fortunes*, Berkeley:
   University of California Press.

O'Hare, M. (1977). "Not on My Block You Don't: Facility Siting and Strategic Importance of Compensation", *Public Policy* 25.

Peterson, Paul (1981), *City Limits*, Chicago: University of Chicago Press.

Pollitt C., J. Birechall and K. Putnam (1998) *Decentralising Public Service Management*, London: Macmillan Press Ltd.

Polsby, Nelson W. (1980), *Community Power and Urban Politics*, New Haven: Yale University Press.

Pressman, Jeffrey L. (1972), "Preconditions of Mayoral Leadership", *American Political Science Review* 66.

Saunders, P. (1984), "Rethinking Local Politics", in M. Boddy and C. Fudges (eds.), *Local Socialism?*, London: Macmillan.

Simon, Herbert (1976), *Administrative Behaviour*, 3rd. ed., N.Y.: Macmillan.

Staffell, David C. (1993), *State and Local Government: Politics and Public Policies* (5th ed.), New York: McGraw-Hill, Inc.

Wright, D. S. (1988), *Understanding Intergovernmental Relations* (3rd ed.), Pacific Grove, CA: Brooks/Cole Publishing.

제 5 장
<hr>
한국 지방자치의 성과

이 달 곤

1. 서 언

한국에서 지방자치가 부활한 지 10여 년이 흘렀다. 30여 년간의 정체 후, 1991년에 지방대표인 지방의회 의원을, 1995년에는 자치단체장을 선출하여 지방정부를 지방자치의 원리에 따라 구성하였다. 지난 10여 년간 의회 구성을 위해서 세 번의 선거가 있었고, 단체장 선출을 위해서 두 번의 선거가 있었다. 지방정치인은 물론이고 국민들의 대부분이 자치제도의 취지나 기본 운영에 대해 학습한 시기이다.

그러나 지난 10년간 새로 도입된 제도가 많았고 그 중에서도 일부는 수정되는 등 변화가 지속되고 있다. 최근에도 중앙정치권을 중심으로 지방자치제의 취지를 무색하게 하는 제안들이 나오는 등 제도의 초기단계에서 불안정이 계속되고 있다. 게다가 지방정부의 수장들이 계속 연임하여 아직 바뀌지 않은 지역도 적지 않아 새로운 지방자치정부 시스템을 평가하기에 충분한 시간이 흘렀다고는 할 수 없다. 그러나 과거의 지방종합행정기관체제와 현재의 지방자치체제간에는 차이가 있음을 실증적으로 파악할 수 있고, 시스템의 변화가 수반한 성과 측면의 몇 가지 단서들이 여기저기에서 발견되고 있다. 이러한 변화를 체계적으로 정리하는 것은 한국지방자치제의 현재 상태를 점검하고 앞으로의 과제를 적기하는 데 필요한 작업이라고 본다.

　필자는 이 논문에서 지방자치 거버넌스 전환과정에서 생겨난 주요 정치사회 변화와 지방자치정부가 들어선 이후 변화되고 있는 '성과'(performance)를 검토할 것이다. 이 글에서 '성과'라고 할 때는, 지방정부 서비스기관이 주민들의 재정부담여력(ability to pay)을 고려하여 주민들의 요구(needs)에 대응하여(responsive) 양적으로 얼마나 다양하고 충분한 서비스를, 그리고 질적으로 얼마나 수준 높은 서비스를 제공하는 가로 파악되는 정부의 활동내역(Epstein, 1984: 2~25)에 국한하지 않고, 보다 광의로 지방자치제도의 도입이 직접적인 원인이 되어 발생하고 있는 사회적 변화와 지방 거버넌스의 변화를 포함하려고 한다. 따라서 지방정부 시스템에 대한 투입과 전환과정의 변화에 따른 정책 산출(output)이나 정책 결과(outcome)라는 좁은 의미에서 파악된 행정과 재정적인 성과를 보기 위해서 보다 넓은 맥락에서 지방자치제의 도입으로 변화된 핵심적인 관련변수들에 대해서도 초점을 맞춘다. 1)

　그러나 필자는 지방자치제의 도입 성과를 한국사회의 일반적, 추세적 변화와 분리하려고 노력하였다. 그러한 방법으로서는 실험관찰법에서 원용하고 있는 다양한 기법들이 동원될 수도 있고 고도의 계량화를 통한 회귀분석을 시도할 필요도 생길 수 있겠지만, 여기서는 통

---

1) 통상 지방정부의 성과평가(performance review)는 지방자치제도의 도입 이후의 변화라는 관점보다는, 기존 시스템의 산출물이 어떻게 변화하고 있는지, 혹은 작은 제도적 장치들의 개선이 어떻게 성과와 연결되고 있는지를 파악하는 목적으로 활용되었다. 그러나 한국의 현실에서는 미시적인 변화를 추적하기보다는 민선 지방자치제도의 도입으로 과거의 관임체제에 대해서 변화된 부분을 추적하는 것이 의미 있다고 보아서 보다 큰 틀을 상정하였다. 전자와 같은 범위에서 성과를 평가하고 있는 연구는, Ball, Rob (1998), *Performance Review in Local Government*(Aldershot: Ashgate Pub. Co.) 참조.

제방법의 하나로서 사회전체의 변화를 지방자치제 도입 이후의 지방의 정치체제 내부의 변화와 동시에 언급함으로써 거시적인 변화의 흐름 속에서 지방자치제의 도입으로 발생하는 변화를 정성적으로 파악할 수 있게 하는 간접적인 방법을 도입하였다. 지난 10년간 한국사회는 거의 질적 차원의 변화를 경험하였다고 하여도 과언이 아니다. 따라서 어떠한 지방의 변화도 그것이 지방자치제라는 하나의 독립된 변수 효과라고 주장하기 어려운 문제가 제기된다. 따라서 가능하면 이론적으로 지방자치제와 상관성이 높은 변수들에 관심을 가지면서 평균적 변화를 함축적으로 파악하고자 한다. 이러한 과정에서 이미 선행된 실증연구가 많은 도움을 주었음을 밝힌다.

2. 성과파악의 방법론

1) 사회변화와 자치제도 부활

지방자치가 도입된 1990년대 초반을 전후하여 한국사회는 질적인 변화를 경험하였다. 1980년대 후반에 진행된 민주화는 정치체제에 대한 충격은 물론이고 사회 구성원리에 적지 않은 변화를 초래하였다. 민주주의 가치에 대한 지지가 확산되었으며, 다양한 사회세력들이 자신들의 목소리를 민주화 정치과정에 투입하기 위해서 정제되지 못한 방식으로 활발한 접근을 시도하는 양상이 두드러졌다. 과거 맹아상태에 있던 각종 사회조직이 활기를 찾기 시작하였는데 수많은 NPOs와 NGOs의 탄생은 절정을 이루었고 언론의 사회적 역할도 대단히 강성해졌다.

게다가 1997년 11월에 불어닥친 경제위기는 경제분야는 물론이고 사회 전반에 심대한 영향을 끼쳤다. 금융산업의 부실은 기업의 도산으로 이어졌고 경제활력의 축소로 수많은 실업자들이 생겨났다. 복지

기반이 취약한 한국사회는 이를 제대로 수용할 수 없었고 사회적 갈
등은 증폭되고 빈부간의 격차는 더욱 벌어지게 되었다. 외국자본의
유치가 절실한 상황에서 개방을 추진하지 않을 수 없었다. 구조조정
이 진행되면서 공공부문도 작은 정부나 기업가적 정부라는 명제를 수
용하지 않을 수 없었고, 지방의 개혁과정에서 중앙정부의 통제가 강
화되지 않을 수 없었다.

이 때는 정보화의 물결이 한국사회를 한창 휩쓸고 있던 시기여서
사회적 진보가 더욱 가속화된 점이 특징이다. 무선통신과 인터넷의
확산으로 정보는 가속적으로 유통되었고, 시민사회와 시장은 그 활동
의 영역과 심도를 더욱 강화하면서 정부의 변화에 압력을 행사하기
시작하였다. 공공부문의 투명화에 대한 요구도 점점 확산되었으며 정
부의 정책적 대응이 부진한 영역에서 다양한 이익집단들이 정부를 옥
죄기 시작하였다. 강력한 이익집단들의 행동은 정부를 혼돈으로 몰고
가기도 했고 정책과정을 집단이익으로 왜곡시켰지만 신뢰를 상실한
정부는 적정한 중재자의 역할을 수행할 수 없었다. 언론의 역할강화
로 정책결정과정에 대한 참여와 비판이 활성화된 것은 물론이고 사이
버공간에서 정부운영에 대한 참여와 감시가 뒤따르는 사이버 거버넌
스(cyber governance) 시대로의 진입이 예고되고 있는 시점이다.

이러한 소용돌이 과정에서 정치적 투쟁의 산물로 탄생한 지방자치
는 체계적인 준비가 부족한 상태로 과거의 골격을 유지하면서 몇 가
지 측면만 보완한 채 재도입되었다. 지방의회가 구성되고 그 뒤 단체
장이 선출되면서 중앙정치권과 행정권은 지방의 재탄생에 의구심과
불안감을 감추지 못하였고, 지방의 정치가와 관료들도 새로이 탄생한
체제를 운영하는데 서툰 점을 적지 않게 노정하였다. 따라서 중앙의
관여를 대폭 줄이기는 어려운 상황이었다. 그러나 일단 탄생된 체제
아래서 지방정치인들은 그들의 자율권의 확장을 주장하였고 새로운
체제의 가동에 매진한 노력을 보이기도 했다.

2) 변화의 추적: 범위와 방법

새 체제가 등장하면서 중앙과 지방간의 관계는 물론이고 지방의 여러 분야에서 변화가 초래되었다. 그러한 변화는 거시적인 측면에서 전국적인 사회변화와 연결되지 않을 수 없다. 그리고 개별 지방정부마다 나름대로의 변화를 경험하고 있다. 물론 이 두 가지 변화는 서로 연관을 맺고 있겠지만 기술의 편리상 두 가지로 나누어서 고찰할 수 있다고 본다.

새로운 시스템의 도입이 초래하는 변화와 성과는 다양한 측면을 가지고 있다. 이를 보다 체계적으로 분석하는 방법은 체계이론(*systems theory*)과 체계적 틀을 활용하는 것이다. 그 시스템은 두 개로 나누어서 생각할 수 있는데, 하나는 거시적인 국가 - 사회 시스템을 통하여 지방자치제도의 도입 효과를 보는 것이고, 다른 하나는 보다 미시적인 관점에서 개별 지방정부를 시스템으로 보고 다양한 지방정부를 관찰한 내용에 근거하여 지방정부의 성과 변화를 파악하는 것이다.

물론 보다 좁게는 전통적인 성과측정과 평가방식에서 활용하는 것과 같이 집행부 서비스 산출의 성과를 분석할 수도 있겠지만, 전반적인 한국의 지방자치제의 성과를 논하는 데는 지면 부족으로 모든 정부의 성과를 일일이 적기할 수 없게 된다. 이 글에서는 이러한 분야는 논의 대상에서 제외한다. 그리고 다수 지방정부의 성과평가는 이미 몇몇 평가활동에서 보고된 바도 있다. 다만 여기서는 개별 평가에 참가한 경험과 기존의 평가서를 일람하고, 나아가 몇몇 실증적인 연구 논문을 참고하여 보다 넓은 의미의 성과나 추세를 가름하고자 하였다.

거시적 분석(*macro analysis*)과 미시적 분석(*micro analysis*)에 추가하여 고려될 수 있는 것이 중범위 분석(*meso-level analysis*)이다. 중범위 분석은 상위수준의 지방정부들, 하위수준의 지방정부들, 대도시정부, 농촌(*rural*)정부 등과 같은 유사성을 가진 지방정부 집단들(*a* group of localities)을 대상으로 진행될 수 있다. 이 논문은 제도의 변화에 수반되는 핵심적인 결과에 관한 일반적 견해를 얻기 위하여 거시적인 관점을 채택하였기 때문에 이러한 중범위 분석도 다루어졌다. 중범위 분석을 위한 논리적인 틀을 제시하고 이 틀에 따라서 평가경험과 실증연구결과를 대입하여 전반적 추세를 파악하였다. 따라서 이 연구는 귀납적인 방법에만 의존한 것도 아니고 그렇다고 간접적으로 기존연구결과를 종합한 것도 아니고 서구의 이론에 바탕을 둔 연역적 연구에만 의존한 것도 아니다. 구체적인 평가경험, 다양한 개별자치단체나 중범위 연구결과, 전반적인 사회적 변화, 서구의 다양한 이론 등을 참조하면서 거시적인 변화 중에서 핵심적으로 언급될 사항에만 중점을 맞추었다. 아울러 아직 단정하기 어려운 분야에 대해서는 앞으로의 연구방향으로 언급하였다.

　지자체의 전국적 도입은 지방 공동체뿐만 아니라 국가 - 사회 다방면에서 변화를 가속화하거나, 안정시키거나, 더디게 하는 데도 영향을 미쳤다고 볼 수 있다. 지방자치제는 정치제도의 하나이므로, 국가 - 사회 변화의 양상 중에서 정치체제의 변화로 인한 성과에 관심을 집중시켜야 제도의 도입에 따른 직접적인 성과를 파악할 수 있다. 지방자치제는 다수 지방정치인을 탄생시켰고 전국민에게 새로운 분권적 정치체제를 선택하도록 한 것이므로 그들의 정치적 사고와 행태에 적지 않은 영향을 미쳤을 것임이 분명하다. 이러한 정치적 영향(political effects)이나 정치적 결과(political ramification)는 대체로 민주주의의 공고화 과정에 깊게 연관되어 있고, 특히 한국에서는 권위주의적 중앙집권체제를 보다 민주적이며 분권적인 체제로 전환시키는 데 주요한 작용을 하고 있는 것으로 본다.

　지방자치정부는 광범위한 정치적 가치의 관점에서 평가되어야 한다. 이 중에서 가장 우선 순위가 높은 것은 권력의 분산을 통한 자유의 증진이다. 21세기에 이르러서도 지방민주주의의 확충은 민주화를 경험하기 시작한 한국과 같은 사회에서는 여전히 중요하다. 여기에는 종종 2가지 가치가 언급될 수 있다. 그것은 참여(*participation*)와 효율성(*efficiency*)이다. 공공생활에 대한 참여기회를 확장하는 것은 밀(John Stuart Mill)이 지방정부를 찬양했던 가장 중요한 이유 중의 하나였다. 토크빌이 미국의 민주주의에 대해서 매력을 가진 이유 중에도 미국의 다양한 지방자치제도가 참여를 나름대로 제도화하고 있는데 기인한다(Tocqueville, 1945). 그리고 최근 선진국은 물론이고 후발국에서도 지방민주주의를 공고화하는 방향에서 지방자치제도를 개혁하고 있다.

그리고 많은 행정학자들과 공공경제학자들은 지방정부의 주요한 정당화 근거로서 효율적인 방식으로 주민들의 복지수요를 제공하는 것을 들고 있다. 지방정부는 시장에서 제공하지 않는 공공서비스 수요에 대응하는 대안적 기초를 제공한다(Sharpe, 1970: 171). 지방의 광역 및 기초에 중층적 지방자치단체를 도입하는 것은 도시나 시골지역의 이질적인 정치적 투입은 물론이고 기능별로 다양한 종류의 행정서비스에 변화를 초래할 것이다. 새로운 체제는 과거의 체제에 비하여 다른 방식으로 지역 주민들의 행정서비스 수요를 충족시키면서 종국적으로는 지방민의 삶의 질에 많은 변화를 일으킬 것이다.

개별 지방정부의 관점에서는 이러한 가치가 구체적으로, 주민들의 요구에 대한 민주적 대응성(*democratic responsiveness*)과 행정서비스 전달의 효율성(*efficiency of service delivery*)으로 대치될 수 있다. 이러한 변화의 내용은 물론 지역마다 다르다. 한국사회의 상대적으로 높은 균질성과 제도와 행정의 획일성을 전제로 하는 경우에도 지방정부의 반응은 재정적, 물리적 여건에 따라서 적지 않은 차이가 벌어질 가능성이 있다. 지방자치제 재도입 이후 이러한 변화를 정교하게 추적하기 위해서는 지역의 사회경제적 변수들을 통제하는 가운데 지방자치시스템의 전환과정에서 발생하는 성과에 초점을 맞추어야 하는데, 정보와 자료의 한계, 체계적인 평가 틀의 미개발, 엄청난 연구자원의 소요 등의 한계로 체계적인 연구는 다소간의 시간을 필요로 한다. 따라서 여기서는 광역이나 기초를 구분하지 않고 일반적인 추세를 파악하는 데 연구의 범위를 한정할 수밖에 없었다.

3. 구조적 변화

1) 분권적 국가운영체제

위에서 언급한 1980년대부터 진행된 한국사회의 소용돌이는 한편으로 지방자치제의 도입이 예견되는 상황이었다고 볼 수 있다. 당시 야당에서 지방자치제를 강력하게 요구한 것도 민주화 투쟁의 일환인 동시에 민주적 사회 진전에 비추어볼 때 시의적절한 것이라는 판단이 작용한 점도 있었을 것이다(이달곤, 1998: 178~184).

어느 사회나 지방자치제는 정치민주화라는 얼굴(*face of issue*)을 가지고 있다. 한국에서 재실시 시기를 결정하는 과정에서 민주화 세력과 권위주의 세력의 갈등이 첨예화된 것도 민주화의 방법과 시기를 둘러싼 대립으로 볼 수 있다. 그 이후 민주세력의 집권이 계속되면서 30년간 정지된 이후 실시된 자치제도는 그 정당성을 기본적으로 인정받았다. 물론 다소간의 우려가 나오기도 하였지만 근본적으로 제도의 취지를 인정하지 않거나 제도자체를 다시 역회전하려는 실질적이고 중대한 도전은 받지 않았다. 이러한 점에서 지방자치제도는 한국의 민주화를 지방 곳곳에 알리고, 주민들의 민주화에 대한 관심을 제고시키는 데 일조한 것만은 분명하다.

물론 경제계, 군부, 중앙정치권과 관료 등 일부의 보수적인 인사들은 적지 않은 우려를 표명한 바 있었다. 일부는 제도의 근간에 대해서 아직도 회의적인 시각을 드러내고 있다. 그러나 어떤 민주주의 국가에서도 민선 지방자치를 하지 않는 국가는 없다. 이러한 점에서 볼 때 제도적인 관점에서는 지방자치제의 도입은 민주주의 핵심제도의

하나는 갖춘 의미를 가진다. 이러한 제도적 정비는 뒤이어 한국 시민
사회의 발흥과 연결된다.

  한국사회에서 시민사회의 뿌리는 깊다(Hagen, 1993: 231~249).
그러나 1987년 시민항쟁을 기점으로 하여 현대적 개념의 시민사회가
구축되어 가고 있다고 볼 수 있다. 이러한 시민사회의 초기단계에서
지방자치제도가 도입된 것은 지방의 주민의식을 깨우치는 데 크게 기
여한 것으로 보인다. 지난 10년간 지방에도 많은 지방언론과 주민조
직이 형성되어서 지역문제를 공론화하고 정부의 결정에 영향을 미치
는 것은 물론 나아가 극히 비판적인 자세를 유지하는 집단도 생기고
있다. 지방정부의 운영과정에서 NGOs는 이미 필수적인 고려집단이
되었으며 어떤 경우에는 과다 참여가 문제시될 정도에 이르고 있다.
  1990년대 말 경제위기가 닥치자 관치경제의 폐해가 지적되었고,
권력적으로 개입이 큰 정부와 관료중심적 지방정부의 시장과 기업활
동에 대한 개입까지도 비판의 대상이 되었다. 지방정부의 규모 축소
가 반강제적으로 이루어졌고 지방경제규제개혁이 진행되고 지방정부
의 기업가적 기능이 강화되면서 선진국에서 흔히 볼 수 있는 기업가
적 지방정부(*entrepreneurial local government*)의 요구가 거세어졌다.
이러한 지방의 분위기는 전국적인 현상으로 확산되어서 실질적인 변
화는 더디게 진행되었지만 시장이나 기업의 위상을 강화하는 경향성
을 찾아볼 수 있다. 이 때 민선지방정부의 지도자들이 관선행정기관
에서는 불가능한 시민사회와 시장의 중요성을 자연스럽게 강조할 수
있는 여지가 있었다. 지방정부의 단체장과 부단체장에 경제계 인사가
진출한 경우는 아직도 소수이지만, 어떤 리더들도 선거를 의식하는
한 지역경제의 활성화를 위한 각종 조치들을 외면할 수 없었다. 그리
고 지방의원의 상당수는 성분이나 연결고리 면에서 지역경제와 보다
깊은 연관성을 가지고 있으므로 지역경제에 대한 관심은 과거의 체제
에서보다 훨씬 높은 우선 순위를 가지게 되었다.
  이 점에서 지방자치제의 도입은 정부주도의 국가 - 사회구조를 시민

사회는 물론이고 시장을 중시하는 방향으로 균형을 잡아나가는 데 기여한 것으로 볼 수 있다. 아직 성숙된 거버넌스나 네트워크형 거버넌스(network governance)에까지 이르렀다고 보기는 어렵지만 과거와 같은 지방행정관 중심의 지역사회가 개혁과 개방의 추진으로 변화하고 있는 것은 분명하고 이러한 변화에 결정적 충격을 준 것이 단체장과 의원은 물론이고 그 이외의 조합장과 같은 지방의 주요 직책이 선거에 의하여 선임되는 것이라고 볼 수 있다.

전반적으로 볼 때 지방자치제를 통하여 분권적 국가경영구조를 확립하기 위한 본래의 취지가 거시적 관점에서는 어느 정도 구현되고 있는 것으로 보인다. 다만 획일적인 제도의 도입으로 말미암아 분권화가 다원화까지 연결되고 있지 못한 점이 있다. 지방의 권력구조는 아직도 중앙에 의존되고 있는 채 지방이 어느 정도의 자율권의 범위를 유지하면서 자치를 할 수 있는 잠재력을 키우고 있다고 볼 수 있다. 구체적으로 보면, 행정 및 재정적 자치권의 범위는 서구 선진국에 비하여 대단히 제약적이지만 과거의 체제에 비하면 자치권은 점차 확충되고 있다고 볼 수 있다. 그러나 분권화 속도가 선진국이나 진보적인 학자들이 기대하는 수준에 미치기에는 너무 지지부진하다는 평가에도 유의하여야 한다(이승종, 2001).

재정구조라는 관점에서도 유사한 평가가 가능하다. 아직 지방의 재정운용에 대해서는 국가적인 통제가 많다. 조세법률주의의 엄격한 해석으로 지방의 세입구조에 대한 자율권에는 큰 변화가 없다. 지출에 대해서도 통제는 여전하다. 1998년 종래 내국세의 13.27%인 교부금액을 15%로 상향한 점이나 탄력세제 등 자치권의 확충을 위한 재정조치들이 약간 있었지만, 자치사무의 한정, 조세법률주의의 엄격한 적용, 기채승인제 등은 자치권의 범위를 여전히 제약하는 것이다. 게다가 경제위기를 당하여 지방정부의 재정상황이 불건전한 것으로 평가되는 지방정부가 다수 나타나면서 지방의 재정구조에 대해서 사회적 우려가 높아졌고 이것이 재정자주권을 신장하려는 지방의 시도에 제약을 주고 있다.

일부 국회의원에 의한 기초자치단체장의 임명제 전환시도, 부단체장의 국가직 임명, 도시 자치구의 행정기관화, 지방 감사권의 강화 등은 기존의 지방자치법에 규정된 직무이행명령권, 대집행권 등과 함께 분권화의 확장경계를 축소할 수 있는 역동성을 내포하고 있다. 1998년 정부가 공약한 경찰자치제의 도입이 무산된 것도 분권화의 한계를 보여주는 것이다. 따라서 구조적인 관점에서 보면 1990년대 초에 도입된 제도의 범주를 확장하는 구조적인 분권적 조치들은 계속 천연되고 있는데, 그 원인의 대부분이 지방정부의 성과가 미진하여 국민의 분권화에 대한 지지를 끌어올리는 데 실패하고 있기 때문인 것으로 볼 수 있다.

2) 지방권력구조

지방자치제는 지방정부라는 새로운 정치 - 행정체제를 만들어 냈고 이 시스템은 과거의 그것에 비하여 훨씬 더 적극적이고 광범위한 시민의 참여를 유도하고 있는 것임은 명백한 사실이다. 특히 지방정부의 단체장과 의원들은 주민에 의해 선출되었고, 그들의 지지가 자신들의 권력기반(*power base*)으로서 중요한 것이었기 때문에 그들은 당연히 주민들의 만족수준에 관심을 가져야 했다. 지방의 정치엘리트들이 중앙정치권이나 중앙정부에 대해서 그들의 주장을 전개할 때도 지방주민의 지지가 가장 핵심적인 권력의 기반으로 작용하는 것이다. 의원들이 주민의 의사를 의정에 반영하여 집행부의 부정적 관행을 타파하고 새로운 통제를 시도한 것은 물론이고, 집행부에서도 수많은 자문위원회와 같은 참여통로를 만들어서 시책과 행정과정에 활용하고 있다.

〈표 5-1〉 지방권력구조와 거버넌스 유형

지도자와 주민관계 / 지도자들간의 관계	지도자와 주민들간의 태도의 부합성	
	대변적	비대변적
동질적 / 합의적	(Ⅰ) 단순 민주주의	(Ⅱ) 안정적 권력엘리트
이질적 / 갈등적	(Ⅲ) 다원적 민주주의	(Ⅳ) 불안정 권력엘리트

과거에는 의회가 존재하지 않았고 집행부는 전적으로 중앙에서 임명되는 국가직의 기관장 밑에 소수의 국가공무원과 그 밑 다수 하위직 지방공직자로 구성되었다. 그리고 지방의 시도나 시군구는 자치정부가 아니고 중앙정부의 행정적 팔(administrative arms)의 역할을 하였다. 따라서 주민의 의사에 의한 다양한 자율행정보다는 전국적인 통합과 지방사회의 법과 질서 유지를 위한 관치가 골간을 이루었다. 따라서 상당기간 주민의 의사와는 유리된 행정이 진행되었기 때문에 일부 지방의 유지들을 제외하고는 체념적인 상황에 직면한 경우도 있다.

지방자치제의 도입이 지방에 어떤 권력구조면의 변화를 가지고 왔는가를 밝히는 것도 방대한 작업이다. 지방자치제의 도입으로 변화된 지방의 권력구조나 거버넌스를 일부 설명하는 데 도움을 줄 수 있는 틀로 위와 같은 2차원적 분석유형을 보여주는 이론 틀을 사용하고자 한다.

위의 〈표 5-1〉을 보면 다음과 같은 4가지의 지방 권력구조의 유형을 파악할 수 있고 다수의 지방정부가 어디에 분포하는가를 통하여 변화의 추세를 파악할 수도 있다.

첫째, (I) 단순민주주의(simple democracy)형은 지방의 지도자들이 주민들의 의사를 잘 반영하고 동시에 지방의 엘리트들간에도 합의가 쉽게 형성되는 등 동질적인 인사들로 구성된 경우이다. 그러나 어디까지나 엘리트들이 중심이 되어서 지역을 끌고 가는 것이 특징이다. 단순한 농어촌과 같은 지역에서 정약용의 목민심서나 후진국의 일부

자혜로운 지방권력자의 민본정치 철학이 실현된다면 나타날 수 있는 지방권력구조의 유형이다. 그러나 기본적으로 참여적 거버넌스(governance)가 존재하지 않고 일방적인 거버먼트(government)가 존재한다고 보아야 할 것이다.

둘째, (II) 안정적 권력엘리트(stable power elite) 형은 주민들의 의사를 잘 반영하지 않고 권력엘리트들은 나름대로 동질적이며 호흡을 맞추는 유형이다. 주민의 의사를 반영할 수 있는 가치체계도 없고 나아가 제도도 없는 상태이고, 대중을 대표하는 지도자가 없으며, 또 지방통치의 기본 철학이 주민에 대한 통제와 전국적 획일성과 집권성의 유지와 같은 곳에 있고 주민의 참여를 멀리하는 비대변적 체제이다. 그리고 엘리트들간에는 통제와 질서에 대한 합의가 쉽게 형성되고 그들의 성분이 동질적인 것이 특징이다(Mills, 2000). 대부분의 이슈가 정해진 틀에 의하여 활발한 토론 없이 결정된다. 이때 엘리트들이 어떤 수단을 행사하던 주민들을 통제하고 질서를 유지할 수 있다면 체제가 유지되는 유형이다. 주민들이 집단을 형성하는 것을 금기시하거나 억제할 가능성이 많으며, 일종의 관변단체를 세워서 지도자들의 입장을 강화하고 참여가 있는 양 위장하는 의사참여(pseudo-participation)가 특징이다.

셋째, (III) 불안정한 권력엘리트(unstable power elite) 형은 그야말로 불안정한 권력구조이고 지방정치체제이다. 주민들을 대변하지 않기 때문에 주민과 엘리트간에 갈등이 잠재되어 있고, 엘리트들간에도 성분이 이질적이고 가치관과 사안에 대해서 갈등이 높아 어떤 정치행정적 이슈를 결정하는데 분쟁이 지속되는 상태이다. 이 유형은 어떻게 나아갈 것인가에 대한 예측이 어렵고 엘리트 집단의 충원과 이동이 대단히 빠르다. 대부분의 민주국가에서 이 유형은 전환기에 나타날 가능성이 크다. 이 모델에서는 소수에 의한 통치와 정복이 난무하고 주민집단의 일부가 그들의 입장을 옹호하는 한 다른 엘리트와 경쟁하는데 이용되는 전위부대로서 사용되는 경향이 있다.

넷째, (IV) 다원적 민주주의(*pluralistic democracy*)형은 지역사회의 엘리트들이 주민의 직접선거에 의하여 선출되거나 주민들의 의사를 잘 반영하는 사람들로 이루어져 있으며, 정책이슈들도 주민들의 의견을 반영하여 형성되고 토론도 활발한 구조를 가지고 있다. 주민들이 다양한 만큼 엘리트들의 구성도 다양하며 그들간의 경쟁도 대단하다. 엘리트들이 주민들의 대표적 표본과 얼마나 유사한가(*correspondence*), 주민들이 진정한 주권을 행사하고 있는지(*wholly sovereign power*), 대표자들 중에서 지배적인 권력의 핵심(*majority power center*)이 존재하는가 등이 쟁점으로 남아 있지만, 현대 민주주의 지방권력의 바람직한 유형으로 치부된다. 현대적 개념의 거버넌스가 존재하며 보다 세련된 네트워크 거버넌스나 정보사회기술의 활용으로 사이버 거버넌스도 일부 기능할 영역이 있는 체제이다.

이상과 같은 유형론을 기초로 하여 한국에서 지방자치제의 실시가 어떤 변화를 초래하고 있는가를 살펴보는 것은 보다 체계적인 권력구조와 거버넌스의 변화를 이해하는 데 도움이 된다. 그리고 이것은 일종의 중범위 연구방법론을 도입하는 것이 된다. 한국의 지방정부는 자치제가 도입되지 않을 때는 주로 군사독재의 권위주의 집권체제였기 때문에, 위의 (II) 안정적 권력엘리트형이나 (III) 불안정한 권력엘리트형이 적지 않았을 것이다. 가장 큰 문제는 자유와 평등의 확충을 위한 대변적 기제(*mechanism*)가 도입되지 않았던 것이다.

물론, 일부 지역에서 유능하고 민주적인 고위 관료들에 의한 (I) 단순민주주의형이 존재하였을 가능성이 있으나 그럼에도 불구하고 주민들의 의사가 제도적으로 반영될 길이 열려 있지 못하였고, 더군다나 사회적 약자의 실질적인 참여가 보장된 것은 아무 것도 없었다. 그리고 관료가 상층부를 지배한 지방종합행정기관의 이념적 지향은 그들의 임무가 법과 질서의 유지였었기 때문에 대단히 보수주의적이었고 회귀적이었다. 엘리트들이 소수를 위한 민주주의(*democracy for the few*)로 언제든지 회귀할 여지가 높은 유형이다(Parenti, 1974). 실제로 경제발전을 위한 전국의 일원적 행정체제를 구축하는 데 지방이 하나의 구성요소로서 기능한 것이며, 따라서 지방 내부에서도 엘리트들에 의한 고도의 집권성이 이념적으로 당연시되었고 성과 면에서도 효율성이 높은 것으로 주장되었다.

그러나 90년대 초 지방자치제의 도입으로 이러한 지방권력구조나 거버넌스의 유형은 변화되고 있다. 우선 대도시를 중심으로 (IV) 다원적 민주주의형으로 전환되고 있는 점을 뚜렷하게 목격할 수 있다. 서울과 같은 거대도시는 물론이고 지방의 대도시들도 이익의 분화와 전문화로 말미암아 지방정치에 다원성이 도입되고 있으며, 다양한 주민집단들이 정책결정과정에 영향을 미치기 위해서 노력하고 있다. 의회의 이익대표기능(interest representation)은 강화되고 있으며 집행부에 대한 주민의 통제로 투명성이 높아지고 있다.

물론 일부 대도시의 경우 이러한 기본적인 유형으로 옮겨가면서 지역주의의 한계를 그대로 유지하고 있지만, 적어도 해당 지역의 내부 운영과정에서 대의기능은 강화되고 있다. 다만 어떤 지역을 불문하고 엘리트의 구성이 얼마나 이질적이며 다양한가 하는 점에서는 많은 한계를 가지고 있다. 특히 지방의회의 구성원의 배경을 보면 사회적 약자층의 진출이 제한적이고 여성이나 특정 기능집단의 진출도 막혀 있다. 그리고 단체장의 경우에도 고위관직에 있었던 관료출신과 정치인 출신이 높은 비중을 보이고 있는 점도 다원적 민주적 구조로 전환하는 것에 한계가 있다는 점을 알려주고 있다.

일부 농어촌지역에서는 (I) 단순민주주의형도 적지 않게 발견된다. 주민들이 상대적으로 동질적인 업에 종사하고 그들의 가치 정향(value orientation)이 도시지역의 주민에 비하여 이질적이지 않기 때문에 지도자들의 가치나 지향의 폭이 넓지 않고 그들의 배경도 대단히 유사하다. 그들간에는 사회문제를 두고 이견이 그리 심각하지 않으며 정책이슈들이 대립적인 구도에서 갈등을 증폭시키는 경우는 그리 많지 않다.

그러나 아직도 일부 지역에서는 (II) 안정적 권력엘리트형이나 (III) 불안정 권력엘리트형이 존재하는 것으로 알려지고 있다. 제도적으로는 대의적 요소를 갖추고 있지만 실제 운영과정은 주민으로부터 동떨어진 지역이 존재한다는 것이다. 일단 선거가 끝나면 4년 동안은 주민들의 관심도 줄어들지만 주민들이 그들의 대표자를 통제할 수 있는 방법이 개발되어 있지 않고, 지방관료제는 관례 답습적이며 형식적으로 업무를 처리하고 있어 주민의 불만을 사는 경우가 적지 않다. 그리고 의회나 단체장과의 관계, 다른 지방관청의 기관장과의 관계에서 갈등관계에 있는 경우가 적지 않는 것으로 알려지고 있다.

동시에 참여의 구조나 이슈의 공론화의 정도도 서구 선진국에 비하면 많은 제약 속에서 진행되고 있다. 이해관계가 대립적인 경우에는 집단민원이 제기되기도 하여 님비현상이 심각하지만 그렇지 않는 경우 공익의 신장을 위한 참여는 극히 제한적이고 주민들간의 사회적 자본(social capitals)도 미진하다는 것이다. 진정한 참여의 취지가 사회적 약자들의 기회보장과 편익의 증진이라고 볼 때 근본적인 형평성의 회복을 위한 조치를 취하고 있는 지방정부는 눈에 띄지 않는다. 주민들의 진정한 참여나 주역 시민사회의 건전한 발전 그리고 기업과 시장의 원리가 제약받고 있는 한 (IV) 다원적 민주주의형으로의 진입은 더디게 진행되고 있거나 그 가능성이 그리 높지 않다는 점을 인식할 필요가 있다.

3) 주민참여와 지방 거버넌스

지방자치제 실시에 의한 직접적인 효과라고 보기는 어려우나 소위 6월 항쟁 이후 한국의 정치는 초기형태의 참여의 붐을 형성하였다. 두 민주정권은 그들의 지지세력인 다양한 시민세력을 집권과정에서 참여라는 이름 하에 활용하였다. 지방정부의 경우에도 선거 이후 참여는 하나의 유행이 되었다. 그러나 지방정부의 의지에 의한 주민집

단의 수동적이며 간접적인 참여는 진정한 의미의 직접적인 참여가 아
니다. 직접적인 참여는 주민에 의한 정책결정과정의 변화를 의미하는
것이며, 특히 지역의 약자가 자신들의 정당한 권익을 보장받거나 자
신들의 정치적 위상을 강화하기 위한 노력의 일환으로서의 의미를 가
져야 한다(Sherry, 1969).

이러한 직접참여는 주민들의 사회적 다원화가 심화되고 동시에 주
민들의 이익에 관한 의식과 더불어 조직화가 진행되어야 가능해진다.
그러나 한국에서 직접참여는 광역지방정부는 물론이고 기초지방정부
에서도 쉽지 않다. 먼저 정부의 규모에서도 제약이 따르지만 오랫동
안 굳어온 행정체계나 제도가 주민의 직접적인 참여를 현실적으로 제
약하고 있다. 따라서 이해조정이 어려운 경우 소위 집단민원이라고
정부측에서 일컫는 집단적인 이의제기 활동은 두드러졌다. 특히
NIMBY라고 불리는 혐오시설의 입지에 대한 반대운동은 지방자치제
의 출범과 같이 불이 붙어, 일부에서는 지방자치와 집단민원을 같은
현상으로 보기까지 이르렀다. 주민에게 손해를 수반하는 공공시설의
입지에 대한 반대운동은 민주화의 추세를 보면 당연히 빈번해질 것으
로 예견되었지만, 대부분의 이러한 시설 입지결정권이 지방정부에 있
었고 일부의 주민들의 이해에 영향을 미쳤기 때문에 주민들이 지방정
부에 이의를 제기하게 됨으로써 사회 문제화되어 이를 지방자치의 역
기능으로 파악하는 사람도 생겼다. 이러한 문제의 일부는 주민들의
권리의식이나 제도적 결함에서 나오는 문제이기도 하고, 일부는 주민
집단의 과도한 사익의 추구과정에서 파생되기도 하였다. 일부에서는
이러한 문제 때문에 지방자치제가 잘못되어 가고 있지 않은가 하는
우려를 제기하기도 하였다.2)

지방정부의 업무를 실질적으로 조정할 수 있는 기능이 약화됨에 따
라서 지방정부간의 관료적 갈등도 적지 않게 제기되었다. 지나친 지

---

2) 이러한 분쟁의 사례에 대해서는 행정자치부(1999)를 참조하기 바란다.

방정부간의 이기적 행태는 행정구역의 획정을 둘러싸고 주민의 불편을 초래하기도 하였다. 몇몇 지방정부간의 갈등은 국민의 입장에서는 중요하지 않은 사안을 가지고 전개되기도 하였지만, 지방간의 경쟁이 가져다준 피할 수 없는 문제 거리이기도 하였다.

다시 주민의 참여로 돌아가면, 현재까지 추진된 지방의 참여활동은 과거 관선지방정부체제에 비하면 격세지감이 있다. 상층부에 국한되었던 접촉이 지역사회 저층부와 깊은 연관을 맺는 것으로 변화되고 있는 것이 분명하다. 이것은 구조적으로 위로부터의 사회를 밑으로부터의 사회로 전환하는 작은 가능성을 열어가고 있다고 볼 수 있다. 기본적으로는 선거를 의식한 엘리트들의 관심변화에서 나오는 것이지만, 주민들의 자각과 진보적 사회분위기의 형성은 아래로부터 변화를 진작시키고 있는 것이라고 볼 수 있다. 물론 민선체제라고 하여 오랜 기간 굳어온 관료적 권위주의체제(bureaucratic authoritarian regime)를 일거에 철저하게 분쇄할 수는 없지만 적어도 외양만이라도 민선이라는 상징성을 칠하지 않을 수 없었던 것이다. 이 점에서 지방정부의 행정서비스나 정책내용도 서서히 바꾸어나가는 계기가(Cohen and Arato, 1994: 48~58) 마련된 것으로 볼 수 있다.

그러나 여전히 사회적 약자인 주민의 주장은 쉽게 투입될 수 없었고, 다양한 간접참여의 통로는 일종의 겉치장(window dressing)으로 인식될 수도 있다. 어떤 지방자치단체에서는 중복적인 주민조직이 지방정부에 의하여 만들어져서 일부는 복지서비스의 참여과정에, 일부는 공공근로와 같은 정부지원 복지사업의 대상집단으로 변질되기도 하고, 선거과정에서 현직자들의 우호적 바닥조직으로 활동되어 비판받기도 한다. 현재 단계는 시민에 대한 권력위임(empowerment) 또는 시민의 통제(control) 등과는 거리가 멀고 일종의 변질된 참여나 생색내기(tokenism)의 단계에 머무르고 있다고 보아야 할 것이다. 과거와는 달리 세계적인 혁신지역에서 지역주민과 그들의 지도자들이 지역의 혁신과 쇄신과정에 네트워크형 조직화와 시너지를 창출하기 위한 정보기반을 활용하고 있는 상태로(Hento, Melville, and Walesh, 1997) 진행하기에는 많은 시간이 소요될 것이다.

지방정부의 재탄생은 한국의 사회변동과 함께 진행되어서 국가-시민사회간의 변환 과정에 촉진제의 역할을 한 것이나 다름없다는 점을 앞에서 언급하였다. 지방자치제의 출범과 함께 많은 지역공동체 조직들(CBOs: *Community-Based Organizations*)이 설립되었고, 지역적 이슈는 물론이고 전국적 쟁점에 대해서도 공론에 영향을 미치려고 시도하였다. 특히 전국적으로 설립된 환경, 경제정의, 비리척결, 시민연대강화, 참여 등을 시도하는 비정부단체들의 지방지부는 전국적 이슈뿐만 아니고 지방의 고유한 이슈들에 대해서도 일관된 의견을 제시하기도 하였다. 이러한 조직들이 지방에 한정된 주민조직화에 모델이 된 것도 사실이다. 이들 중에서 영향력이 강한 비정부단체들은 의회활동 감시, 감사청구나 정보공개 요구, 판공비사용 감시, 민원행정개혁, 지역불편사항 개선 등을 요구하기도 하였다.

한국의 지방정부에서 일부 예산항목은 주민들의 감시대상에서 빠져있었다. 그 규모와 사용처가 법에 의해 적절하게 할당되지 않았고 오랫동안 공공에 개방되지 않았다. 지방의 비정부단체는 이러한 돈의 일부분이 언론매체나 여론주도집단(*vocal group*)을 포용하는 데 활용되어서 소위 지방의 철의 삼각모형(*iron triangles*)을 공고히 하고, 선거 네트워크를 확장하는 데 사용이 되는 것으로 추측하여 이러한 관행에 종지부를 찍고자 한 것이다. 이러한 운동은 물론 사회적인 투명화 요구와도 맥을 같이 하고 있지만 지방에서 그 성과가 확실한 것들 중의 하나이다.

대부분의 지방정부가 이제 지역의 시민단체를 관료권의 의사결정과정에 참여시키고 있는 것은 이미 관행이 되다시피 하였다. 적어도 폐쇄적 관료들이 의사결정을 공개할 수 있는 준비는 하고 있는 셈이다. 특히 선거를 의식한 단체장들의 주민의 정책결정과정 참여에 대한 관심은 대단하다. 이러한 때에 취약한 시민단체의 활동기반을 현실적으

로 중앙 및 지방정부가 지원하는 문제가 쟁점 중의 하나로 떠오르고
있다. 비판적 입장에서 활동하는 시민단체에 대해서 정부가 현실적으
로 지원하는 것은 비판기능을 마비시킬 위험을 가지고 있지만, 그러
한 단체가 종속적 지위에서 활동하는 것을 방치하지 않을 시민의 양
식이 갖추어져 가고 있다는 측면에서 본다면 수용할 수 있는 면도 있
다. 다만 한국에서 맹위를 떨쳤던 관변조직의 폐해가 되풀이되지 않
기 위해서 새로운 지원관계를 투명하고 비판적인 관점에서 지켜보아
야 할 것이다.

4. 지방의회와 집행부의 성과

1) 지방의회

지방의회는 대의 민주주의제도의 근간이다. 즉 의원들은 일반 주민
을 대신하여 정책을 개발하고 결정하도록 선출된 것이다. 한 세대의
정체 후 지방의회가 다시 형태를 갖추었을 때, 많은 진보적인 학자들
뿐만 아니라 주민들의 기대가 높았고 참여하는 후보들도 많은 역할이
있을 것으로 여겼다. 그러나 아직도 자치권, 특히 자치입법권이 한정
적으로 주어진 상황에서 그들의 역할범위는 제약되었고, 강집행부 약
의회의 정부구조 아래서는 집행부의 효과적인 감독은 더욱 어려웠다.
어느 국가나 지방의회의 제도화(institutionalization)가 지체되고 있는
상황에서 한국의 경우에도 예외는 아닌 현상이 나타나고 있다
(Hedge, 1998). 더구나 지방의원들은 초기에 그들이 당연히 수행할
것으로 예상된 역할마저 익숙하게 처리하지 못했다.
다만 그들이 2선, 3선을 하면서 지방정치의 변화 환경과 집행부의
업무감독에 익숙해짐에 따라 활동의 심도를 강화하고 영역을 확장하
고 있다. 그들은 집행부의 감시는 물론이고 환경보전에서부터 지역사

회 갈등의 조정에 이르기까지 다양한 역할을 수행하고 있다. 또한 의원들은 조례 제정, 사무감사에서부터 결의문의 채택에 이르기까지 의사결정의 빈도를 늘리고 있다. 정책의 실질적인 영역을 대상으로 하는 조례들이 효과적으로 다루어지지는 않을지라도 지방의회에 의해 발의된 조례들의 수는 증가하고 있다(김순은, 2001: 6). 집행부의 공직자들도 예산의 편성과 집행과정에서 의회의 존재를 의식하지 않을 수 없었고 주민들도 집행과정의 다양한 정보에 접할 수 있는 기회를 얻었다. 이러한 정보는 주민들의 행정감시에 적절하게 활용되고 있다.

그리고 다수의 적극적인 지방의원들은 예산과정을 효과적으로 통제하려고 시도하였다. 집행부의 장에 의해 제안되는 예산을 면밀히 검토하고 비효율을 제거하는 데 주력하고 있다. 그러나 중앙정부에 의해 규정되는 지방재정의 수입 측면은 조세법률주의나 중앙의 이전 재원 등으로 지방의회가 통제할 수 있는 영역이 대단히 적은 것이 사실이고, 예산편성에는 실질적으로 법률적 기속력을 갖고 있는 예산편성지침을 따라야 하기 때문에 그 재량의 범위가 대단히 한정적이다(최병대, 2000: 21~42).

한국정치의 지역주의적 경향으로 지방의회는 대부분 일당이 주도하는 추세가 강했다. 따라서 의회 내 정당간의 경쟁이 저수준에 머물렀고 정책정당이 아닌 상황에서 정당 소속감이 지방정치의 활성화에 이르지 못하고 파행성을 보여주기도 했다. 그러나 일부 지역에서는 정당간의 차이가 사안의 심의나 문제의 제기에서 다원적 정치문화를 심을 수 있는 가능성을 던져주기도 하였다. 지방분권이 실질적으로 이루어지기 위해서는 지방정치가 다원화되어서 중앙정치와 구분되고 지방의회의 활동에서도 정당간의 정책적 경쟁이 있어야 적극적인 성과를 낼 수 있다고 한다(Dawson & Robinson, 1963: 265~289). 이에 근거한다면 지역주의 정치는 지방의회의 역량(*capacity*)을 강화하는 데도 취약점으로 작용하고 있음을 알 수 있다.

한국의 지방의회는 기본적으로 '시민의회형'(*citizen council type*)이다. 이러한 형태의 지방의회에서 의원들은 명예직으로 간주되고, 업무에 대한 대가를 완전하게 받는 것이 아니다. 보좌진도 충분하지 못하여 정책의회로 발전하는 데는 시간이 많이 소요된다. 게다가 법적으로 지방의회의 권한을 제약하고 있는 조세법률주의와 죄형법정주의의 엄격한 재규정, 벌칙부과권의 제한 등은 보다 명시적인 제약이 되고 있다.

게다가 최근에 실시된 조사에 의하면, 시민들의 관심은 지방의회 출범의 초기 단계에 비하여 많이 줄어들고 있다. 그러한 시민들의 반응은 두 가지의 상반된 설명이 가능하다. 지방의회는 지방정치의 일부분으로 제도화되고 있어 계속적인 주목의 대상이라기보다는 정치체제의 일부로 이미 자연스럽게 받아들여지고 있다고 볼 수도 있고, 반대로 지방의회의 토대가 점점 약해지고 있어 제도개선의 필요성을 암시하고 있다고 볼 수 있다. 다만, 지방의회가 열리면 방청석은 비어 있고 일부 공무원들이나 동원된 지역구민이 유일한 집단이라는 사실은 지방민주주의의 기초가 점점 취약해지고 있다는 것을 의미한다. 주민들의 반응은 부정적이거나 무관심한 정도이며, 많은 주민들이 지방자치의 허상(disillusion)을 경험하였다고 말하기도 하여 한국 지방민주주의의 보루인 지방의회의 앞날을 밝게만 볼 수 없게 한다.

2) 집행부와 단체장

(1) 공직자의 태도변화

지방자치제 도입 이후 주민들이 느끼는 변화 중에서 가장 분명한 것은 지방관료들의 태도에 변화가 오고 있다는 것이다. 공직자들도 지속되는 정부개혁의 일환으로 '행정이 서비스'라는 의식을 어느 정도 수용해가고 있는 것으로 볼 수 있다. 한국 관료 중에서도 특히 지방관료들이 권위적(authoritative)이고 가부장적(patriarchical)이라는 것은 잘 알려져 있으며, 특히 과거 지방행정기관의 주요 임무는 법과 질서의 유지(*laws and orders*)이었기 때문에 지방관료의 성향은 더욱 그러하였다. 그들은 주민에 대해서 매우 비우호적이고 냉정적이었으며 (*cold-blooded*) 일본의 유제를 이어받고 있다는 비판을 받기도 하였다.

하지만 지방자치제도 도입 이후 실시된 많은 조사에서 가장 눈에 띄는 변화는 지방공무원들의 태도가 친절해지고 주민들의 요구에 호의적으로 변하고 있다는 점이다. 반면 공무원들의 태도는 변화하지 않았고, 설령 변화된 모양을 보여준 경우에도 상층부의 압력이나 모니터 시스템의 결과라는 주장도 있다. 그러나 적지 않은 공무원들도 민주화의 전개와 문화수준의 향상으로 친절에 관한 인지적, 정의적 태도에 변화가 오고 있음을 느끼고 있다. 언젠가는 행동의 전면에 친절이 베어들 수 있을 것이다. 공직자의 친절은 국민의 신뢰는 물론이고 대면관계를 효율화하여 생산성의 향상에 기여할 것으로 기대되고 있다.

(2) 단체장의 부상

지역 공동체의 권력구조(*community power structure*)가 변하여 단체장이 부상할 것이라는 점은 지방자치제를 실시하기 이전부터 중앙정치권이 초미의 관심을 보인 분야이다. 그 동안 수행된 연구들에 의하면, 광역시장이나 도지사는 물론이고 시장이나 군수가 해당 지역에서 가장 영향력이 있는 사람으로 급부상하였다. 한국사회에서 공식적 직위가 바로 권력으로 연결되는 사실을 여실히 보여준 것이다. 그리고 종래 수위를 유지하였던 관료권의 권력위상이 하락하는 점을 보여주고 있다.

이러한 단체장의 권력위상의 변화는 분권화의 추진에는 도움이 되지만, 다원적 지방민주주의 발전이나 지방정부의 민주화에는 적지 않은 문제를 제기한다. 특히 광역지방정부 단체장에는 총리 출신이나 전직 장관, 그리고 다선 국회의원까지 가세하고 있어 지방의 무게가 한층 실리게 된 점에서는 분권화의 추진에 기여하는 바가 적지 않다.

물론 지방정부직은 고유한 임무를 수행하여야 하기 때문에 중앙정치권이나 정부의 경험이 반드시 도움이 되는 것은 아니지만 정치적인 관점에서 볼 때 10년 된 지방자치제의 다양한 직에 비중 있는 인사들이 경쟁한다는 것은 한국의 지방분권화에 의미 있는 일이라고 본다.

그러나 지역 내부에서 보면, 단체장의 권력위상이 높아진 것이 민주적 리더십으로 연결되지 않고 독주로 나가는 경우 적지 않은 문제가 발생한다. 한국에서 공공부문에 민주적 리더십이 자리잡고 나아가서, Dahl이 상정하는 것과 같은 다원적 지역권력구조가 정착되는 데는 상당한 시일이 걸릴 것이다.[3] 그러나 단체장이 자신의 권력기반을 더욱 강화하고 이를 재선으로 끌고 가거나 의회와의 관계에서나 정책결정과정에서 자신의 의지를 관철시키는 수단으로 활용하는 경우 부작용이 초래될 수 있다. 일부에서는 단체장의 독주와 재선을 의식한 전시행정과 선심성 예산집행, 그리고 장기적 비전 부재로 정책혼선과 표류에 대해서 우려를 표명하고 있다(박종민 편, 2000).

그리고 집행부 내의 집권화가 약간 개선되고 있지만 아직도 과거의 기관장이나 조직 단위의 책임자 중심체제는 개선될 기미를 보이고 있지 않은 것으로 알려지고 있다.[4] 게다가 단체장이 인사권을 전적으로 행사하고 있고 공무원단체가 발전되지 않은 상태에서 조직내부의 분권화와 민주화를 시도하기는 여간 어려운 일이 아니다.

그들의 권력은 주민선거에 의하여 정당화가 될 수 있다. 하지만 그들이 취임한 이후 권력을 행사하는 과정에서 의회를 제외하고 나면 실상 이에 대해 적절하게 통제할 수 있는 기제가 없다. 만일 수뇌부

---

3) 이러한 지역권력구조에 관해서 고전적인 논문을 잘 정리한 것은 Murin, William(1982)의 *Classics of Urban Politics and Administration*이다.

4) 약간의 상이한 관찰에 대해서는, 김호섭(2001) "정부조직의 분권화와 상관계수" 《한국행정학보》 35(1), pp. 35~51; 박세정(1998) "21세기를 대비하는 지방행정의 개혁방향," 《한국지방자치학회보》 10(2), pp. 5~27을 참조하기 바란다.

가 중요한 과오를 범한다면, 소환할 수 있는 제도를 도입하자는 논의
가 제기되고 있다. 그러나 중앙정부의 염려대로 과거처럼 소환제도가
정치적인 동기에서 부적절하게 남용되면 지방경영이 정치적 혼란에
휩싸일 가능성도 배제하기 어렵다. 중앙정부, 특히 지방정부를 감독
하는 행정자치부는 다양한 행정적 통제기제를 도입하려고 끊임없이
시도하고 있다. 그러한 아이디어 중의 하나는 지방정부의 수뇌부를
대신하여 업무를 처리하는 대집행제도, 부단체장을 국가직으로 임명
하고 몇 가지 사항에 대해서 권한을 강화하는 방법, 감사원이 지방사
무소를 증설하여 보다 근접하여 지방정부를 주시하는 방안 등이 거론
되고 있다.

(3) 비리문제

지방자치제의 도입은 다수의 지방정치인 배출과 제도화를 의미한
다. 한국 지방사회에서 정치인은 과중한 요구에 직면하게 된다. 빈번
한 관혼상제 시의 접촉이나 다양한 '모임'과의 관계설정은 물론이고
고유한 회식문화 속에서 적지 않은 시간적, 금전적 출혈이 시작된다.
이러한 문제는 한국의 특유한 선거문화와 결부되어 악화되는 경향이
있다. 다른 선거처럼 지방선거는 대규모의 운동원(canvasser) 네트워
크를 이용하여야 하고, 높은 선거홍보비를 치러야 하며 어떤 상황에
서는 바람몰이식(rock'em and sock'em) 선거운동을 하지 않을 수 없다.
선거제도는 공직 선거관련 법들의 제정과 개정으로 다소 개선되고는
있지만 아직도 고비용 선거라는 점은 분명하다. 그런데 지방정치인은
후원회의 조직이 허용되지 않고 있어 대부분 개인적으로 은밀하게 선
거비용을 조달하고 있다. 이러한 높은 진입선거비용은 그것이 많은
경우 지방정치인들의 부정(irregularities), 부패, 추문과 관련 맺게 한
다. 2001년까지 민선자치단체장 67명(1기 구속 14, 불구속 9, 2기 구
속 22, 불구속 23)이 사법처리될 정도였다.

아직도 지방정부의 규제나 허가사항은 대단히 많다. 중앙정부의 대

부분의 규제는 정책영역에서 발견되지만, 지방정부의 규제는 생활과 사업활동에 직결되는 사항을 다루고 있어 직접적인 이해가 걸려 있는 특징이 있다. 따라서 인허가 과정에 부패가 만연된 상황에서 도입된 지방자치는 그것이 마치 지방자치제 때문에 더 확산되는 양 비판받기도 하였다. 아울러 소위 선심성 예산으로 불리고 있는 각종 행사비, 문화비, 대회유치, 해외연수, 청사신축, 공사중단 등은 자원의 동원에 대한 책무가 상대적으로 적은 지방정부가 지출면에서 느슨한 자세를 보이고 있어 비판의 대상이 되고 있다.

5. 정책영역의 변화

1) 성과개선을 위한 시도

지방정부는 의회의 정책결정과 집행부의 정책집행으로 서비스를 만들어내는 서비스기관(*service institution*)이다. 좁은 의미로 지방정부의 성과는 이러한 서비스기관이 주민들의 재정부담여력을 고려하여 주민들의 요구에 얼마나 대응적으로 서비스를 양적, 질적으로 제공하는가 하는 것을 의미한다. 따라서 체계적으로 서비스의 성과를 측정하면 지방정부의 성과를 알 수 있지만 전국적으로 이러한 성과의 변화가 어떻게 되고 있는가를 연구하는 것은 대단히 어렵다. 기초지방정부는 물론이고 광역지방정부를 모두 대상으로 하여야 하며 이들 다양한 정부들의 서로 다른 성과를 일반화하기란 보통 복잡한 일이 아니고, 게다가 성과의 변화를 보려면 지방자치제가 도입되기 이전의 자료가 있어야 하며 그간의 사회적 변화를 통제하여야 하므로 사실상 불가능에 가깝다.

그리고 본 논문은 전국적인 지방자치제의 성과를 관심에 두고 있으므로 서두에서 밝힌 바와 같이 이러한 방향에서 논의를 전개하지 않

고, 지방자치의 도입이 가지고 온 지방정부의 일반적 변화와 수반되는
서비스영역의 변화 그리고 질적으로 나은 서비스를 제공하기 위한 눈
에 띄는 노력에 관심을 집중한다. 지난 10여 년간 지방정부들이 자치
제로 운영되면서 지방 간, 지방정부간에 경쟁의식이 생겨난 것이 하나
의 성과라면 성과다. 그리고 외부에서도 전국적으로 지방정부의 성과,
특히 집행부의 성과를 평가하여 경쟁적 분위기를 만들려는 노력들이
있어왔는데,5) 이러한 노력이 약간의 부작용도 없지 않았지만 지방정
부간의 경쟁을 부추기고, 지방정부간에 정책의 확산(*horizontal policy
diffusion*)을 촉진한 성과도 있었다(이달곤, 2001: 24~31).

이러한 성과평가에 따르면 지방의 행정방식이나 시책이 매우 다양
하게 전개되고 있음을 알 수 있다. 대부분의 지방정부는 신자유주의
적 사조에 기초한 대처식 개혁방법(*Thatcherite Reform*)을 채택한 것으
로 소위 신공공관리(NPM: *New Public Management*)의 수단을 도입하
고자 노력하였다.6) 지방정부의 성과평가들에 따르면, 한국의 지방정

---

5) 일부 신문사, 경영자문회사, 학회, 중앙정부의 관련 부서 등에서 지방자치의
  성과를 분야별로 평가하여 시상하고 어떤 경우 인센티브를 제공하는 방식이 광
  범위하게 활용되고 있다. 물론 평가의 엄격성이나 객관성에 관해서는 개선의
  여지가 있으나 초기 단계에서 이러한 평가제도가 기여하는 바도 적지 않다.

6) 지난 10년간의 지방정부들이 도입한 소위 개혁적인 조치들을 세계 각국의 도
  시에서 신공공관리가 어떻게 도입되고 있는가를 평가한 보고서와 비교해보면
  대부분의 조치들이 그의 큰 변용 없이 도입된 것으로 볼 수 있다. 따라서 사
  회·경제적 맥락이 다른 지방정부에서 대부분의 개혁적인 조치들이 토착화노
  력(*indigenous efforts*) 없이 도입되다 보니 문제점도 적지 않게 발생하였다.
  그러나 정부 내에 기업적인 경쟁 분위기의 조성과 새로운 시도라는 점에서는
  평가가 되어야 할 것이다. 세계 각국의 지방정부 개혁과 그 성과에 대해서는
  Bertelsmann Siftung(Hrsg)(1993), *Carl Bertelsmann Preis 1993:
  Demokratie und Effizienz in der Kommunalverwaltung*, (Gütersloh:
  Bertelsmann Stiftung Verlag) Vol. 1.을 참조하기 바란다. 이 평가에서는 미
  국의 Phoenix와 뉴질랜드의 Christchurch가 1위를 하였다. 이 때 유럽에서
  수위를 한 네덜란드의 Tilburg가 부각되었는데 그것을 Tilburg Model 이라고
  칭하면서 지방경영화의 유럽식 표본으로 칭송하기도 하였다. Phoenix 시의
  내부개혁과 성과에 대해서는, Barrett, K. and R. Greene, 2000. "Grading

부도 발 빠르게 선진국의 지방정부가 도입한 대부분의 경영 기법을 시도한 것으로 나타나고 있다. 물론 단순한 아이디어 수준의 것을 과대 포장하거나 본질적으로 생산성이나 효율성의 향상으로 연결되지 않은 것도 많지만 전체적으로 변하고자 하는 노력을 담고 있었다. 행정 내부의 운영방식이나 행정서비스의 질적 개선 등에 대해서는 긍정적인 평가도 적지 않다(최외출, 1997; 지병문, 2000).

그럼에도 불구하고 전시행정이 줄어들지 않고 있다거나 실질적인 성과의 개선이 천연되고 있는 점 등은 지방경영의 내실화를 요구하는 측면이다. 기업가적 정부를 표방하고 나온 대부분의 프로그램이 내실이 없는 경우가 적지 않았는데, 대표적인 것이 경영수익사업과 같은 것이다. 보다 과학적이고 체계적인 성과개선 방식이 도입되어야 할 것이다. 특히 분야별로 주민만족도를 객관적으로 활용하는 경우 투입 측면에서 효율성을 개선하려는 시도보다는 성과를 기반으로 한 행정과 예산제도를 도입할 수 있는 장점이 있다. 예를 들어서 서울특별시에서 진행되고 있는 성과지향적 예산제도와 같은 것은 좋은 출발점이며, 내부 행정관리를 투명하고 효율적으로 추진하기 위해서 정보사회기술(IST: *information society technology*)을 도입한 민원처리의 정보화사업과 같은 것은 주민의 만족도를 개선하는 데 기여할 것으로 본다. 성과에 기초한 인사제도의 도입도 그 취지를 살려서 경쟁적 업무 분위기를 만들어야 한다. 다만 내부 인사를 단체장이 독점함으로서 생긴 인사정책의 비판이나 성과급제와 같은 개혁조치들을 획일적이며 성급하게 도입하는 우를 계속하여서는 안 될 것이다. 그리고 지방이 정책의 실험실(*laboratories of policy experiment*)로서 제대로 기능하려면 지방정부의 정책기획능력(*policy planning capability*)이 증대되어야 한다. 현재와 같은 내부조직이나 간헐적인 외부지원체제로서는 획기적인 정책기획역량을 증대시키기 어려운 점도 보인다. 자그마한 분야

the Cities," in *Governing: The Magazine of State and Localities*, (Special Issue), 2000. 2. pp. 22~91을 참조하기 바란다.

에서 지방정부가 개발하여 집행한 정책이 적극적인 평가를 받을 때 정책의 상향적 확산(*bottom-up policy diffusion*)이 가능해질 것이다. 지방정부가 환경, 복지, 산업관련 분야에서 개발한 정책을 중앙정부가 도입하는 경우에는 지방정부의 산출이 중앙정부의 그것과 비견될 수 있고 지방정부의 정책산출능력이 적극적으로 평가될 수 있을 것이다.

2) 정책성과

지방정부가 수행하는 정책은 대단히 다양하다. 그리고 많은 경우 앞에서 언급된 행정체제의 변화나 서비스의 변화와 밀접하게 관련되어 있다. 그러나 여기서는 지방정부의 총체적 노력의 변화를 정책산출물(*policy output*)이나 정책결과(*policy outcome*)에 연결시켜보는 논의의 일환으로 몇 가지 주요 정책결과의 변화를 따로 언급하고자 한다. 정책의 변화는 시스템적 관점에서 보면 지방정부 정치체제의 산출이며 지역사회에 미치는 최종 효과를 파악하는 것이다. 여기에는 새로운 제도의 도입으로 인하여 변화된 주민의 지지와 투입, 중앙의 통제와 지원, 신설된 의회의 활동, 집행부의 새로운 노력이 지역의 경제-사회적 환경에 의도적인 영향을 미침으로써 하나의 산출물이나 결과로서 나타나는 부분을 포착하는 것이 필요하다.

이 작업은 대단히 어려운 것이며 시간적인 범주를 어떻게 정하는가에 따라서 그 평가가 달라질 수도 있는 영역이다. 사실 핵심적 의미의 지방자치제의 성과는 바로 이 분야를 지칭할 수 있고, 특히 정책의 변화가 주민에게 어떤 의미를 가지고 있는가를 밝히게 되면 자치제도의 도입에 따른 최종적 평가가 상당부분 이루어진다고 보아도 된다. 특히 주민이나 국민이 정부의 성과를 불신하는 시대에서는 주민의 정책효과에 대한 최종적 평가가 정부성과의 가장 중요한 심판이라고 보아야 할 것이다(Nye, 1997: 6~10). 특히 국가에 대한 신뢰가 생활상의 자그마한 사안에서 출발하는 만큼 지방정부의 정책결과는 국민의 정부에 대한 신뢰와 직결된다.

오랜 권위주의적 군사독재 통치 후에 민주화를 경험한 많은 국가들은 경제적 침체, 사회적 분열, 정치적 혼란, 정책의 표류 등을 경험하였다. 한국 또한 예외가 아니다. 한국은 경제적 위기, 사회적 파편화, 통치역량의 취약, 주요 정책의 실패 등에 직면한 바 있다. 우리나라의 경우 지방자치제도의 도입은 이러한 급격한 변화를 촉진시킨 측면도 없지 않지만, 그 이후의 경제위기나 정치적 변천기를 주민들이 상대적인 안정감을 가지고 극복하는 데는 도움을 준 것으로 볼 수 있다. 중앙정치와 어느 정도 독자성을 갖춘 지방정치의 출현은 중앙정치의 정쟁이나 편가르기에 휩쓸리기도 한 면이 있지만 대체로 정권의 이동이나 중앙정부 구성의 변화에도 불구하고 지방정부의 리더들이 4년 정도 기간을 확보하고 안정적인 행정을 수행한 것으로 평가할 수 있다. 따라서 지방정부의 정책 변화도 중앙정부의 흐름과는 다른 경향이 나타날 가능성을 배태하고 있다. 이런 점에서 지방자치의 도입 이후 중앙정부의 정책지향과 견주어서 어떤 지방정부가 어떤 연유로 어떤 방향의 정책지향을 가지고 있는가를 보는 것은 의미 있는 연구주제이고 이를 다른 지방정부와 비교하는 것은 지방정부의 비교정책영역을 개척하는 일이 될 것이다. 이하에서는 아직 뚜렷하지 않은 지방정부의 전반적 정책지향의 변화를 점검해본다.

지방정부의 시책은 대단히 다양하기 때문에 하나의 분류 틀로 빠지는 분야 없이 단일 차원으로 모든 분야를 중복되지 않게 담을 수 없다. 그러나 다음과 같은 2차원 도표를 활용하면 정책지향의 변화를 파악하는 데 도움이 될 것이다.

〈그림 5-1〉 지방정부의 정책지향

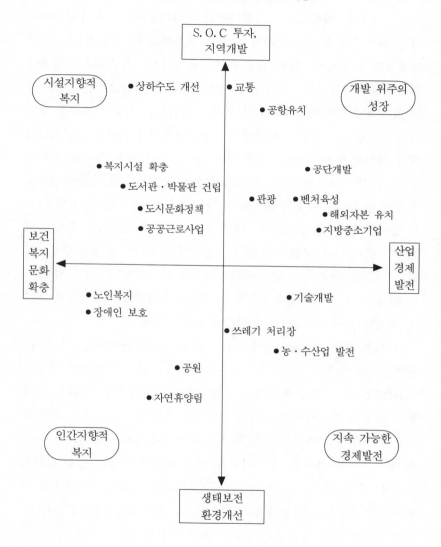

〈그림 5-1〉에서는 정책지향을 크게 4가지로 나누었다. 두 축을 2개씩의 상반되는 지향으로 양극화하면서 구성하였다. 먼저 수평축에는 가장 고전적인 성장과 분배의 차원을 표시하였다. 오른쪽으로 가면 지방정부의 에너지, 특히 재정적 수단을 지역의 기업이나 산업체에 투입하여 지역경제를 강화하려는 정책지향을 나타내고, 왼쪽으로 가면 효율적인 투자보다는 사회적 형평을 강화하는 시책에 중점을 두는 것을 의미한다. 다만 이 모델에서는 공중보건이나 개인의 공공의료혜택과 사회적 약자에 대한 복지 서비스의 강화는 같은 차원의 정책으로 볼 수 있는데, 문화라는 이질적인 차원을 추가한 것이 문제점으로 지적될 수 있다. 이것은 분석의 차원을 2차원으로 국한한 결과 나오는 궁여지책이라고 생각된다. 다만 문화향수권이 제한적인 한국의 현실에서 좀더 나은 생활을 지향하는 문화적 기본권이 존재할 필요성이 있고 이것을 확충하는 것이 문화복지로서 개념화될 수 있다(김문환, 1998: 132~149). 따라서 이질적인 차원에 존재함에도 불구하고 개념적 차원에서 이 두 분야를 통합하여 표시하였다.

그 다음 수직 축에는 지역이라는 공간개념을 중시하여, 아래쪽은 자연생태나 환경을 보전하는 방향의 정책을, 위쪽은 지역의 사회적 자본(SOC)과 개발을 촉진하는 정책방향을 표시하였다. 아래쪽은 지역의 사정에 따라서 구체적인 정책수단이 다를 것이다. 예를 들면 농어촌의 경우에 농업이나 어업을 진흥하는 경우에도 환경친화적 접근을 할 수 있을 것이고, 도시지역의 경우 분진이나 매연 등을 대상으로 하는 대기개선으로부터 녹지의 확충과 같은 시책에 이르기까지 지역사정에 부합하는 다양한 환경정책수단의 개발이 가능할 것이다. 그리고 위쪽은 주로 공간을 개발하는 것을 상정하는데 반드시 난개발이 아니더라도 공단개발, 주거단지개발, 도로확충, 상업지역의 확대, 운동시설의 확충 등 다양한 사업을 상정하고 있다.

그러면 다음과 같은 네 가지 방향이 생긴다. 즉, (1) 산업 및 경제의 성장, (2) 보건, 복지, 문화분야의 강화, (3) 자연생태 - 환경의 보전, 그리고 (4) 사회간접자본의 확충과 지역개발 등, 네 가지 축이 그것이다. 그러면 4가지 정책도메인이 생기는데, (1) 제1 상한은, 개발중심의 경제성장, (2) 제2 상한은 시설확충을 통한 복지개선, (3) 제3 상한은 인간중심의 환경복지 개선, 그리고 (4) 제4 상한은 지속 가능한 경제발전(ESSD)으로 구분할 수 있을 것이다.

이러한 틀을 염두에 두고 개별지방정부의 정책 중점과 그 결과의 변화를 한정된 정보와 데이터에 근거하여 추정하는 작업이 필요하다. 여기는 거시적 차원의 분석에 만족하지 않을 수 없으므로 다음과 같은 예비적인 분석에 그치고자 한다.

첫째, 지방자치제의 도입이 바로 지방정부의 정책지향을 크게 바꾼 것으로 파악하기는 어려우나, 일부 지역에서는 제1 상한에 있는 개발과 경제성장에 관련된 정책에 우선 순위를 높여간 것으로 보인다. 이러한 추세는 미국에서는 보편적인 현상으로 파악하고 있고(Logan & Harvey, 1987; Peterson, 1981), 한국의 경우에도 아직은 결론을 내리기 어렵지만 일부 그러한 경향이 나타나고 있다.[7] 영국의 경우에도 이러한 추세가 나타난 것이 보고되고 있다(Savage and Robins, 1990).

성장과 개발에 우선 순위를 두는 정책지향의 생성이 자치제도의 도입으로 분명해진 것인지를 밝혀야 할 것이고, 만일 그러한 경향이 뚜렷해진 경우에도 이것이 소위 성장연합(*growth coalition*)이나 성장머신(*growth machine*)과 같은 집단들이 작용하고 있는지에 대해서는 추가적 연구가 필요하다. 다만 난개발과 같은 지역의 물리적 개발과 관련된 비난이 제기된 것은 분명히 지방자치제도의 도입과 유관한 것으로 이해할 수 있다.

둘째, 위의 그림에서 제2 상한이나 제3 상한의 조치들은 형평성의

---

7) 이점에서는 연구자들의 견해가 언론의 보도와는 다르게 엇갈리고 있다. 서로 다른 발견을 다루고 있는 논문으로는 안성호(2001)와 이승종의 앞의 논문을 참조하기 바란다.

190

개선, 즉 재분배 또는 복지영역을 강조하는 정책지향으로 볼 수 있다. 원래 재정연방주의론에 의하면 복지정책은 상위정부의 정책영역이다(이달곤 외, 1998: 139~162). 그러나 현실 정치는 지방정부도 다양한 복지행정서비스를 추가하게 하는 경우가 많다. 특히 서구의 대도시정부가 복지지출을 선호하는 경향이 있는 것으로 보고되기도 했다. 그러나 도시지역의 복지분야에 대한 지출이 경제적 여건이나 중앙정부의 정책에 민감한 것으로 나타나기도 했다. 어쨌든 자유민주주의 체제에서 대도시에 살고 있는 가난한 사람들의 목소리가 커지고 있다는 사실을 부정하기는 어렵다.

다만 서양의 도시와는 달리 한국의 도시들은 농어촌지역에 비하여 상대적으로 재정능력이 나은 상황에 있다. 따라서 한국의 기존 연구들을 보면 대도시의 경우 자치제 도입 이후 복지지출이 약간 늘어난 흔적이 발견되고 있다(강윤호, 2000). 그러나 지방자치제의 실시 이후 경제위기가 다가왔고 세입은 물론이고 재정여건이 개선되지 않은 지역에서는 이러한 추세를 발견하기 어려웠을 것이다. 물론 어떤 변화가 있다고 하더라고 그것이 지방의 사회계층들의 영향력 차이인지, 아니면 아직도 시혜적 성격을 다분히 가지고 있는 복지서비스가 각급 정부의 관심으로 늘어난 것인지를 파악하기는 어렵다. 서구의 경우에는 지방정부에 집단이 미치는 영향력이 크지 않음을 주장하는 연구결과(Caputo, 1976: 176)도 있는데, 한국에서도 중앙정부에 비하면 이러한 성향은 여전히 존재한다고 볼 수 있다. 특히 경제위기를 치르면서 공공근로사업을 도입하고, 지방자치제 이후 사회적 여건의 변화에 수반하여 일부 노인과 장애인에 대한 관심을 제고시키는 등의 노력을 기울이는 면은 있지만 실질적인 정책의 개발이나 지출 면의 변화를 찾아내는 데는 아직도 시일이 더 필요하다. 미국이나 유럽 국가들은 지방의 복지정책 효과가 뛰어나 중앙정부가 이를 수용하는 정책확산 사례가 적지 않다. 그러나 아직 한국에서 이러한 예를 찾아보기는 어렵다.

셋째, 자연생태계의 보호나 환경보전 정책의 경우, 도시화된 한국의 실정에서는 환경규제정책과 관련이 깊다. 이러한 녹지의 확대나 공원지정과 같은 정책들은 주로 제 3 상한에 배치되고, 이른바 지방환경의 Agenda 21 과 관련되는 ESSD (*Environmentally Sound and Sustainable Development*) 정책은 주로 제 4 상한에 배치될 것이다. 지방자치제의 도입 이후 적극적으로 생태공원의 조성이나 녹지를 확대하는 정책을 개발한 지역도 있다. 서울 지역의 경우 이러한 정책이 적지 않다. 또 경기북부의 일부 지역은 성장억제지역으로 성장관리 (*growth management*) 를 하고 있다. 그럼에도 불구하고 지방으로 환경규제권한을 위임한 결과 제대로 집행이 되지 않아 다시 중앙정부가 환수한 경우가 발생하는 등 지방정부의 환경규제행정에 대해서는 비판이 적지 않다. 경제적 수준의 향상과 환경에 대한 의식의 변화에 따른 일반적 추세에 부합하여 중앙정부로서도 환경투자를 증대시키고 있고 지방정부도 요란한 구호처럼 시책이 따라가는 것은 아니지만 다수 지역에서 환경이 개선되고 있다는 사례를 발견할 수 있다. 따라서 이 문제도 지방자치의 도입으로 인한 정책정향의 변화인가를 판단하기는 어려움이 있다.

넷째, 그림의 제일 위쪽에 있는 사회간접자본에 대한 투자나 지역개발에 대한 정책정향은 대부분의 지역에서 다른 정책분야에 비하여 상대적으로 두드러졌던 것으로 판단된다. 공공청사, 문화회관, 운동장 등의 건립과 같은 건축공사는 물론이고, 각종 토목공사도 활발하게 추진되었다고 본다. 그리고 도시개발과 관련된 규제의 완화로 난개발이 이루어지기도 하였고 유흥시설의 남설로 비난이 쏟아지기도 하였다. 이러한 사태는 반드시 지방자치제의 도입 때문에 생긴 변화라기보다는 전반적인 사회현상의 하나로 볼 수 있으나 지방정부의 정책지향이 지역개발에 치중되면서 생겨난 점임을 부인하기도 어렵다.

6. 결론과 함의

이 논문에서는 기존의 연구결과와 필자의 관찰을 중심으로 지방자치제의 부활로 생긴 변화와 지방자치정부의 성과를 추적하려고 하였다. 지역사회 대부분의 변화를 한국사회의 변천과정과 분리하기 어려웠지만, 지방자치제의 도입이나 지방정부의 정책지향의 변화와 연결하여 그 성과를 고찰하는 것이 불가능한 것도 아니었다. 변화의 많은 부분은 부정적 측면을 가지고 있지만 그럼에도 불구하고 적지 않은 긍정적 성과도 찾아볼 수 있다. 그러나 아직도 객관적이며 균형 있는 분석 틀을 개발하지 못한 한계는 지적되어야 할 것이다.

지방자치의 공과에 대한 판단은 대단히 다양하다. 어디에 앉아 있는가에 따라서 공과의 평가가 너무나 극단적이다. 최근 40여 명의(약 12%) 국회의원들이 기초자치단체장을 임명직으로 바꾸려고 관련법 개정을 시도하였다. 개정안이 통과된다면 지방자치제도는 의미를 상실하게 된다. 지방자치제도 중에서 기초자치단체가 자치의 취지를 가장 잘 살리는 것이기 때문이다. 그런데도 불구하고 민주주의자라고 자처하는 국회의원들이 택한 이러한 행동을 어떻게 볼 것인가? 국회의원들에게 시장과 군수는 그의 잠재적 경쟁자이다. 지방정부의 장은 선거기간 동안 조직화할 수 있는 정치적 능력은 물론이고 평소에도 다양한 행정적, 재정적 수단을 활용하여 지역민과 접촉하고 있어 한국과 같은 정치문화 속에서는 언제든지 상위의 선거직으로 나설 수 있는 준비를 하고 있다고 보아도 과언이 아니다. 뿐만 아니라 단체장의 재임이 3선으로 한정되어 있고, 곧 단체장들이 중앙정치권으로 진입할 것이 명약관화한 상황에서 국회의원에게 지방 단체장은 강력한 도전자인 셈이기 때문인가. 물론 이러한 접근은 국가경영의 정치력 (*statesmanship*)과는 거리가 멀다. 현대와 같이 거대하고 복잡하며 다원화된 정부를 경영하는 기술은 과거와 같은 집권화가 아니고 남을 통하여 행동하는 기술(*the art of acting through others*)을 축적하는 것이기 때문이다. 지방을 통해 국가의 이익을 실현하는 방법은 꼭 중앙의 직접적인 지배에 의한 것이 아니다(Young, 1983).

사실 지방자치제도의 취지를 수용한다면 단체장의 독주로 문제가 발생하는 경우에 이를 주민의 직접민주주의를 공공화하는 방향에서 문제를 접근하여야 한다. 단체장이 독주하는 경우 과거식으로 광역자치단체, 중앙정부, 중앙정치권에서 이를 통제하는 방식에 의존하여서는 안 될 것이다. 그것은 민주주의의 원칙에 어긋난다. 주민의 통제와 참여를 촉진할 수 있는 방안을 도입하고 직접 민주주의적 참여수단을 확충하는 것이 보다 적합한 방법일 것이다. 예를 들면 주민감사청구제, 주민창안제(*Initiative*), 주민투표(*Referendum*), 주민소환제(*Recall*)와 같은 제도들이 역시 주민의 대표에 대한 직접적인 선거 후의 통제수단으로 고려되어야 할 것이지만, 주민들의 의사를 집합적으로 반영하는 의회보다는 중앙의 세력이 큰 관계로 왜곡된 방향에서 문제 해결의 실마리를 찾으려는 동기가 반복되고 있다. 물론 그렇다고 현재 거론되고 있는 직접민주주의 수단들을 일시에 모두 도입하자는 주장도 적절하지 않다.[8]

자치제도가 도입된 지 10년이 지난 이 시점에서 이 제도가 국가의 통치체제는 물론이고 지방의 거버넌스를 종전과는 달리 변화시키고 있다는 점은 동의한다. 시민들은 지방정부가 적은 돈을 가지고 대응성을 높이면서 더 높은 질의 서비스를 제공하라고 요구하고 있다. 분권주의자로 불릴 수 있는 지방행위자들은 중앙정부로부터 더 많은 권력과 권한이양을 급속하게 요구하고 있다. 다양한 세력다툼 사이에서 지방이 목소리를 높일 수 있는 기반은 역시 지방자치제도가 민주성과 효율성을 가지고 정착되고 지방정부의 정책지향이 주민의 요구를 충분히 반영하여 변화되고 긍정적인 성과를 보여주는 것이다. 지방정부

---

8) 이 제도의 현대적 적용에 대해서는, Cronin, Thomas E. (1989) *Direct Democracy*(Cambridge, MA: Harvard University Press)를 참조하기 바란다.

가 비효율, 전시행정, 예산낭비, 비리와 부패, 리더십 부족, 의회와
집행부의 불화, 고답적인 행정관행 등의 고질적인 문제를 극복하지
못하는 한 지방자치제의 앞날을 밝게만 볼 수 없다.

▪ 참고문헌

강윤호(2000),《지방자치실시가 지방정부 사회복지지출에 미친 영향: 사회
      복지정책결정에 대한 공공선택론적 접근》, 한국행정학회 하계학술
      대회.
김문환(1998),《지역문화발전론》, 서울: 문예출판사.
김순은(2001), "지방의회 의정활동(1991~2001)의 평가와 과제",《한국행
      정학보》.
김호섭(2001), "정부조직의 분권화와 상관계수",《한국행정학보》35(1).
박세정(1998), "21세기를 대비하는 지방행정의 개혁방향",《한국지방자치학
      회보》10(2).
박종민 편(2000),《한국의 지방정치와 권력구조》, 서울: 나남출판사.
안성호(2001), "지방자치단체 집행부의 성과(1995~2001)의 평가와 과제",
      한국행정학회 추계학술대회.
이달곤 외(1998), "재정연방론적 관점에서 본 지방정부의 경제적 기능과 재
      정의 역할",《한국의 재정과 재무행정》, 서울: 박영사.
_____ (2001), "지방자치단체 평가의 논리와 방향",《자치행정》6.
_____ (1998), "역사적 맥락에서 본 중앙과 지방간의 관계",《행정논총》,
      서울대학교 행정대학원.
이승종(2001), "한국지방자치의 평가: 제도의 집행측면을 중심으로", 한국
      정치학회 춘계발표회.
지병문(2000), "한국지방정부의 개혁: 성과와 과제",《한국지방자치학회
      보》12(3).
행정자치부 · 한국지방행정연구원 · 국토연구원(1999),《지방자치 시대의 분
      쟁사례집 1: 분쟁의 발생실태와 해결》.
최병대(2000), "지방정부 예산제도의 문제점과 개선방안",《자치행정연구》
      창간호.

최외출(1997), "지방자치단체 공무원의 의식개혁방향", 《한국지방자치학회
보》 9(3).

Arnstein, Sherry(1969), "A Ladder of Citizen Participation", *Journal of the American Institute of Planners.*

Barrett, K. and R. Greene(2000), "Grading the Cities in Governing: The Magazine of State and Localities", *Special Issue.* 2000. 2. pp. 22~91.

Bertelsmann Siftung(Hrsg)(1993), *Carl Bertelsmann Preis 1993: Demokratie und Effizienz in der Kommunalverwaltung,* Gütersloh: Bertelsmann Stiftung Verlag Vol. 1.

Caputo, D. A. (1976), *Urban America: The Policy Alternative.* San Francisco: W. H. Freeman.

Cohen, Jean L. and Andrew Arato(1994), *Civil Society and Political Theory,* Cambridge, MA: MIT Press.

Cronin, Thomas E. (1989), *Direct Democracy,* Cambridge, MA: Harvard University Press.

Dawson, R. and J. Robinson(1963), "Interparty Competition, Economic Variables, and Welfare policies in American States." *Journal of Politics.*

Epstein, Paul D. (1984), *Using Performance Measurement in Local Government.* New York: Van Nostrand Reinhold Co. , Ltd.

Hedge, David M. (1998), *Governance and the Changing American States.* Boulder, Colorado: Westview Press, pp. 127~132.

Henton, D. J. Melville, and K. Walesh(1997), *Grassroots Leaders for a New Economy.* San Francisco: Jossey-Bass Publishers.

Koo, Hagen, (ed.)(1993), *State and Society in Contemporary Korea.* Ithaca: Cornell Univ. Press.

Logan, John R. and Harvey L. Molotoch(1987), *Urban Fortunes: The Political Economy of Place.* Berkeley: Univ. Of California Press.

Mills, C. Wright(2000), *The Power Elite,* Oxford: Oxford Univ. Press.

Murin, William(ed.)(1982), *Classics of Urban Politics and Administration,* Oak Park, Ill: Moore Publishing Co. Inc.

196

Nye, J. S. Jr., P. D. Zelikow and C. K. David (1997), *Why People Don't Trust Government*. Cambridge, MA: Harvard University Press.

Parenti, Michael (1974), *Democracy for the Few*. New York: St. Martin's Press, pp. 179~207.

Peterson, Paul E. (1981), *City Limits*. Chicago: Univ. of Chicago Press.

Savage, S. P. and L. Robins, (eds.) (1990), *Public Policy Under Thatcher*, London: Macmillan. pp. 172~186.

Sharpe, L. J. (1970). "Theories and Values of Local Government", *Political Studies 18*, pp. 153~174.

Tocqueville, Alexis de (1945). *Democracy in America*. New York: Vintage

Young, Ken (ed.) (1983). *National Interest and Local Government*, London: Heinemann, pp. 5~10.

제 6 장

지방자치와 주민참여

손봉숙 · 안청시

1. 서 론

지난 30여 년간에 걸친 권위주의적 정치체제와 중앙집중적 행정체제에 대한 민주주의적 대안의 하나로 제시되었던 지방자치가 실시된지 10년이다. 비록 지방자치의 이념과 제도가 정착되기에는 충분한 시간은 아니었지만, 지방자치 실시 이후 우리사회는 많은 변화들을 겪고 있다. 무엇보다도 주민들의 변화된 자세와 의식이다. 고양시에서 일어난 '러브호텔 및 유흥업소난립 저지'운동은 이러한 점들을 읽을 수 있는 좋은 예이다. 이 사건은 고양시가 주택가와 학교 주변에 러브호텔 신축허가를 내주면서부터 시작되었고, 주민들은 시의 잘못된 결정에 의한 교육과 주거환경의 침해에 대항하여 러브호텔 공사중지라는 지방정부의 양보를 얻어냈다. 뿐만 아니라 건설교통부는 이 사건을 계기로 자치단체가 조례제정을 통해 숙박위락시설 입지제한을 가능하도록 하였고, 이를 위한 각급 의회의 조례제정이 이루어지고 있다. 1)

이 사건은 우리에게 두 가지 사실을 확인시켜 주었다. 하나는 주민들의 높은 참여의지이다. 주민들은 참여를 통하여 지방정부의 정책결정과정에 대해 실질적인 영향력을 행사하기를 원하고 있다. 단순한 행정서비스의 객체로서가 아니라 자신의 삶에 대한 자기결정권을 가진 능동적인 참여자로서 주민의 모습으로 바뀌어가고 있는 것이다. 또 하나는 지방정부의 주민참여에 대한 경시현상이다. 주민참여를 하나의 요식 행위나 정책집행의 절차적 당위성을 확보하기 위한 통과의례 정도로 인식하는 경향이 높다. 그 결과 주민들의 참여의지를 약화시키고, 주민들로 하여금 집단시위나 불복종운동과 같이 극단적인 참여방법을 통하여 영향력을 행사하도록 만들고 있다.

이는 지방자치 10년의 두 얼굴이다. 물론 2000년 6월 보궐선거 투표참여율이 20%대에 머물렀던 것에서 알 수 있듯이 여전히 주민들의 지방자치에 대한 관심은 매우 낮다. 뿐만 아니라 자신들이 살고 있는 지방정부에서 실시하고 있는 주민참여제도에 대한 주민들의 인지도도 매우 낮은 실정이다.[2] 높은 참여의지를 가지고 있는 주민들이 있는가 하면, 여전히 무임승차(free-rider)하고자 하는 불특정 다수의 주민들이 있다. 행정편의주의적 발상에서 주민참여를 최소화하려는 지방정부의 움직임이 병존해 있는 것 또한 우리 지방자치의 현실이다. 따라서 본고에서는 주민참여를 통한 참여민주주의의 증대가 지방자치의 발전을 위해서 반드시 실현되어야 할 과제라는 문제의식을 바탕으로 지난 10년 동안의 주민참여현황을 살펴보면서 지방자치의 실시로 주민참여가 어느 정도 증진되었는지를 점검해 보고, 아울러 주민참여

---

1) 2001년 1월 27일 건설교통부는 자치단체가 도시계획조례를 만들어 숙박위락시설입지제한이 가능하도록 하였고, 이어 전북 전주시의회에서는 숙박업소를 주거지역경계로부터 70m 이상 떨어져 짓도록 하는 내용의 조례를 처음으로 제정하였다.

2) 하혜수·양기용의 연구에 따르면, 부천, 평택, 안성군의 주민들을 대상으로 해당지역의 주민참여제도에 대한 인지도를 알아본 결과 80% 이상이 모른다고 응답하였다(1998: 82).

활성화 방안을 제시해 보고자 한다.

2. 주민참여의 의의와 유형

1) 주민참여의 의의

지방자치는 민주주의의 주요 수단으로써, 민주주의의 교육장이자 생활민주주의를 실현하는 장이다(김만흠, 1994: 12~14; Hill, 1974: 20~32). 지역사회 주민의 참여를 통해 지역사회의 요구에 맞게 정책과 서비스를 수립, 제공함으로써 지방의 정치과정을 민주화하고 나아가 전체 국가체제의 민주화에 기여하는 것이 지방자치의 이념이다. 따라서 주민의 참여 없이 이루어지는 지방자치는 비민주적인 명목상의 자치에 불과하다. 주민참여는 지방자치체제 안에서 '아래로부터의 정치', '참여의 정치'를 구현할 수 있는 기제의 역할을 하기 때문에, 주민참여에 기초한 지방자치는 대의정치의 한계를 극복할 수 있는 대안의 하나로 제시되고 있다.

그러나 지방자치는 주민참여에 대하여 이중적 가능성을 가지고 있다. 한편으로는 주민들의 참여를 적극적으로 이끌어 낼 수 있는 반면, 다른 한편으로는 주민들의 참여동기를 제한할 수도 있기 때문이다(안청시·김만흠, 1996: 8). 지방자치는 생활공동체를 기반으로 하고 있어 주민들의 이해관계를 직접적으로 수렴할 수 있다는 점에서는 주민참여를 적극적으로 이끌어 낼 수 있다. 그러나 지방정치나 지방정부의 활동들이 중앙 국가정치의 하위단위인 지방자치체제 내에서 존재하는 것이기 때문에 정치적 자원들이 제한되어 있으며, 이로부터 오히려 주민들의 참여동기가 제한될 수도 있다. 따라서 실질적으로 지방자치 하에서의 주민참여는 중앙과 지방과의 관계, 지역사회의 사회 문화적 특성과 주민들의 정치의식, 그리고 제도적 장치 등 여러 가지 현실적 조건에 의해서 그 양상이 결정된다. 주민참여의 양적 측면만이 아니라 참여의 효과와 기능까지도, 지방자치가 처해 있는 현실적 여건에 의해서 좌우된다.

일반적으로 주민참여가 지방자치 발전에 미치는 긍정적인 기능을 살펴보면 다음과 같다(최창호, 1999: 667~669; 이승종, 1998: 287~302; Portney, Berry, and Thomson, 1990). 첫째, 주민참여는 지역사회에 대한 강한 소속감과 공동체의식을 촉진시키는 계기를 제공한다. 둘째, 주민들은 참여를 통하여 정보수집, 분석 및 판단능력과 같은 정치·행정적 역량을 향상시킬 수 있다. 셋째, 주민들은 참여를 통하여 지방정부에게 다양한 정보와 대안을 제시함으로써, 지방정부의 문제해결능력을 제고시킨다.[3] 넷째, 주민참여는 지방정부와 주민간의 거리감을 좁힘으로써, 주민과 지방정부의 협조를 제고시켜 정책집행의 효율성을 높일 수 있다. 다섯째, 주민참여는 지방정부의 정책결정 및 집행과정에서 소외된 다수의 일반주민들을 참여시켜 사회적 형평성을 제고시키게 된다.

반면 주민참여의 부정적 효과도 없지 않다(한원택, 1995: 307~309; 이승종, 1998: 231~232). 첫째, 주민참여는 정보제공이나 공청회개최, 여론조사, 주민투표실시 등 높은 행정비용을 요구한다. 둘째, 주민참여는 정책결정 및 집행과정의 지체를 초래하여 정책집행의 적시성과 효율성을 떨어뜨릴 가능성이 크다. 셋째, 정보와 자원, 그리고 시간을 상대적으로 많이 보유한 계층들에게 참여의 기회가 많아지면서 지역 전체의 이익보다 특수계층의 이익을 대변할 가능성이 크다. 넷째, 주민참여는 지역주민간, 지방자치단체간, 그리고 중앙정부와

---

3) 지포드(Gyford)는 지방정부의 대응력 향상이라는 측면에서 주민참여의 의의를 찾았다. 즉 지방정부가 주민들의 요구에 보다 적절하게 대응하기 위해서는 행정당국자들의 지식과 지방선거를 통한 신임만으로는 정책결정에 필요한 정보들을 충분히 제공받지 못하기 때문에, 주민참여를 통해 관료제와 대의민주제도를 보완하는 것이 필요하다(1991: 54).

지방자치단체 간의 갈등을 조장하고 지역이기주의를 유발할 우려가 있다. 다섯째, 주민참여가 행정기관의 정책 정당화용으로 형식화되거나, 행정당국의 책임회피 및 책임전가의 수단으로 악용될 수 있다.

이처럼 주민참여는 지방자치 발전에 중요한 제도이기는 하지만, 잘못되면 부정적인 문제들을 일으키기도 한다. 그러나 한국의 경우 참여의 부정적 측면을 강조하기에는 참여가 매우 저조한 형편이다. 현재 지방자치가 안고 있는 문제들은 주민의 과대참여로 인해 발생하기보다는 주민참여를 제한하여 지역사회의 이해가 정확히 반영되지 않는 데서 오는 경우가 더 많다. 따라서 주민들의 자발성에 근거한 참여가 이루어질 수 있도록 주민들의 참여의식을 제고시킬 수 있는 정책적 노력과 아울러 주민참여를 적극적으로 유도할 수 있는 제도적 장치를 마련하는 것이 중요하다.

2) 주민참여의 유형

주민참여의 방식은 지방자치제도와 지역사회의 여건에 따라서 다양하게 이루어지고 있어, 이를 유형화하는 데에는 어려움이 있다. 따라서 여기서는 참여의 방법, 참여의 규모, 참여의 주도성(*initiative*) 그리고 참여의 제도화 등을 기준으로 주민참여의 유형을 분류해 보고자 한다(정세욱·최창호, 1983: 672~673; 한원택, 1995: 309~311; 크리스챤 아카데미, 1995: 165).

첫째, 참여의 방법에 따라서, 주민참여는 직접참여와 간접참여로 나눌 수 있다. 직접참여는 주민들이 직접 행정기관에 자신들의 의사를 전달하는 것으로 지역단위가 적고 주민의 수가 한정된 경우에 효과적이다. 반면, 간접참여는 주민들의 대표자를 통하여 간접적으로 참여하는 형태로, 지역단위가 크고 대상주민의 수가 많아서 직접참여를 유도하기 어려울 때 사용하는 방법이다. 지방자치단체의 각종 위원회나 대의기구와 같은 형태가 간접참여에 속한다.

둘째, 주민은 지방자치단체의 정책결정과정이나 집행과정에 개별적으로나 혹은 집단적으로 참여할 수 있다. 따라서 주민참여는 그 규모에 따라서, 개별참여와 집단참여로 구분할 수 있다. 개별참여는 주민들이 개인별로 정치·행정과정에 참여하는 것으로써 자신의 입장을 보다 직접적으로 개진할 수 있다는 장점을 갖고 있지만, 참여가 조직적이지 못하여 참여의 효율성이 떨어지는 단점이 있다. 개별참여의 유형은 개인적인 의견제출, 진정, 건의, 제소, 투표 등을 들 수 있다. 반면, 집단참여는 조직이나 집단 등과 같이 집단적인 형태로 참여하는 것으로 집단시위, 집단진정, 집단청구, 집단건의, 집단발의 등이 이에 속한다. 집단참여는 대부분 시민단체나 주민단체에 의해서 조직적으로 이루어지므로, 효율성의 측면에서 개별참여에 비해 월등하게 높다.

셋째, 주민참여는 참여의 주도권이 어디에 있느냐에 따라 행정동원적 참여와 주민주도적 참여, 상호협력적 참여로 나눌 수 있다. 행정동원적 주민참여는 전통적인 주민참여 방식으로서, 행정적인 필요, 주로 정부정책의 홍보의 필요에 의해서 지방정부가 주도권을 쥐고 주민참여를 이끌어내는 것이다. 따라서 주민들은 행정기관에서 허용한 범위 내에서 참여하고, 주민의 의견도 정책담당자에 의해서 그 반영 여부가 결정된다. 반면, 주민주도적 참여는 주민의 필요에 의해서 주민이 주도권을 쥐고 참여를 조직하는 것으로, 참여의 효과 면에서 행정동원적 참여에 비해 크지만, 행정의 지연을 가져올 가능성이 있다. 마지막으로 상호협력적 주민참여는 이상적 형태로서, 양자가 서로 대등한 관계에서 상호교류하는 형태이다.

넷째, 주민참여는 제도화의 여부에 따라 제도적 참여와 비제도적 참여로 나눌 수 있다. 제도적 참여는 법령이나 조례 등을 통하여 공식적으로 인정되어 있는 참여활동을 의미하며, 투표, 선거관련활동, 각종 위원회, 청문회, 반상회, 공청회 등에 참석하는 것이다. 반면 비제도적 참여는 참여가 법령에 명시되어 있는 것은 아니지만, 주민과 행정기관 간의 직·간접 접촉을 통해 이루어지는 것으로, 시민(주민) 운동, 집단시위 등이 대표적이다.[4] 그러나 사실상 제도적 참여는 대부분 정책수립단계에서 부분적으로 보완하는 방식이나 이미 수립된 몇 가지 안을 놓고 찬반의견을 제출하는 방식으로 이루어지고 있어 주민참여가 형식적으로 끝나버리는 경우가 많다. 공청회나 위원회, 심의회, 간담회 등을 통해 수렴된 주민들의 의견이 최종 단계에서 백지화되어 버리는 경우도 허다한 실정이다. 따라서 제도적 참여는 지방정부의 결정을 정당화하기 위한 들러리의 역할로 그치는 경우가 많아, 제도적 참여만으로는 주민의 다양한 요구와 참여의지를 제대로 반영할 수 없다. 따라서 비제도적 참여가 제도적 참여 방안과 서로 보완적 기능을 수행하도록 하는 것이 필요하다. 특히 우리나라처럼 주민참여를 보장하는 법이나 제도가 불충분한 경우에는 비제도적 참여의 존재 자체가 제도적 참여를 유효화시키고, 참여제도를 확충할 수 있는 실질적인 압력세력으로 작용할 수 있다.

3. 지방자치제도 실시 이전의 주민참여 실태

한국정치에서 민간부문이 지방행정에 참여할 수 있는 제도가 도입 실시된 것은 1960년대 박정희 정권 시기부터였다. 박정희 정권은 기존 지방자치제도를 중단시키면서, 각급의 지방행정에 민간부분으로 구성된 위원회제도 등을 설치하여 지역사회의 요구 및 이해관계를 흡

---

4) 이승종은 제도적 참여와 비제도적 참여는 상충적이면서 상호보완적 관계에 있음을 지적하였다. 제도적 참여의 기회가 많을수록 비제도적 참여의 필요성은 적어지지만 제도적 참여의 기회가 적을수록 비제도적 참여의 요구는 그만큼 커진다는 점에서 상충적인 관계에 있다. 하지만, 주민참여제도가 미비한 우리의 경우에는 비제도적 참여가 참여의 제도화를 촉구하는 역할을 한다는 점에서 상호보완적이라고 볼 수도 있다(1993: 83).

수, 통제하는 한편 기존 지방자치의 취지를 대체하고자 하였다. 즉 중앙집중적 행정국가 체제를 강화하기 위한 지방행정동원체계의 하나로서 지역 민간부문의 전문가 집단들에 의한 간접참여 방식을 도입한 것이다. 따라서 1991년 지방자치가 다시 실시되기 이전의 주민참여는 지방정부가 주도권을 쥐고 참여를 이끌어내는 행정동원적 성격의 간접적 주민참여가 주를 이루었다. 1991년 지방자치제도가 실시되기 이전에 운영되었던 대표적인 주민참여양식은 각종 자문위원회와 반상회, 그리고 친정부적인 지역단체활동들이다. 5)

1) 위원회

자문위원회는 각급 지방행정체계별로 운영되었던 제도이다. '시·군 자문위원회'가 1962년에, '시·도정 자문위원회'가 1964년에 설치 운영되었고, 읍·면에는 '개발자문위원회'를 두었다. 그리고 1970년에는 시·도에 '평가교수단'을, 1972년에는 '리·동 개발위원회'를 설치하였다.

'시·도정 자문위원회'는 시·도 조례로 설치된 것으로, 시와 도정의 중요 시책을 기획·조정하고, 기본운영계획 및 예산, 비상재해대책에 관한 사항이나 기타 시장이나 도지사가 부의하는 사항에 대한 자문에 응하도록 하였다.

'시·군정 자문위원회'는 시·군 조례로 설치되었고, 시장이나 군수가 위원장이 되었다. 위원회는 시장이나 군수가 위촉하였다. 동 위원회는 시·군의 기본운영계획, 예산과 결산, 건설사업, 주민여론 등에 관하여 위원장인 시장, 군수 그리고 상급 행정조직의 자문에 응하는 기능을 수행하였다. 시·군 조례로 설치된 '읍·면·동 개발위원회'는 읍·면·동장이 지역주민 중에서 위촉한 15인 이내의 인사로 구성되

---

5) 지방자치제도 실시 이전의 주민참여 실태에 관한 내용은 안청시의 연구 (1991: 109~112)를 참조.

었고, 지역주민의 자기개발에 관한 사항, 읍·면·동민의 이해조정
및 복지후생에 관한 사항 등에 관해 읍·면·동장의 자문에 응하도록
하였다.

1970년 중앙 정부의 정책에 대한 심사분석 및 전문적인 건의를 할
수 있도록 하는 '평가교수단'이 국무총리실 산하에 설치되었고, 이를
계기로 시·도의 조례로 지역 단위의 '평가교수단'을 설치하였다. 이
들은 지역개발에 관한 투자의 효율화, 장·단기 개발시책의 제시, 대
민 행정 개선방안 등을 연구하고 필요한 시책을 건의함으로써 분야별
로 전문적인 자문을 제공할 수 있도록 하였다.

이처럼 지방자치제도가 정지되었던 30여 년 동안 각급 행정체계별,
분야별로 각종 자문 및 개발위원회가 제도화되었다. 1980년대 말에는
시·도의 경우 평균 63개, 시·군의 경우 평균 40개의 각종 자문위원
회가 난립해 있을 정도였다. 이들 각종 위원회는 관료제의 한계극복
과 참여민주주의의 실현이라는 차원에서는 거의 기능을 하지 못하였
고, 오히려 권위주의적 정부의 일방적 시책들을 홍보하는 역할을 수
행하였다. 이런 상황에서 민간부분의 참여제도는 형식적으로 운영되
는 경우가 많았다. 이들 위원회 중에는 1년에 한 번 정도의 모임도 갖
지 못하는 경우들도 있었으며, 지역유지의 경우는 한 사람이 5~6개
에 달하는 각종 위원회의 위원을 맡는 경우도 많았다(안청시, 1991:
111).

2) 반상회와 관변단체

각종 자문위원회가 지방엘리트들을 대상으로 한 지방행정 동원양식
이었다면, 반상회는 일반 주민을 대상으로 한 것이었다. 반상회는 정
부시책의 홍보와 주민의 여론수렴을 목적으로 1976년 5월에 조직된
주민조직으로 매월 25일에 개최되는 반 단위의 주민총회 성격의 주민
모임이다. 그러나 주민의견수렴의 기능은 제대로 수행하지 못하였다.

이는 반상회가 이 - 통 - 반장으로 이어지는 국가 권위주의체제의 주민 동원제도였기 때문이다. 지역주민 중에서 능력이 있거나 주민을 대표할 수 있는 사람들은 반장을 맡기를 오히려 꺼려하는 형편이었다(유재원, 1995: 40).

각종 위원회, 반상회 외에도 주민참여통로로는 지방정부와 관련을 갖는 많은 민간조직들이 있었다. 이들의 성격은 정부가 주도하는 단체들(관변단체)에서부터 민간주도단체에 이르기까지 다양하였다(한국지방행정연구원, 1989: 143~145). '민족통일협의회', '새마을협의회', '사회정화추진협의회', '청소년선도위원회', '반공(자유총)연맹' 등은 정부주도의 조직들이었다. 민간주도의 사회봉사 및 친목단체이면서도 직·간접적 정부참여 기회를 가질 수 있었던 대표적인 지역조직들로서는 '로타리클럽', '라이온즈클럽', '청년회의소' 등을 들 수 있다. 그러나 이들의 성격이나 기능상, 주민의 이익과 요구를 대변하는 단체들은 극히 소수였고, 대부분이 정부측의 논리나 정책을 옹호하거나 정부와의 연계 속에서 자신들의 이익을 도모하는 이익단체들이었다.

반면 이들과는 달리 정부 정책에 대한 비판적 입장에서 주민들의 참여를 조직하고자 했던 단체들로는 '가톨릭농민회', '기독청년회' 등이 있다. 이들은 정부수립 이후 지역사회 수준에서 기층 민중들을 정치적으로 동원하여 '아래로부터의 참여'를 이끌었던 대표적인 조직이었다. 그러나 권위주의 체제 하에서 이들은 반체제세력으로 규정되었고, 정부권력에 의한 탄압과 감시의 대상이 되었다. 게다가 지역의 시민사회가 성숙하지 못한 상황에서 이들의 활동은 많은 주민들의 호응과 참여를 이끌어내지 못하였다.

결국 지난 30여 년 동안, 지역주민들의 아래로부터의 참여, 즉 주민들의 주체적인 의사표현과정으로서의 주민참여는 전무하였다고 해도 과언이 아닐 것이다. 주민참여의 주요 통로였던 각종 위원회나 반상회는 지역사회의 이익을 대변하고 지역주민의 의사와 욕구를 수렴하기보다는 정부정책을 홍보하고, 합리화하기 위한 수단으로 전락하였다. 따라서 지방자치제 실시 이전의 주민참여 양식들은 권위주의적 중앙집권체제를 강화하기 위해 유효한 행정동원체계로 기능하였을 뿐, 아래로부터의 참여를 이끌어내는 참여민주주의적 기제로서의 역할은 제대로 수행하지 못하였다.

4. 지방자치제도 실시 이후의 주민참여제도와 현황

지방자치제의 실시는 80년대의 민주화운동 과정에서 중앙집권적 권위주의 체제에 대한 민주주의적 대안의 하나로 제시되었고, 그 결과 1991년 지방의회가 구성되고, 1995년 민선자치단체장이 등장하였다. 비록 지방자치의 주체인 지방정부와 주민들의 자치 경험이 부족한 실정에서 시작하였지만, 자치제의 실시는 주민의 지위에 큰 변화를 가져왔다. 특히 민선자치단체장의 등장으로 주민은 지방의 정치·행정 과정의 주체로 바뀌게 되었다.

임명직 자치단체장은 중앙관료제의 하위 행정기구에 불과하였으며 지역문제에 대해 적극적이고 주체적인 태도를 가질 수 없었고 이들에게 있어 주민은 단지 행정서비스의 객체 혹은 동원의 대상에 지나지 않았다. 그러나 민선 자치단체장은 권력기반이 유권자인 지역주민에 있기 때문에 재선을 위해서는 주민에게 책임지고 주민을 위한 정치·행정을 펼 수밖에 없게 되었다. 실질적으로 민선자치단체장 등장 이후 지방정부는 주민들이 행정기관을 이용하고 의견을 개진하는 데 있어서 불편이나 거부감을 가지지 않도록 하기 위해 행정풍토나 제도개선과 더불어, 주민의 의견을 보다 적극적으로 수렴하는 데 역점을 두기 시작했다.

현행 지방자치법에서 주민의 참여를 보장하는 규정은 다음과 같다.

첫째, 국민으로서 가지는 기본권인 참정권(제13조 2항)으로서, 지방자치선거에 참여하여 지방자치단체의 장과 지방의회의원을 선출하

는 것이다. 둘째, 청원권(제8절 제65조, 제66조, 제67조)이다. 지방의
회에 청원하고자 하는 사람은 지방의회의원의 소개를 얻어 청원서를
제출할 수 있으나 재판에 간섭하거나 법령에 위배되는 내용의 청원은
수리하지 않는다. 셋째, 1994년 지방자치법개정으로 주민투표권(제13
조의 2)이 부여되었다. 넷째, 1999년 개정된 지방자치법에서 신설된
조례제정 및 개폐청구권(제13조의 3)이다. 다섯째, 1999년에 신설된
주민감사청구제도(제13조의 4)이다.

이외에도 지방자치단체 차원에서 주민참여제도를 마련하는 방법은
지방의회가 가지고 있는 자치입법인 조례제정(제15조)을 활용하는 것
으로, 주민참여를 위한 조례를 제정하는 것이다. 예를 들면, 정보공
개법이 제정되기 전에 청주시에서 정보공개조례를 제정하여 운용하였
으며, 이 조례는 대법원에 의해서 적법하다는 판결을 받았다. 부천시
의 경우도 시민옴부즈맨 운영에 관한 조례를 제정하여 1997년 5월 1
일 퇴임공무원을 옴부즈맨으로 임명하여 주민의 고충민원을 해결하는
제도로 이용하고 있다(하혜수 외, 1997: 75). 완주군의 경우 완주군의
회 회의규칙을 만들어서 일반인이 의회의 발언자로 나설 수 있도록
하는 조례를 제정하였다.6) 그러나 이 조례는 대법원에 의하여 위법
한 것으로 선고되었다(대법원 1993. 2. 29. 선고92추109 판결).

---

6) 완주군의회 규칙개정조례는 일반인들이 의회의 발언자로 직접 참여할 수 있도
록 하면서 다음과 같은 규제를 두었다. 상정된 안건에 대해 가부에 영향을 줄
수 있는 발언을 못하도록 하고, 발언하고자 하는 발언내용은 24시간 전에 의
장에게 허가를 받아야 하며, 발언시간은 10분을 초과하지 못하도록 하는 등
의 규제사항을 두었다. 그럼에도 불구하고 대법원은 대의민주주의 원칙에 저
촉되므로 이 조례를 용인할 수 없다고 판결하였다.

1) 제도적 참여유형

(1) 행정정보공개제도

"정보 없으면 참여도 없다"는 말처럼 국민의 알 권리의 보장 없이는 주민참여에 의한 행정이란 무의미한 것이다. 행정정보공개제도란 국민의 알 권리 충족 및 행정의 신뢰성제고와 투명성확보를 위해서 만들어진 것으로, 중앙정부, 지방자치단체, 기타 공공기관이 보유한 모든 문서와 정보들을 일반시민에게 공개하는 것을 의무화한 제도이다. 주민들은 접할 수 있는 행정정보가 많으면 많을수록, 보다 정확한 의사를 형성할 수 있게 되고, 정책결정과정에 참여함에 있어 참여의 주도권을 행사할 수 있다. 이런 점에서 행정정보공개제도는 주민이 지역행정에 참여하기 위한 첫걸음이자 필수조건인 것이다.

행정정보공개제도는 1996년 12월 31일 〈공공기관의 정보공개에 관한 법률(이하 정보공개법)〉을 제정하여 1년간 시행이 유예되었다가 1998년 1월 1일부터 전 공공기관에서 시행하고 있다. 정보공개법이 시행되기 전, 지방자치단체의 정보공개는 조례제정을 통해서 이루어졌고, 조례제정을 하지 않은 지방자치단체와 중앙행정기관에서는 〈행정정보공개 운영지침〉(국무총리훈령 제288호)에 의하여 정보공개가 이루어졌다. 정보공개에 관련된 최초의 조례는 청주시 의회의 조례로서 1991년 11월 25일 의결과 1991년 12월 26일 재의결의 과정을 통해 확정되었고 이는 대법원에서 1992년 6월 23일 적법하다는 판결을 받아 시행되었다.

2000년 현재, 행정정보공개제도의 운영실태를 살펴보면 다음과 같다. 〈표 6-1〉에 의하면, 2000년도의 정보공개청구건 수는 총 61,586건이 접수되었고, 이는 1999년도의 42,930건에 비해서는 43% 가량 증가한 것으로 해를 거듭할수록 정보공개청구사례가 늘어나고 있음을 알 수 있다. 그리고 〈표 6-2〉는 각급 행정기관별 정보청구현황에 관한 것이다. 이에 따르면, 중앙행정기관이 98년 이래 지속적으로 증가하고

<표 6-1> 연도별 정보공개청구 현황

연도	'94	'95	'96	'97	'98	'99	2000
건수	12,113	21,559	17,146	18,694	26,338	42,930	61,586

* 출처: 행정자치부(2001), 〈2000년도 정보공개연차보고서〉.
* '94~'97: 국무총리훈령인 〈행정정보공개운영지침〉에 의거 운영되었던 실적임.

<표 6-2> 각급 행정기관별 정보청구 현황

	중앙행정기관	시·도	시·도 교육청	합계
'98	7,385 (28%)	18,424 (70%)	529 (2%)	26,338 (100%)
'99	13,326 (31%)	28,831 (67.2%)	773 (1.8%)	42,930 (100%)
2000	24,843 (40%)	35,462 (58%)	1,281 (2%)	61,586 (100%)

* 출처: 행정자치부(2001), 〈2000년도 정보공개연차보고서〉.

<표 6-3> 사용목적별 정보청구 현황

구 분	계	학술·연구	사업관련	행정감시	쟁송관련	재산관련	기 타
'98	26,338 (100%)	1,416 (5.3%)	2,698 (4.9%)	1,371 (4.5%)	5,413 (15.2%)	5,764 (15.4%)	9,676 (43.6%)
'99	42,930 (100%)	2,922 (6.8%)	4,504 (10.5%)	3,248 (7.6%)	8,310 (19.4%)	9,047 (21%)	14,899 (34.7%)
2000	61,586 (100%)	8,589 (14%)	7,481 (12%)	5,359 (9%)	9,690 (16%)	10,463 (17%)	20,004 (32%)

* 출처: 행정자치부(2001), 〈2000년도 정보공개연차보고서〉.

있는 반면 시·도 지방자치단체에 대한 정보청구비율은 감소하고 있다.

한편 정보공개 청구의 사용목적별 현황을 살펴보면, 2000년도의 경우 재산관련이 17%, 쟁송관련 16%, 학술연구 14%, 사업관련 12%, 행정감시 9%의 순으로 청구되었다(〈표 6-3〉 참조). 99년도에 비하면 재산관련 및 쟁송관련정보청구는 감소한 반면 학술연구와 행정감시목적으로 정보공개를 청구하는 비율이 증가하고 있다. 행정감시목적의 정보공개청구가 꾸준히 증가하고 있는 것은 시민단체들의 시정 및 의정감시단활동의 결과에 기인한 측면이 크다. 행정정보공개는 시민의 알권리 확보와 행정의 투명성 제고의 차원에서 그 의의가 매우 높은 제도일 뿐만 아니라, 주민의 명확한 의사형성과 이에 기초한 참여의 효율성을 높이는 데 유효한 제도이다. 따라서 시민단체들은 행정정보공개를 시민운동의 차원에서도 적극적으로 활용하고 있다.

(2) 위원회와 반상회

각종 위원회와 반상회는 지방자치실시 이전부터 운영되었으며, 주민참여를 위한 제도 중 가장 보편적인 방안들이다. 위원회는 특정분야의 전문가나 정부정책에 의하여 직접적으로 영향을 받는 사람들이 대표를 통하여 참여하는 제도로서 다음과 같은 기능을 수행한다(Zimmerman, 1986: 9). 첫째, 주민으로 하여금 의사결정과정에 참여하는 기회를 제공하는 것이며 둘째, 주민과 공무원간의 상호의사전달을 증진시킨다. 셋째, 다양한 기능적 분야에서 주민의 전문지식을 활용할 수 있다. 위원회는 직접참여에 따르는 비용과 실제적 한계를 극복하는 데 도움이 될 뿐만 아니라, 기술적 전문성을 동시에 제공할 수 있다는 점에서 의미 있는 제도이다(정홍익·김호섭, 1991: 439). 위원회는 법령에 의한 것과 각 자치단체의 조례에 의해 설치된 것이 있다.

지방자치단체에 설치된 위원회들은 자치단체 운영전반에 대한 협의에서부터, 도시, 건설, 안보, 홍보 등 다양한 분야를 관할하고 있다. 1991년 지방의회선거를 앞두고, 위원회는 기능상, 지방의회와 중복되었거나 위원회간에 유사, 중복, 쇠퇴한 위원회는 정비되었다. 지방자치실시 당시의 위원회수는 191개, 1995년에는 332개였던 것[7] 이 1995년 민선자치단체장 시대 이후 대폭 늘어나, 1999년 6월 현재 광역 및 기초자치단체에 구성되어 있는 위원회는 총 10,308개 (광역, 1,159개; 기초, 9,149개) 이다 (행정자치부, 자치제도과 자료). 지난 10년 동안 위원회 수는 55배가 증가하였다. 이처럼 위원회수의 급증은 자치단체의 정책결정의 공정성과 합리성을 높이고자 하는 행정적 필요에 의한 것도 있겠지만, 민선자치단체장들이 재선을 위해 지역사회의 유지나 기득권 층들과 연결고리를 확보하고자 하는 정치적 의도에 기인한 측면도 크다.

그러나 이러한 양적 성장에도 불구하고, 위원회를 통한 주민참여가 정책결정과정에 대한 주민들의 실질적인 참여라는 취지를 만족시키기에는 미흡한 점이 많다. 지방자치단체의 위원회는 단체장의 소집에 의해서 열리고, 진행방식도 단체장으로부터 사업계획이나 내용을 보고 받고 이에 대한 견해를 피력하는 데 그치는 경우가 많다. 위원회의 구성에 있어서도, 최근에는 시민단체의 추천을 받아 임명하는 경우도 있지만, 대부분 단체장의 판단에 의거하여 위원들이 구성되고 있어 대표성의 문제가 제기된다. 또한 위원회의 활동은 정책의 입안시점에서 실질적으로 참여하는 것이 아니라, 대부분 최종결정단계 또는 심의단계에서 형식적으로 참가하거나 행정당국의 요청사항에 한정된 견해를 피력하는 데 그치는 경우가 많다. 뿐만 아니라 위원회의 개최횟수가 1년에 1회 정도 형식적으로 개최되거나 전혀 개최되지 않는 위원회도 다수 있다.[8]

---

7) 1991년, 1995년도 총무처연보.

8) 1996년 7월 말 현재 전라남도에서 처리한 안건은 140 차례 216건이나 인사위원회나 도정위원회 등 행정의 관심도가 높은 몇몇 위원회에만 집중되어 있을 뿐 여타 대부분 위원회의 업무실적은 거의 없는 실정이다. 1992년에 설치된 마약류중독자치료심사위원회는 지금까지 단 한 차례의 회의도 열지 못하였으

위원회를 통한 참여는 지방자치 실시 이전부터 있었던 주민의 상향식참여기구이며, 일반주민참여가 안고 있는 전문성 부족에서 오는 폐해들을 극복할 수 있는 참여제도임에도 불구하고, 위원회 구성에 있어서나 그 권한에 있어서 실질적으로 주민을 대표하지 못하는 한계를 안고 있다. 특히 대부분의 위원회들이 주민의 요구나 필요에 의해서가 아니라 행정당국의 획일적 지시나 행정적 필요에 의해서 설치 운영됨으로써, 위원회기능이나 역할이 제한적이고 소극적일 수밖에 없는 것이다.

1976년부터 시행되어 오던 반상회는 지방자치 부활 이후 정부의 반상회운영 자율화방침에 따라 다소의 변화를 겪었다. 김천시, 속초시, 대전시의 중구 등의 일부 자치단체에서는 반상회를 폐지하였고(《동아일보》, 1995.9.5;《조선일보》, 1996.1.5), 그 외에도 서면반상회, 통합반상회 등과 같이 지방자치단체에 따라서 운영 방식의 차이를 보이고 있다.

그럼에도 반상회는 정부의 주도로 운영되고 있고, 특히 선거 때 여당의 선거조직으로 이용되는 악습에서 벗어나지 못하고 있다. 운영상에 있어서도 몇 가지 문제점이 있다(조순제, 1999: 360~361). 첫째 주민의견수렴의 참여통로로써 보다는 정부의 홍보창구로 자주 이용되고 있다. 둘째, 각 지방자치단체별로 운영의 자율성이 주어지고는 있지만, 여전히 관주도적인 획일적 운영이 이루어짐으로써 주민의 자율성과 창의성이 결의되고 있다. 셋째, 반장은 대부분 저학력과 고령자 위주로 편성되어 있어 자질이 낮고 반상회운영에 대한 열의와 사명감, 회의주재능력이 부족하다. 넷째, 사회지도층 인사들의 불참이나

___

며 물가대책위원회와 관광자문평가위원회는 96년 각각 한 차례 회의실적밖에 없다. 강원도의 경우에도 행정정보 공개심의위원회, 지방재정계획심의위원회 등 23개의 위원회는 96년 회의실적이 전혀 없다. 대전시의 경우에도 체육진흥기금관리위원회는 인적구성만 해놓고 기금조성이 안 되었다는 이유로 운영되지도 않고 있는 실정이다.

일부계층만의 반상회가 되고 있다. 특히 주부 위주의 반상회로 전락하여 결정의 실효성이나 대표성의 문제가 제기된다. 다섯째, 건의사항이 건설적 제안보다는 행정기관에 대한 일방적 해결을 요구하는 경향이 있으며 건의사항 자체도 대부분 반영되지 못하고 있어, 주민참여제도로서의 의미를 퇴색시키고 있다.

(3) 공청회

공청회는 주민들간의 이해관계가 대립되는 정책에 관하여 주민들이 직접 참여하여 상호간의 의견을 개진하는 자리이다. 구체적인 정책을 결정하는 과정에서 이해관계가 걸려있는 주민들과 행정당국이 의견을 교환함으로써, 시행착오를 최소화하고 계획의 실효성을 보장하기 위한 것이다. 공청회는 정책담당자와 단체장, 그리고 지방의회에 의해 개최될 수 있으나 특정사안에 대해서는 개최가 법으로 의무화되어 있다. 광역개발사업계획, 개발촉진지구 지정, 공업단지와 농공단지지정, 도시설계작성, 도시기본계획수립, 주거환경개선지구지정, 방사성폐기물관리시설지구 지정 등이 그 예이다.[9] 그러나 최근에는 이러한 법규정과 상관없이 지방자치단체에서 쓰레기매립장의 선정이나 환경문제 등과 관련하여 공청회를 개최하는 빈도가 급속하게 증가하고 있다.

공청회는 일시에 많은 양의 정보를 수집할 수 있고, 전시효과가 큰 반면에 쓰레기매립장 문제와 같이 주민의 이해가 첨예하게 대립되어 있는 경우가 아닌 사안에 대해서는 주민들의 관심이 적기 때문에 공청회개최 자체를 무의미하게 만드는 경우가 많다. 뿐만 아니라 공청회개최 여부에서부터 발표자의 선정, 참석범위 등에까지 행정당국에

---

9) 도시계획법은 도시기본계획을 수립할 때 공청회를 열도록 규정하고 있으며 재개발법은 토지면적의 2/3이상과 토지소유자 총수의 1/2이상에 해당하는 자들의 동의를 얻도록 하고 있다. 또한 계획의 수립 및 확정에 있어서는 주민의견을 수렴하기 위한 공청회를 개최하도록 하고 있다.

의해서 결정되는 경우가 많아, 지역주민의 의견을 수렴하기보다는 행정당국의 정책안을 정당화시키는 기회나 통과의례 정도로 활용되기도 한다. 또한 정책분야의 입안과정에서의 참여가 아니라 정책안이 거의 확정되어 가는 단계에서 최종안을 선택해야 하는 시점에 공청회가 개최되는 경우가 많아 주민들의 참여 효능감이 낮다.

(4) 민원, 간담회 및 청원

민원은 주민이 행정기관에 대해서 직접 일정한 사항의 시정을 요구하는 직접적이고 비공식적인 수단이다. 1994년 1월 정부와 국회는 국민의 행정관련 불편과 부담을 줄이고 지속적인 행정개선을 도모함으로써 국민의 권익을 보호하고 공정한 행정운영을 기하기 위해 〈행정규제 및 민원사무기본법〉을 제정하였다. 이에 따라 민원사무를 규제민원, 10) 창구민원, 11) 고충민원, 12) 으로 분류하여 과거에 진정, 건의, 요구 등의 용어를 사용한 민원을 고충민원에 포함시켜 구분하였다.

민선자치단체장 시대가 도래하자 지방행정 기관은 단체장의 주도로 민원행정을 개선하고자 노력하고 있고 주민만족도를 민원행정에 대한 평가의 척도로 활용하기 시작하였다. 또한 인터넷의 보급확대로, 각 지방자치단체들은 인터넷 홈페이지를 구축하여 온라인을 통해 민원을

---

10) 일정한 요건을 갖춘 개인 또는 법인에 한하여 신청을 받아 처리해 주는 민원 사무로서 대부분 수익적 행정처분에 관한 사항이다.
11) 신고수리, 증명발급 등 행정기관의 민원창구에 신청하여 즉시 처리되는 준법 률행위적 행정행위에 속하는 사항이다.
12) 고충민원은 ① 행정기관의 위법부당한 처분(사실행위를 포함)이나 부작위 등으로 인하여 권리이익이 침해되거나 불편 또는 부담이 되는 사항의 해결요구, ② 민원사무의 처리기준 및 절차가 불투명하거나 담당공무원의 처리지연 등 행정기관의 소극적인 행정행위나 부작위로 인하여 불편 또는 부담이 되는 사항의 해소요청 ③ 불합리한 행정제도, 법령, 시책 등으로 인하여 권리이익이 침해되거나 불편 또는 부담이 되는 사항의 시정요구 ④ 기타 행정과 관련한 권리이익의 침해나 부당한 대우에 관한 시정요구 등에 해당한다는 사항에 관한 민원을 말한다.

신청받고 처리하고 있다. 최근에는 주민들이 집단적으로 권력 행사를 위하여 주도하는 집단민원이 증가하고 있다. 특히 쓰레기, 분뇨처리 시설이나 공장사업장의 공해, 지역개발사업, 도시계획, 복지시책 등에 관한 요구사항을 관철하기 위해서 주민이 집단행동을 하는 경우가 많은데 이러한 방식도 주민참여의 중요한 통로가 되고 있다(최창호, 1995: 676).

또 하나의 주민참여통로는 지방자치단체장과의 대화나 행정에 관한 설명회, 각종 초청대화 등의 간담회를 들 수 있다. 지방자치실시 이후에도 임명직 단체장시절에는 주민과 직접대화를 적극적으로 추진하진 않았다. 임명직 단체장에게 있어서 중요한 것은 주민의 의견보다는 중앙정부의 지시였기 때문이다. 민선자치시대로 들어서면서, 단체장들은 재선을 고려하여 간담회를 주민의견수렴의 수단으로 적극 이용하고 있다.

청원은 헌법상 부여된 공식적 권리로 주민들이 지방의회에 청원함으로써 자치단체의 운영에 관여하는 것이다. 1991년 경기도 부천의 YMCA가 추진하여 성사시킨 담배자판기 설치금지조례가 그 대표적 예로, 주민들의 청원 형태로 소개되어 조례로 제정되었다. 현재 주민의 직접적인 발의가 인정되지 않고 있는 상황에서 주민단체들의 입법운동도 대부분 이러한 청원의 형태로 이루어지고 있다.

(5) 감사청구

감사청구는 지방자치에 있어 주민의 직접참여 방안의 일환으로 도입된 제도이다. 주민이 행정기관의 위법 부당한 행정집행으로 인하여 손해를 입거나 불이익처분을 당하였을 때 이해관계인이 집행기관에 직접 감사청구를 할 수 있도록 함으로써 주민의 참여와 권익을 보호하자는 제도이다. 감사청구는 1999년 지방자치법의 개정으로 신설된 주민감사청구제도와 일부 자치단체에서 조례와 규칙 등으로 운영하고 있는 시민감사청구제 혹은 구민감사청구제도가 있다. 전자의 주민감사청구제도는 해당 자치단체의 잘못된 행정집행을 상급기관에 감사청구를 하는 제도인데 반해 후자의 시민 / 구민감사청구제는 해당 집행기관의 장에게 감사청구를 하는 제도이다.

주민감사청구제도는 2000년부터 시행된 것으로, 2001년 7월 현재까지 총 8건이 청구되었다(행정자치부, 2001. 7월 내부자료). 이처럼 청구사례가 적은 것은 무엇보다도 감사를 청구할 때 필요한 주민의 수가 매우 많기 때문이다. 감사청구기준 주민 수는 지방자치법에 따라 시·도별 조례로 20세 이상 주민 가운데 50분의 1 이내로 정하게 되어 있다. 결과적으로 주민감사청구제도는 감사청구인의 수를 현실화하고, 시민단체 등 각종 사회단체들도 감사청구를 할 수 있도록 개선되어야 한다.

반면 일부 자치단체에서 운영하고 있는 시민 / 구민감사청구제도는 주민감사청구제도보다 청구인의 숫자가 적어 주민들의 감사청구가 다소 용이하다. 서울시의 경우는 1996년 1월부터 시민감사청구제를 도입하고 변호사, 교수, 언론인, 공무원 등 각계 전문가들로 구성된 감사자문위원회를 두었다. 서울시의 시민감사청구는 20세 이상 성인 200명 이상의 연서 또는 사회·직능단체가 감사를 청구할 수 있다. 그러나 시민 / 구민감사청구제도도 초기의 여건과는 많이 달라졌다. 1999년 주민들의 감사청구가 전혀 없었음에도 불구하고, 종로·용산·강북·은평·양천·영등포·동작·관악구는 10~50명의 최소 청구인원을 300~1,000명으로 늘렸고, 강동구도 역시 1999년에 단 한 건의 감사청구만이 있었음에도 최소 청구인원을 200명에서 300명으로 증원하였다(《동아일보》, 2000. 7. 5: "지방자치 5년 살림살이 진단"). 이러한 조치들은 주민의 참여를 심각하게 제한하는 움직임들로서, 주민들의 시정 및 구정활동에 대한 참여욕구가 증가하고 있는 현실과 배치되는 조치들이다.

(6) 주민투표

주민투표는 1994년 4월 지방자치법 개정으로 신설되었다. 지방자치단체의 장이 지방자치단체의 폐치·분합 또는 주민에게 과도한 부담을 주거나 중대한 영향을 미치는 자치단체의 주요 결정사항 등에 대하여 주민투표에 부칠 수 있게 되었다. 여기서 지방자치단체의 폐치·분합을 명시적으로 정하고 있는 것은 94∼95년에 걸쳐 도농복합형태의 시를 설치함에 있어 주민의 의사를 묻기 위한 제도적 방편의 하나로 주민투표가 실시되었기 때문이다.

그 동안 지방자치법에 의해서 실시된 주민투표는 대부분 기초단체의 행정구역통합이나 지역명 변경과 관련된 것들이다. 1995년 자치단체장선거를 앞두고 행정구역개편의 일환으로 추진되었던 시·군 통합에 대해 반대의견이 많거나 내무부가 주관하여 실시한 여론조사에 대해 공정성시비가 있는 10여 개 지역에 대해서는 주민투표를 통해 결정하도록 하였다. 여수시 - 여천시 - 여천군의 통합의 경우 1994년과 1995년의 주민투표에서는 여천지역 주민의 반대로 무산되었다가 1997년 주민투표에서는 여수시 95% 그리고 여천시와 여천군도 모두 70% 웃도는 찬성율을 보여 통합이 결정되었다(《조선일보》, 1997. 9. 10). 청주시와 청원군의 경우도 지난 94년 정부의 행정구역통폐합 때 청원군 주민의 반대로 무산된 이후, 지금까지 결정이 유보되어 왔으나 내년 지방선거전에 확정짓는다는 방침 하에 올해 주민투표를 통해 결정하기로 하는 등(《조선일보》, 2001. 1. 24) 행정구역의 통폐합과 관련해서는 아직도 주민투표가 실시되고 있다. 그 외에 법률이나 조례의 근거 없이 이루어지는 사실상의 주민투표는 재건축시공자선정에 대한 주민투표(서울 송파구 송파동 성원아파트), 고속버스터미널 이전부지 확정에 대한 주민투표(경기도 안성군), 송어양식장 사업허가기간 연장여부에 대한 주민투표(강원도 정선군 동면) 등 주민의 의견수렴방안의 하나로 사용되고 있다.

그러나 지방자치법 제13조의 2는 제2항에서 주민투표의 대상, 발

의자, 발의요건, 기타 투표절차 등에 관하여는 따로 법률로 정한다고
명기하여, 주민투표제도의 실질적인 도입을 유보하고 있다. 그 후 7
년이 지나도록, 국회가 주민투표의 대상·발의자·발의요건·기타 투
표절차 등에 관하여 따로 법률을 제정하지 않아, 주민투표제도가 유
명무실(有名無實)하게 방치되어 왔다. 물론, 주민투표법 제정을 위한
일부 국회의원들의 노력이 전혀 없었던 것은 아니다. 1994년 7월 여
야 의원들에 의해 각각 주민투표법안이 국회에 제안되었으나 소관 상
임위원회에 상정되지도 못하고 의원들의 임기만료로 폐기되었으며,
1996년 9월 다시 일부 의원들에 의해 제안된 주민투표법안도 역시 임
기만료로 폐기되었다.

(7) 주민자치센터

주민자치센터는 1999년 시범실시를 거쳐 2000년 11월 말부터 도시
지역 1,655개 동에서 실시하고 있다(김진홍, 2000: 23~25). 이는
읍·면·동사무소의 기능 중 광역적 사무나 일반행정사무들은 시·
군·구청으로 이관하고 복지, 문화, 편익시설과 다양한 프로그램을
제공하여, 주민의 삶의 질을 높이고 주민의 참여를 통해 주민자치의
식과 공동체의식 제고를 목적으로 읍·면·동사무소의 시설과 공간을
활용하여 설치 운영되고 있다. 주민의견 수렴 등 주민자치센터의 운
영을 위하여 각계각층의 주민대표로 구성된 주민자치위원회를 구성하
도록 하였다.

그간의 운영현황을 살펴보면 여러 가지 문제점이 드러나고 있다(박
홍순, 2000: 11). 대다수의 주민자치센터가 취미·교양류의 비슷한
프로그램들을 운영하고 있고, 주변의 사설기관과 중복되는 프로그램
들이 많을 뿐만 아니라 질적인 측면에서 떨어지고 있는 것으로 나타
나고 있다. 또한 주민자치센터 운영의 가장 중심적인 역할을 해야 할
주민자치위원들이 과거 행정보조적 기능을 하던 단체의 임원이나 지
역유지들로 구성되어 지역주민의 대표성을 구현하지 못하고 있다. 또

한 주민자치위원회의 권한이 동장의 자문기구로 한정됨으로써, 주민
자치센터 운영 전반에 대한 책임성을 갖지 못하고 있다. 그밖에도,
자치단체와 공무원의 소극성과 자원봉사자 확보 및 재원확보의 어려
움 등을 겪고 있다.

2) 비제도적 주민참여 : 주민운동사례

(1) 시민단체와 주민운동

주민운동은 "지역 내에서 생활근거지를 갖는 주민들이 주체가 되어
주민으로서의 일상생활 상의 요구와 이의 궁극적 해결을 위하여 전개
하는 대중운동"이다. 보다 구체적으로 정의하면, 첫째, 주민운동은
주민의 생활근거지로서 지역사회를 기반으로 하고 있으며, 둘째, 운
동주체로서 주민을 설정하고 있고, 셋째, 지역사회문제의 해결을 위
한 목적지향적이라는 점이며, 넷째, 주민운동은 사회운동의 일환이라
는 것이다. 주민참여로서 주민운동은 집단적 참여형태이며, 자생적
참여이기보다는 목적지향적이고 의도적인 참여형태이다. 또한 주민운
동은 제도적 참여가 아니라 비제도적 참여형태의 대표적 형태로서,
개별적이고 한시적인 성격을 띤다(최일섭 · 류진석, 1997: 453~454).
이러한 주민운동은 정책과정에 대한 주민여론의 반영이 미흡한 경우
나 혹은 제도적 참여가능성 및 그 효과에 대하여 회의적일 경우 촉발
되는 경우가 많다.

주민운동은 크게 거부적 주민운동(NIMBY: *never in my back yard*)
과 요구적 주민운동(PIMFY: *please in my front yard*)으로 나눌 수 있
다. 거부적 주민운동, 즉 님비는 계약의 취소, 정책의 백지화, 침해
의 배제, 위험의 제거, 시설물의 철거, 행위의 금지 등을 목표로 하
며 요구적 주민운동, 핌피는 계획의 수립, 정책의 채택, 예산의 배
정, 시책의 충실, 환경의 보존, 권익의 보호, 시설의 설치, 지역의
발전, 생활의 향상, 기관의 유치, 행위의 개시 등을 목표로 한다. 주

민운동의 방법은 청원, 진정, 의원 및 유력자를 통한 운동, 행정소송, 행정기관에의 직접적인 행동(집단교섭, 데모, 실력행사 등), 매스컴의 이용, 여론환기 등 다양한 방법들을 활용한다(한국지방행정연구원, 1989: 104~106). 주민운동을 통한 주민참여는 지방자치단체 내의 문제만이 아니라 중앙정부와 지방정부간의 문제, 13) 그리고 지방정부간의 문제14) 등 다양한 이슈들에 대해서 이루어지고 있다.

　지난 10년 동안 주민운동은 집계하기 힘들 정도로 많이 발생하였다. 이는 주민참여제도가 미흡한 우리의 실정에서 주민운동은 정책결정과정에 대한 지역주민의 이익을 반영하기 위한 주요한 통로가 되었음을 의미한다. 이처럼 주민운동이 활성화된 데에는 주민들의 참여의식제고에도 영향이 있겠지만 무엇보다도 시민운동의 활성화에 기인한 측면이 크다. 우리나라의 시민단체는 1987년 6월 항쟁을 계기로 민주화가 본격적으로 진전되면서 시민단체의 수나 활동영역이 대단히 빠른 속도로 증가하고 있다. 《한국민간단체총람》에 의하면, 1997년에 2,914개에서 2000년 4,023개로 증가한 것으로 조사되었다. 지부조직을 합하면, 1997년에는 9,400여 개에서 2000년 20,000여 개로 증가하였다. 특히 지방자치실시 이후에는 지방시민단체의 수가 급증하였다. 시민단체의 지역별 설립연도별 분포를 보면, 1990년 이후에 설립된 시민단체의 비율은 서울은 49.5%인데 반해 다른 지역의 경우 60% 이상이 90년대에 들어와서 설립되었다. 경기도는 76.1% 가량의 시민단체들이 지방자치실시 이후에 설립된 것들이다(조희연, 2000: 148).

---

13) 중앙정부와 지방정부간의 갈등에 대한 대표적인 사례는 1995년 '영광원자력발전소 건설허가 취소문제'이다. 영광지역주민들이 영광지역에 원자력발전소를 건설하라는 정부의 정책에 반대하였고, 영광군은 지역주민의 입장에서 건축허가 취소처분을 내렸다. 이에 대해 감사원은 1996년 7월 5일 영광군은 2개월 내에 영광원전 5,6호기 건축허가 취소처분을 취소하라는 결정을 내렸다.

14) 지방정부간의 갈등은 대부분 쓰레기문제나 공해문제 등과 같은 생활환경파괴와 관련된 것들로써, 위천공단조성문제, 김포 및 군포의 쓰레기매립장 및 쓰레기 처리장문제 등을 들 수 있다.

시민단체들은 행정조직과 주민의 매개자로서, 주민과 행정당국에 대해 정보제공자로서, 정책대안의 제시자로서, 그리고 지방정부와 지방의회에 대한 감시자로서, 주민운동의 조직자로서의 역할을 다양하게 수행하고 있다. 주민참여의 활성화에 있어서 시민(주민)단체의 역할은 지대하다. 지역사회의 문제가 복잡화하고 전문화할수록 그 역할은 점점 더 커지고 있다. 주민참여의 활성화 차원에서 시민단체들은 지방정부의 각종 정책 입안에서부터 집행 평가에 이르는 과정에 시민들의 의견을 개진할 수 있는 방안을 공동으로 추진하는 방법을 강구할 필요가 있다. 또 위원회의 위원이나 실무간사로 참여하거나 지방정부의 업무 중 일부를 시민단체가 위임받아 수행하는 방안도 검토해 볼 만하다. 앞으로 우리나라 시민단체들은 중앙중심의 활동에서 벗어나 보다 지역화되어야 하며, 지역사회의 민초적 토대에 기초하여 이들의 이익을 대변하는 단체들로서 거듭나야 할 것이다.

(2) 주민참여로서 주민운동사례

① 부천YMCA의 담배자판기 설치금지조례 제정

부천의 조례제정운동은 1991년 3월 지방의회가 구성된 이후에 부천에서 YMCA의 회원조직, 특히 주부조직을 중심으로 약 1년 동안 이루어졌던 주민운동이었다. 이 운동의 일차적 목표는 청소년들의 탈선방지를 위한 환경개선운동의 일환으로 청소년들의 출입이 빈번한 지역에 담배자동판매기의 설치를 금지하는 조례의 제정이었다. 이 운동은 1991년 11월 학교주변 담배자판기 이용실태를 조사하는 것으로 시작되었고, 1992년에는 '담배자판기 설치금지조례' 초안을 작성하였다. 조례제정운동은 다음과 같은 4가지 방법으로 조직적으로 진행되었다. 첫째, 내무부, 재무부, 법무부, 경찰청 등 관계부처에 운동에 관련된 질의를 내용으로 공문을 발송하고, 둘째, 전화, 편지, 엽서쓰기 등의 사전작업을 통한 부천시 의원들과의 만남, 셋째, 중앙언론사

및 지역신문사에 운동의 내용을 알리는 보도자료의 배포, 넷째, 부천
시민들을 대상으로 가두서명운동의 전개이다. 이와 같은 방식으로 운
동을 전개한 결과 1992년 7월27일 12차 부천시 임시의회에서 담배자
판기 설치금지조례가 만장일치로 통과되었다.

그러나 기초단체의 조례는 제재력을 가지지 못함으로 인해서 자진
철거비율도 95 중 5개로 낮았고, 또 담배소매업자들이 부천시장 앞으
로 자판기철거를 거부하는 청원서를 보내고 이어서 헌법재판소에 부
천시의회가 제정한 조례가 헌법상 보장된 소매인의 영업행위의 자유
를 제한한다는 내용의 위헌소송을 제기함으로써 이 운동은 새로운 국
면에 접어들었다. 이에 시민단체들은 '자판기추방을 위한 전국학부모
협의회'를 추진하는 등 대응책을 마련하고 담배소매인을 상대로 설득
작업에 들어갔고, 부천시 측에서도 자판기 한 대 당 공무원 한 명을
배정하여 소매인을 직접 만나 자판기철거에 동의한다는 날인을 받아
자판기회사에서 자판기를 철거해가도록 측면에서 지원하였다. 이러한
과정에서 '담배자판기철거 및 설치금지조례제정을 위한 학부모모임'은
89개의 단체로 구성된, '부천 담배자판기 추방시민단체연대'로 확대
개편되었고, 자진 철거된 자판기수는 73대로 늘어났다(정수복, 1993:
289~292).

② 지방의회활동 감시 및 시정감시활동

지방의회활동감시 및 시정감시활동은 전국적으로 일어나고 있는 주
민참여운동이다. 이 운동은 주민이 자신의 이익과 권리의 확보를 지
방의회나 지방정부에만 맡기지 않고 주민 스스로가 자신들의 생활과
관련된 정책들에 대하여 직접 참여하여 감시하고 비판함으로써, 주민
자신의 이익과 권리를 자력으로 확보하자는 것이다. 의회방청활동은
지방의원의 활동을 감시하는 기능 외에도 지역사회구성원 모두에게
지방자치에 대한 교육의 장이 된다. 주민들을 의회의 장으로 이끌어
방청활동을 하게 하는 것은 그들에게 지역사회의 권력이 움직이는 모

습을 보여주고, 지역사회의 주체로서 나서게 하는 과정이다. 또한 의
정감시 및 시정감시활동은 지방의원과 공무원의 변화를 유도할 수 있
는 활동이다. 지역행정과 정책 사안들을 주민들이 직접 보고 듣기 때
문에 지방의원과 공무원은 말 한 마디, 조그만 몸짓에도 신경을 쓰게
되고 성실하게 의정 및 시정활동을 하게 된다.

이러한 의정감시 및 시정감시활동은 시민단체나 주민단체를 중심으
로 하여 조직적으로 이루어지고 있다. 의회방청에 들어가기에 앞서
주민들을 대상으로 지방의회운영과 지방자치일반에 대한 교육을 시키
고 의회방청방법론과 속기록분석방법 등을 훈련시킴으로써 의회방청
의 객관성과 정확성을 높여가고 있다. 또한 의회방청의 결과를 토대
로 보고대회와 자료집을 발간하고, 우수의원들을 선정하여 더 나은
활동을 독려하는 등 올바른 의회상 정립에 기여하고 있다.

③ 예산낭비 감시운동

우리나라에서 예산감시를 비롯한 납세자운동은 그 역사가 일천하
다. 경실련, 참여연대 등에서 세제와 관련한 활동을 한 적은 있지만,
본격적인 납세자운동이라고 보기는 어렵다. 본격적인 예산감시운동이
시작된 것은 1998년 경실련에 예산감시위원회가 구성되면서부터이
다. 경실련 예산감시위원회는 1998년 3월 3일 '조세의 날'을 '납세자
의 날'로 바꿔 부르고, 예산감시운동을 위한 출범식을 가졌다. 참여연
대에서는 주로 정보공개청구운동을 통한 예산감시운동에 역점을 두고
있다. 함께하는 시민행동은 '밑빠진 독상'을 제정하여, 비합리적인 예
산집행을 한 정부기관, 지방자치단체, 그리고 공공기관들에게 수여하
고 있다.

주민운동 차원에서의 예산감시운동은 예산감시운동 자체의 역사가
일천한 관계로 정보와 경험부족과 더불어 예산감시 자체의 어려움,
즉 자료의 방대함, 행정정보접근의 어려움, 통계의 복잡성 등으로 재
정관련 전공자들도 다루기 힘들어하는 분야라는 이유 등으로 여러 지

역에서 광범위하게 이루어지고 있는 형편은 아니다. 그러나 예산의 주인은 세금을 내는 국민이므로, 정부예산의 주인으로서, 주민들은 지방정부의 예산을 적극적으로 감시하고 잘못된 부분의 시정을 요구하며, 더 나아가서 예산낭비에 대한 책임을 추궁하고 제도개혁을 요구하는 적극적인 예산감시운동을 전개하여야 한다.

④ 고양시 백석동 주민의 주민투표

경기도 고양시 백석동 내 초고층(55층) 주상복합 건물 신축을 놓고 주민들이 전국 최초로 주민투표를 실시하였다. 이 사건은 출판문화단지로 설정된 토지를 용도 변경하여 주상복합 아파트단지를 추진하면서 일어났다. 고양시는 방치된 땅을 개발하고 세수증대에 효과가 있다며 신축을 허용하였지만, 시민단체와 주민들은 인구과잉과 주거환경악화 등을 주장하며 반대하였다. 이 과정에서 고양청년회 등 10개 시민단체와 주민들은 55층 주상복합 건물신축 반대의 의견을 고양시장과 시의회에 건의하였으나, 이를 받아들이지 않고 강행함에 따라, 주민투표를 실시하였다.

주민투표실시를 결정하기 전에 고양시장에게 주민투표의 실시를 요청하였었고, 주민 7,000명의 이름으로 시의회에 청원서도 제출하였으나 거절당하였다. 백석동 주민투표관리위원회는 2000년 8월28일부터 9월4일까지 만 19세 이상의 백석동 주민 2만 5,000여 명을 대상으로 초고층 건물 신축 찬반 여부를 묻는 주민투표를 실시하였다. 그 결과, 총투표율은 10,448세대 중 4,523세대가 참여하여 43.3%의 투표율을 보여주었고, 주민 9,911명이 투표에 참여하였다. 55층 주상복합 건물에 대한 찬성의견은 1,114명으로 11.24%, 반대의견은 8,730명으로 88.08%, 기권 및 무효 67명으로 0.68%로, 반대의견이 압도적으로 많게 나타났다.[15]

---

15) 김범수(고양시의원), 〈경기도 고양시 주민투표 사례보고〉.

이에 따라 시민단체들은 경기도와 고양시청에 투표결과를 전달하고
주민들의 의사에 따라 건물이 신축되지 않도록 행정조치를 취해줄 것
을 요구하였다. 현행 지방자치법 상 주민투표실시 주체는 자치단체장
에 한정되어 있어, 주민주도에 의해서 실시된 이번 주민투표의 결과
는 법적 효력은 없다. 그러나 주민들이 지역현안에 대해 적극적으로
자치권을 행사하겠다는 의지를 표명하는 기회가 되었다는 점에서 주
목할 만한 일이다.

5. 결 론: 주민참여의 활성화 방안

1) 선진국의 주민참여 경험

선진국들에서도 주민참여에 기초한 풀뿌리 민주주의가 제대로 실현
되고 있는 나라는 많지 않다. 16) 그러나 민주주의적 전통과 역사가 오
래되고 분권적 경향이 강한 나라일수록 지역 시민사회가 상대적으로
활성화되어 있고, 주민참여 제도화도 더 잘 구축하고 있다. 여기에서
는 민주적 전통과 분권적 전통이 강한 미국, 중앙집권적 전통이 강한
프랑스, 일본 등의 주민참여 및 지방정치의 활성화 과정과 그 현실을
검토해 봄으로써(안청시 · 김만흠, 1996), 우리의 지방자치가 주민참
여의 활성화에 기여할 수 있는 방안들의 단초를 찾아보고자 한다.

미국은 민주적이고 분권적인 전통이 강한 나라로, 중앙정치의 민주
화와 지방정치의 민주화가 동시에 진행된 나라이다. 미국에서는 1840
년경까지 모든 자치단체장이 주민직선이나, 지방의회나 위원회에서의
선출, 최고득표 지방의원의 단체장겸임과 같은 주민 주도의 선출방식

---

16) 오늘날 서구 선진국들의 지방자치 이념과 그 현실에 대한 진단에 대해서는
Francesco Kjellberg, "The Changing Values of Local Government", *The
Annals of AAPSS*, 540(July 1995), pp. 40~50 참조.

에 의해 구성되었다. 오늘날에도 주지사는 물론 각 자치단체별로 평
균 4개 부문의 공직자가 주민선출방식으로 구성되고 있다. 17) 주민투
표, 주민발안, 주민소환제도도 여러 주(州) 및 지방자치단체에서 실
시되고 있다. 18) 주민투표제는 델라웨어(Delaware) 주를 제외한 나머
지 모든 주에서 실시하고 있으며, 주민투표제와 주민발안제를 모두
실시하고 있는 주가 1986년 현재 26개에 이르고 있다. 1986년 현재
14개 주(州)에서 주와 지방의 관리 모두에 대한 주민소환제를 채택하
고 있으며, 그 나머지 중 17개 주에서는 지방의 관리에 대한 주민소
환제를 실시하고 있다(Hill and Miadenka, 1992: 105~110;
Zimmerman, 1986). 또한 지역학교 운영에서의 학부모 참여, 근린자
문위원회(Neighborhood Advisory Commission) 구성 및 운영, 주민공
청회, 정부정책의 공시 및 주민의견서 제출 등 일상의 정책형성과 결
정과정에 주민들이 참여할 수 있는 여러 통로들이 존재한다.

  프랑스와 일본의 경험은 주민참여의 동원화 경로나 그 전략에 대해
몇 가지 시사점을 준다. 이들은 기존의 중앙집권체제로부터 지방자치
의 확장이나 지역 시민사회의 동원화가 도모되었고, 지방자치에 대한
인식 및 주민참여의 문제는 중앙권력에 대한 비판과 저항 속에서 전
개되었다는 점에서 우리와 공통점을 갖는다. 이 과정에서 지방정치과
정에 대한 정당들의 적극적 참여가 지방정치를 활성화시키고 지역 시
민사회를 정치적으로 동원해내는 데 주요 역할을 담당하였다.

  일본의 경우에는 지방정치 및 주민참여의 활성화를 통해 제기된 쟁
점들이 중앙정치의 쟁점으로 수렴되었다. 이른바 "지방으로부터의 반

---

17) 미국의 지방정부의 형태는 내각제형, 단체장 - 의회 권력분립형, 위원회형 등
   각 지방자치단체에 따라 다른 양식을 취하고 있어 선출방식도 지방정부에 따라
   다양하게 실시된다(Dye, 1969: 224~255; 한국지방행정연구원, 1989: 86).
18) 주민투표제와 주민발안제는 1898년 사우스 다코다(South Dakoda)에서 최초
   로 도입되었으며, 주민소환제는 시(市) 수준에서는 1903년 로스앤젤레스
   (Los Angeles)에서, 주(州) 수준에서는 1908년 오리건(Oregon)에서 최초로
   실시되었다(한국지방행정연구원, 1989: 87).

란", "지방의 도전"(이와쿠니 데쓴도, 정재길 역, 1992)이 중앙정치를 변화시키는 효과를 어느 정도 거두었다. 반면에 프랑스의 경우는 정당 및 정치운동세력들이 중앙의 정치적 쟁점을 지방에까지 확산시키는 방식으로써 지역 시민사회의 동원화가 이루어졌다. 따라서 프랑스의 경우에는 지역사회 내부의 문제보다 중앙정치의 문제들이 지역주민의 정치적 관심이나 쟁점에서 더 중요한 관심사가 되고 있다 (Mabileau et al., 1989: 253). 지역 시민사회가 어느 정도 동원화된 이후에는 중앙정당들의 지방정치에 대한 영향력이 상대적으로 감소되었다. 그러나 아직까지도 지방정치의 중앙정치화 현상은 쟁점이 되고 있다(Gyford and James, 1988; Mabileau et al., 1989: 253~255).

이처럼 각 나라들의 지방정치 및 주민참여의 활성화 경로와 그 양식은 정치 전통, 제도, 문화 등에 따라 차이를 보일 수밖에 없다. 따라서 우리의 지방자치체제 하에서 주민참여를 활성화하는 방안도 한국적 지방자치환경에 적합한 방향으로 모색되어야 할 것이며, 이러한 과정에서 선진국들의 경험들은 타산지석으로 삼아야 할 것이다. 미국의 경험은 주민참여제도나 방식의 측면에 대해서, 그리고 일본과 프랑스의 경험은 주민참여의 발전 과정에서 나타나는 정당의 역할 측면에 대해서 많은 시사점들을 얻을 수 있다.

2) 한국의 주민참여활성화 방안

지금까지 1991년 지방자치실시 이후 주민참여양식과 그 변화들을 살펴보았다. 지방자치제 실시 특히 민선자치단체장의 등장 이후 나타난 주민참여 양식의 특성을 보면, 첫째 주민의 의견수렴과 참여의 활성화를 위한 다양한 정책적 실험들이 이루어졌다. 둘째, 행정편의적으로 운영되던 기존의 동원적인 주민참여제도들도 민선단체장의 의지 여하에 따라 보다 광범위한 주민의 참여를 이끌어내고, 참여의 효능감을 높이는 제도로 활용 가능하게 되었다. 셋째, 시민단체에 의한

주민운동의 활성화이다. 주민운동의 증대는 한편으론 주민들의 지역
사회문제해결에 대한 참여의지가 높아졌음을 의미하지만, 다른 한편
으로는 지방정부의 정책결정과정이 주민들의 욕구를 제대로 반영하고
있지 못하며, 뿐만 아니라 이들의 참여를 제도적으로 유인할 수 있는
장치가 미흡함을 시사해준다.

　지난 10년 동안 지방자치제의 도입과 시민운동의 확장으로 주민참
여가 증대하였음은 주지의 사실이다. 그러나 한국의 지방자치가 주민
참여를 통한 참여민주주의의 확장이라는 이념을 실현하기 위해서는
아직 극복해야 할 많은 과제들을 안고 있다. 첫째, 주민들의 참여의
식이 저조하다. 낮은 지방선거 투표참여율에서 볼 수 있듯이 주민참
여가 개개인의 직접적인 이해가 걸린 문제들을 중심으로 이루어지고
있으며 보다 공익적인 분야에 대한 참여는 저조한 실정이다. 둘째,
민선자치단체장 이후 주민참여를 활성화하기 위한 정책적인 실험들이
많이 이루어지고 있으나, 이들은 대부분 민원관련 사항들, 즉 주민들
의 의견을 수렴하는 방법들에 집중되어 있다는 점이다. 따라서 지방
정부의 정책결정과정에 대한 주민들의 참여를 높이고, 이들의 영향력
을 제고시킬 수 있는 제도적 장치들은 여전히 미흡한 실정이다. 셋
째, 새로이 신설된 주민감사청구제도나 주민투표와 같은 지방자치법
상의 참여제도들도 비현실적인 기준 또는 실행법규의 미비로 인해서
주민참여를 활성화하는 데에는 한계를 가지고 있다.

　주민참여의 활성화는 주민과 지방정부, 그리고 시민단체, 정당, 중
앙정부 등 각계각층의 노력들을 필요로 한다. 주민참여의식 제고를
위한 시민교육과 행정당국자들의 의식개혁작업, 참여의 효능감을 높
이기 위한 지방정부의 권한확대, 그리고 주민참여 촉진을 위한 다양
한 방안들이 수반되어야 한다. 어느 일면만으로는 주민참여가 제대로
이루어지지 않을 뿐만 아니라, 참여의 순기능적 결과를 기대하기도
어렵기 때문이다. 끝으로 주민참여활성화를 위한 제도적 장치면에서
몇 가지 방안을 제시해보고자 한다.

① 주민투표제의 보완

주민투표제는 우리나라 지방자치법에 그 도입이 규정되어 있으나 관련법률이 아직 마련되지 못하여 현실적으로 시행되지 않고 있다. 따라서 이 주민투표제의 효율화를 기하기 위하여 무엇보다도 주민투표관련 법률이 조기에 마련되어야 한다. 주민투표제 입법의 법률위임으로 지방자치법 제13조의 2는 주민투표의 대상, 발의, 발의요건, 기타 투표절차 등에 관하여 따로 법률로 정한다고 규정하여 주민투표제도의 입법형식을 법률로 국한시키고 있다. 그러나 주민투표와 그 영향은 대부분 당해 지방자치단체에 국한되므로 국회에서 법률로 정할 것이 아니라 당해 지방의회로 하여금 조례로 정하게 하는 방안도 모색해볼 만하다. 주민투표제를 실시해온 스위스의 캔톤과 코뮌, 미국의 주와 지방이 제각기 주민투표제도를 자치법규로 규정하고 있음을 참고할 필요가 있다.

② 주민소환제의 도입

주민소환은 선거에 의해 공직에 취임한 자에 대한 해직을 청구하거나 의회의 해산을 청구하는 행위를 포함하는 제도로서 가장 강력한 직접민주주의 제도이다. 이 제도는 미국, 일본, 스위스 등에서 인정되어 있으며, 실제로 행사되는 경우는 드물지만, 심리적 효과가 큰 것으로 인식되고 있다. 사실상, 마산, 성남, 고양시 등에서 자치단체장 사퇴운동이 일어났고, 지방의원의 낭비성 해외연수와 의장선거관련 금품수수로 인해 지방의원에 대한 사퇴운동도 일어났다. 그러나 자진 사퇴를 요구하는 운동은 당사자가 거부하면 그만이므로 근본적인 한계가 있을 수밖에 없다. 최근 행정자치부장관이 주민소환제의 도입가능성을 시사하였던 것은 이러한 필요성을 반영한 것이라 할 것이다.

③ 주민발의제의 도입

주민발의는 일정 수 이상의 유권자의 서명에 의거 법령의 제정이나 개폐를 이 제도를 주민이 직접 청구하는 제도이다. 미국의 대다수 지방정부와 일본에서 이 제도를 채택하고 있다. 주민발의가 있으면 반드시 주민투표에 회부해야 하는 직접적 주민발의와 발의사항을 입법기관에 회부하여 의회 스스로 이 안을 채택하는 경우에는 주민투표를 시행하지 않는 간접적 주민발의가 있다.

④ 주민총회의 조직

지방자치별로 지방의회가 있으나 행정계층인 읍·면·동 단위에는 주민여론을 대표할 수 있는 매개체가 없는 실정이다. 읍·면·동 단위로 주민여론을 수렴하고 이를 행정과정에 반영하는 읍·면·동별 주민대표의 모임인 주민자치회의와 주민전체의 모임인 주민총회를 조직, 운영해야 할 필요가 있다. 1999년 읍·면·동 기능전환으로 동사무소의 고유업무 중 주민등록관리 및 병무 행정업무 등이 구청 및 군청 등 상급행정기관으로 이관되었으므로, 동사무소에서 주민자치회의와 주민총회의 일을 관리하도록 하는 방안도 고려해 볼만하다.

⑤ 옴부즈맨 제도의 활성화

주민고충처리인, 주민보호자, 주민대리인, 민원감찰관, 호민관 등으로도 불리는 옴부즈맨은 주민의 입장에서 정부와의 접촉을 통하여 주민의 이익을 구제하기 위한 제도이다. 주민은 이를 통하여 간접적으로 정부의 결정에 참여하게 되며, 이에 따라 정부는 보다 주민요구에 부합하는 정책을 수행할 수 있게 된다. 우리나라의 경우 중앙차원의 옴부즈맨 제도로 1994년에 국무총리실에 설치된 국민고충처리위원회가 있고 현재 몇몇 지방자치단체에서도 이를 실시하고 있다. 그러나 이들의 설치근거는 법적인 효력이 없는 지침이나 규정에 의해 구성되므로 관에 예속된 듯한 실정이다. 앞으로 전국의 모든 자치단체

232

가 이 제도를 시행할 수 있도록 법으로 명시하거나 실효성을 높이는 제도적 뒷받침을 해주는 것도 고려해 봄직한 일이다.

⑥ 여성참여촉진책

지역사회의 주민참여활동에 대한 여성의 참여확대를 위하여 다양한 방안을 모색해야 한다. 보다 많은 여성들의 지방의회진출을 위한 제도적 장치가 마련되어야 한다. 각 정당차원에서 여성후보공천할당제와 같은 적극적 조치들을 채택하도록 여성단체들은 여성정치참여운동을 전개해야 할 것이다. 또한 지방정부는 지방정부가 주최가 되어 시행하는 각종 공청회, 간담회, 행정모니터위원위촉 등에 일정비율 여성의 참여를 의무화하는 제도를 도입하거나, 여성이 제기하는 각종 불편, 부당, 불만사항을 접수 해결하는 여성옴부즈맨 제도(수원시에서 운영)와 같은 장치를 마련하여 여성참여를 유도해야 할 것이다.

▪ 참고문헌

강문구(1996), "한국사회의 민주화와 환경운동: 위천공단 조성문제를 중심으로", 한국정치학회 1996년 하계학술대회 발표논문(1996. 6).

김기호(1995), "지방자치제에서 도시계획의 운용에 대한 연구 - 독일의 시민참여와 우리나라에서의 시사점", 《대한국토ㆍ도시계획학회》.

김만흠(1994), "지방자치 논리의 역사적 배경과 한국의 지방자치", 《동향과 전망》, 1994년 겨울호.

김영기(1999), 《지방자치제의 이해》, 서울: 대영문화사.

김장권(1991), "지방자치와 정당정치", 《일본평론》, 1991년 봄호.

김진홍(2000), "주민자치센터 설치ㆍ운영", 《주민자치센터 무엇을 해야 하나》, 사단법인 열린사회 시민연합.

김필두(1996), "지방자치하의 중앙 - 지방간 갈등사례(1)", 《지방행정정보》, 1996년 4월호.

박홍순(2000), "주민자치센터 활성화를 위한 과제", 《주민자치센터 무엇을

　　　　해야 하나》, 사단법인 열린사회 시민연합.

사르토리, 이행 역(1989), 《민주주의 이론의 재조명 1》, 서울: 인간사랑.

손봉숙(1985), 《한국 지방자치연구》, 서울: 삼영사.

슐러, 하인리히, 김해룡 역(1994), 《독일지방자치법 연구》, 서울: 한울.

안청시(1991), "지방자치와 주민참여", 《한국정치연구》 3, 서울대학교.

＿＿＿ · 김만흠(1995), "지역사회의 민주화와 삶의 질: 지역간 비교연구", 《사회과학과 정책연구》, 17(2).

＿＿＿ · 김만흠(1996), "지방자치제정착을 위한 주민참여활성화 및 제도화 방안에 관한 연구". (미발표 연구보고서).

열린사회시민연합 편(1999), 《주민자치와 파트너십 종합보고서 III, 21세기 지방자치 AGENDA》.

＿＿＿ (2000), 《주민자치센터 무엇을 해야 하나》.

유재원(1995), 《지방자치의 정착을 위한 주민참여의 활성화 방안》, 서울: 한국행정연구원.

이승종(1993), 《민주정치와 시민참여》, 서울: 삼영사.

＿＿＿ (1998), "주민참여제도의 활성화를 위한 정책방안: 수원시를 중심으로", 《아주사회과학논총》.

＿＿＿ · 유숙희 편역(1994), 《지방화시대의 주민참여》, 서울: 한국지방행정연구원.

이와쿠니 데쓴도, 정재길 역(1992), 《지방의 도전》, 서울: 삶과 꿈.

정홍익 · 김호섭(1991), "위원회제도를 중심으로 한 시민참여의 활성화", 《한국행정학보》 25(2), pp. 437~464.

정수복 편역(1993), 《새로운 사회운동과 참여민주주의》, 서울: 문학과 지성사.

정세욱 · 최창호(1983), 《행정학》, 서울: 법문사.

조희연(2000), "한국시민사회단체의 역사, 현황과 전망", 《NGO란 무엇인가》, 서울: 아르케.

조순제(1999), "지방자치와 주민참여: 근린조직의 활성화를 중심으로", 《대구대 사회과학연구》.

조창현(1995), 《조창현교수의 지방자치특강》, 서울: 경향신문사.

짐머만, J. F., 안황권 역(1995), 《지방자치: 미국의 자치제도와 실태》, 서울: 기문사.

최일섭 · 류진석(1997), 《지역사회복지론》, 서울: 서울대학교.

최창호(1999), 《지방자치학》, 서울: 삼영사.

크리스챤 아카데미 편(1995), 《주민자치, 삶의 정치》, 서울: 대화출판사.

하혜수 외(1999), 《경기도 지방정부에 대한 주민참여활성화를 위한 제도연구》, 수원: 경기개발연구원.

하혜수·양기용(1998), "민선단체장이후 주민참여제도의 운영실태분석", 《한국지방자치학회보》10(2).

한국지방행정연구원(1989), 《지방자치시대의 주민참여확충방안 연구》.

한양대 지방자치연구소·프리드리히 나우만 재단(1990), *People's Participation and Local Autonomy*, 서울: 한양대 지방자치연구소·프리드리히 나우만 재단.

한양대학교 제3섹터연구소 편(2001), 《2000 민주공동체 실천사업평가》, 서울: 국정홍보처.

한원택(1995), 《지방행정론》, 서울: 법문사.

호소카와 모리히로·이와쿠니 데쓴도, 김재환 역(1991), 《지방의 논리》, 서울: 삶과 꿈.

Beerfeltz, Hans-Jürgen(1991), "People's Participation - A Cornerstone of Liberal Politics towards Local Autonomy", Cho, Chang-hyun, and Arno Weckbecker, eds., *People's Participation and Local Autonomy*, Seoul: Center for Local Autonomy, Hanyang University.

Burnheim, John(1985), *Is Democracy Possible?* Berkeley: University of California Press.

Dalton, Russell J. and Manfred Kucheler, eds. (1990), *Challenging the Political Order: New Social and Political Movements in Western Democracies*, Cambridge: Polity Press.

Dente, Bruno, and Francesco Kjellberg, eds. (1988), *The Dynamics of Institutional Change: Local Government Reorganization in Western Democracies*, London: Sage.

Gyford, John, and Mari James(1988), *National Parties and Local Politics*, London: George Allen & Unwin.

Hill, Dilys M. (1974), *Democratic Theory and Local Government*, London: George Allen & Unwin.

Hill, Kim Quaile and Kenneth R. Miadenka (1992), *Democratic Govern-ance and American States and Cities*, Pacific Grove, CA: Brooks/Cole Co.

Kjellberg, Francesco (1995), "The Changing Values of Local Govern-ment," *The Annals of AAPSS*, 540 (July, 1995).

Krimerman, Len, Frank Lindenfeld, Carol Korty, and Julian Benello, eds. (1992), *From the Ground Up*, Boston: South End Press.

Lockard, Duane (1983), *The Politics of State and Local Government* (3rd edition), New York: Macmillan.

Mabileau, Albert et al. (1989), *Local Politics and Participation in Britain and France*, Cambridge: Cambridge University Press.

Miller, Byron (1994), "Political Empowerment, Local-Center State Rela-tions, and Geographically Shifting Political Opportunity Struc-tures," *Political Geography*, 13 (5).

Nettl, P. (1967), *Political Mobilization*, New York: Basic Books.

Portney, Kent E., Jeffrey M. Berry, and Ken Thomson (1990), "Ex-panded Participation and Representative Democracy: Biases and Benefits from Citizen Participation", *Paper for the annual meeting of the American Political Science Association*, Panel 1 12~18, Aug. 1990, San Francisco.

Putnam, Robert D. (1993), *Making Democracy Work: Civic Traditions in Modern Italy*, Princeton: Princeton University.

Sted, Murray S. Jr. (1976), *State and Local Governments*, Cambridge: Winthrop Publishers, Inc.

Zimmerman, Joseph F. (1986), "Populism Revived", *State Government*, 54 (4).

제 7 장

지방자치와 여성의 정치참여

손봉숙 · 김은주

1. 서 론

지방자치가 국민들의 기대와 우려 속에 실시된 지 10년이 지났다. 30년 만에 지방자치가 부활되면서 지방자치의 실시야말로 민주주의를 정착시키는 첫 걸음이라는 기대가 컸었는가 하면, 중앙집권적 전통이 강한 한국적 정치풍토에서 과연 지방자치가 민주주의에 순 기능할 것 인가에 대한 우려 또한 적지 않았었다. 막상 지방자치 10년을 되돌아 보면 자치단체장이나 의회의원들의 자질론으로부터 법적, 제도적인 정비에 이르기까지 그 평가도 매우 다양하다. 그러나 지방자치 10년 은 주민을 우선시하는 행정서비스의 개선은 물론 시민들의 자치의식 및 참여의식 제고, 지역경제의 활성화와 특성화 등 긍정적인 변화와 발전의 조짐도 적지 않다는 평가가 나오고 있다.

지방자치의 실시와 더불어 가장 긍정적인 평가를 받는 영역은 아마 도 여성의 정치참여 증진이 아닌가 한다. 선진국에 비해 여성의 정치 참여가 크게 저조하던 여성계로서는 지방자치의 실시가 바로 여성정

238

치참여의 확산으로 이어질 수 있으리라 기대했었다. 먼저 지방자치는 지역사회의 발전과 주민복지증진을 위해 자신이 살고 있는 소규모 지역단위에서 자신들의 일상생활과 밀접한 관련이 있는 지역문제들을 스스로 참여하고 봉사하여 풀어나가는 지역살림꾼을 요구한다. 여성들은 생활관리자로서 이른바 생활정치로 불리는 지역살림꾼으로 더 적합하다는 것이 여성계가 주목한 사실이었다. 또한 지방선거는 국회의원선거에 비해 수적으로 더 많은 사람을 선출하는 데다 선거구가 작아 선거비용이나 선거운동의 규모 면에서도 여성들에게 크게 불리하지 않다는 것이다. 따라서 지방자치는 상대적으로 정치적 경험이 부족한 여성들의 참여를 용이하게 한다는 주장이었다(손봉숙, 1998: 88~89). 일단 지방자치를 통하여 지방차원에서 정치경력을 쌓아 이후 중앙정치무대로 진출한다면 여성의 정치참여를 증진시키는 가장 확실한 길이 된다는 분석도 뒤따랐다.

그렇다면, 지방자치가 실시된 지 10년이 지난 지금, 여성들의 정치참여에는 어떤 변화들이 일어났는가? 실제로 여성들은 지방의회에 얼마나 진출하고 있는가? 지방자치의 실시가 국회를 포함한 기타 정치영역에서 여성의 참여를 얼마나 촉진시켰는가? 여성정치참여를 증진시키기 위한 법적 내지는 제도적 개선은 얼마나 이루어졌는가? 그리고 여성계는 지방자치의 실시가 여성의 정치참여를 실질적으로 증진시켰다고 평가하고 있는가? 이것이 본 연구에서 다루어 보고자 하는 물음들이다. 지방자치의 실시는 여성 정치참여에 대한 사회적 관심을 촉발시킨 것이 사실이다. 여성계뿐만 아니라 정부, 정당, 일반 유권자 등 사회 전분야에 걸쳐 여성정치참여의 필요성과 중요성에 대한 인식들이 크게 확산된 것도 사실이다. 여성단체들은 지방의회에의 여성참여 확대를 위하여 여성후보자교육, 유권자의식교육, 선거운동지원 그리고 정치관련법의 개혁 등 다양한 활동을 전개하였고, 정부와 정당은 정치 및 공직에의 여성참여 확대를 위한 정책과 관련법을 제정하거나 개정하여 이를 시행하기도 했다.

본 연구는 다음 두 가지 주제에 초점을 두었다. 하나는 지난 10년 동안 정치 및 공직에의 여성참여를 증진시키기 위한 법적, 제도적 장치를 검토하고 여성정치참여 현황을 살펴봄으로써 지방자치 실시가 여성 정치참여에 어느 정도의 양적 확대를 가져왔는지를 점검해보고자 하였다. 그리고 다른 하나는 여성 정치참여 증진을 위해 활동하고 있는 주요 여성집단인 여성의원, 여성공무원, 여성당직자 및 여성단체활동가들은 여성의 정치참여 10년에 대해서 어떤 평가를 하고 있는지를 설문조사를 통해 분석해 보고자 하였다. 즉 여성정치참여에 대한 현황과 이에 대한 평가를 통해 과연 지방자치가 여성의 정치참여를 활성화시켰는지 여부를 검토해 보고자 하였다.

2. 여성의 공직 및 정치참여확대 정책

1) 여성발전기본법

여성발전기본법(1995년)은 여성의 사회참여촉진과 지위향상을 위한 국가와 지방자치단체의 책무에 관한 기본적인 사항을 규정한 것으로, 정치·경제·사회·문화의 모든 영역에 있어서 남녀평등을 촉진하고 여성발전을 도모하는 데 그 목적이 있다. 동 법의 제정으로 각 행정기관별로 분산되어 추진되던 여성정책들과 여성관련법·제도들이 기본법의 틀 안에서 체계화되고 일관성을 유지할 수 있게 되었다.

여성발전기본법은 기본시책과 여성정책 기본계획의 수립, 여성발전기금의 조성과 여성단체의 지원내용을 규정하였다. 기본시책은 여성정책의 추진방향을 제시한 것으로 총 13개 항으로 구성되어 있으며, 여성의 정책결정과정 및 정치참여항목과 공직참여항목이 이에 포함되어 있다. 또한 여성정책 기본계획은 중앙부처와 지방자치단체에서 추진해야 하는 여성정책의 방향과 내용을 담는 종합적 국가계획으로서 5

년마다 수립하도록 하였다. 제1차 여성정책기본계획(1998~2002)은 6
대 기본전략과 20대 정책과제를 선정하였고, 이에 여성의 대표성 제
고와 정책결정과정에의 여성참여확대를 포함시켜 여성 정치참여의 중
요성을 강조하였다.

2) 여성채용목표제

여성채용목표제는 여성의 사회참여활성화를 위한 방안으로 1996년
에 시행되었다. 공무원채용시험에 있어서 상대적으로 여성합격자가 적
은 상위직급에의 여성참여를 확대하기 위한 것으로 행정고시, 외무고
시와 7급 행정·공안·외무행정직 공채시험에 적용되었다. 따라서 여
성합격자의 비율이 높은 9급 공무원 공채시험과 선발인원이 소수인 기
술직 그리고 직무특성상 남·녀 구분모집이 불가피한 교정·보도·보
호관찰직은 제외되었다. 또한 선발 예정인원이 적어 현실적으로 목표
인원 설정이 어려운 10명 미만의 채용단위 시험도 적용이 제외되었다.
〈표 7-1〉은 그 동안의 여성채용목표제에 의한 여성합격자현황에 관
한 것이다. 먼저 여성합격자 비율을 살펴보면, 여성채용목표제가 시
행되기 전인 1992년의 여성합격자비율은 29.7%, 목표제 시행 직후
인 1996년에는 26.5%, 97년 26.7%, 98년 19.9%, 99년 13.7%,
2000년 32.2%로 나타났다. 2000년 현재 여성의 전체 합격자는 '92년
대비 약 3%가량 증가하였으며, 특히 5급 관리직에의 여성합격자에
있어서 2000년 현재의 여성합격자비율은 '92년 대비 약 6배 이상 증
가하였음을 알 수 있다. 그러나 채용목표제의 도입에도 불구하고 전
체 여성합격자수의 감소는 여성합격자의 비중이 높은 9급시험에서의
여성합격률이 절반 가량 감소하였기 때문이다. 이는 국민의 정부의
"작은 정부"정책과 IMF구조조정으로 공무원감축정책이 시행되어 선
발예정인원을 줄였기 때문이다.

〈표 7-1〉 여성채용목표제에 의한 합격자현황 (1992, 1996~2000)

	'92년도 전체/여성	'96년도 전체/여성	목표적용	'97년도 전체/여성	목표적용	'98년도 전체/여성	목표적용	'99년도 전체/여성	목표적용	2000년도 전체/여성	목표적용
계	4,089/1,212 (29.7%)	3,334/885 (26.5%)	19	3,193/854 (26.7%)	20	1,559/310 (19.9%)	14	2,109/288 (13.7%)	40	3,800/1,224 (32.2%)	86
5급	361/12 (3.3%)	367/26 (7.1%)	3	478/44 (11.2%)	6	303/50 (16.5%)	5	269/42 (15.6%)	2	306/60 (19.6%)	7
7급	881/65 (7.4%)	500/41 (8.2%)	16	512/32 (6.2%)	14	160/27 (16.8%)	9	492/30 (6.1%)	18	614/102 (16.6%)	36
9급	2,847/1,135 (39.9%)	2,467/818 (33.1%)	비대상	2,203/778 (35.3%)	비대상	1,096/233 (21.3%)	비대상	1,348/216 (16%)	20	2,880/1,062 (36.9%)	43

자료: 행정자치부 자료.

여성합격자 중 채용목표제의 적용으로 합격된 비율을 살펴보면, 96년에는 885명의 여성 중 19명으로 2.1%였고, 97년은 854명 중 20명으로 2.3%, 98년에는 310명 중 14명으로 4.5%, 99년에는 288명중 40명으로 13.9%, 그리고 2000년에는 1,224명 중 86명으로 7%가 채용목표제의 적용으로 합격되었다.

여성채용목표제는 국민의 정부 이후, 2차례에 걸쳐 확대, 실시되었다. 1998년 7월, 조기에 여성의 공직진출의 활로를 넓히고자 기존의 여성채용목표비율을 상향조정하였다. 당초 1999년 18%, 2000년 20%이던 목표비율을 1999년 20%로 상향조정하였으며, 9급 시험에도 여성채용목표제를 확대 적용하였다. 또한 1999년 4월 2차 확대실시에서는 여성채용목표제 적용기간을 2000년에서 2002년으로 연장하고 대상을 기술직까지 확대하는 한편, 2002년까지의 여성채용목표비율도 5급은 20%, 7급은 25%, 9급은 30%까지 확대하였다(대통령직속 여성특별위원회, 2000: 245).

3) 정부위원회의 여성위원참여 확대사업

　정부위원회의 여성위원참여는 정책결정과정에 여성의 요구를 직접
적으로 반영할 수 있을 뿐만 아니라, 사회전반에 걸쳐 여성참여분위
기를 조성하는 데 기여할 수 있다. 여성의 정부위원회 참여방안은
1989년 8월 국무총리지시 제12호로 〈정부 각종위원회의 여성위원 참
여 확대지침〉이 나왔고(당시 2000년까지 15% 목표설정), 1995년 12
월에는 여성발전기본법 제15조 제1항에 "국가 및 지방자치단체는 각
종위원회 등 정책결정과정에 여성의 참여를 확대하기 위한 방안을 강
구하여야 한다"고 규정하여, 정부위원회의 여성참여 확대를 위한 법
적 근거가 마련되었다.
　1998년 대통령의 지시에 따라 각종 정부위원회의 여성참여 목표율
을 당초 2005년까지 30%를 달성하기로 했던 계획을 수정하여 2002
년까지 30%를 조기 달성토록 수정하였다. '98년도 목표율은 20%,
'99년은 23%, 2000년은 25%, 2001년은 28%, 2002년 30%로 재조
정하였다(대통령직속 여성특별위원회, 2000: 245). 또한 정부위원회의
여성참여에 관한 현황조사도 연 1회에서 연 2회 실시하도록 하였다.
행정자치부에서는 매년 정부 및 지방자치단체 조직관리지침을 통해
위원회에 여성참여 확대를 촉구해왔다(행정자치부, 2000: 74). 특히
〈정부위원회 운영지침〉('99. 2월)을 통해 신설위원회는 여성위원 비
율이 30%이상 되도록 관련규정에 명시하였다.

4) 비례대표 30% 여성할당제 도입

　2000년 2월 정당법의 개정을 통해 국회의원 및 시·도의회 의원선거
에서 비례대표 후보의 경우 30%를 여성에게 할당하는 것을 법제화하
였다. 이는 정치분야에서 여성들의 영향력 발휘에 필요한 임계질량
(*Critical Mass*)이 형성될 때까지는 할당제와 같은 잠정적 우대조치를

실시해야 한다는 취지가 반영된 것이다. 비례대표 후보공천에 대한 여성할당제의 실시는 여성계의 요구로 1995년 광역의회선거 때부터 도입되었으나, 이것이 법제화된 것은 2000년 정당법의 개정을 통해서이다.

2000년 4월 13일에 치러진 제16대 국회의원 선거에서 비례대표 추천 30% 여성할당제가 적용되었다. 그 결과 각 정당이 30% 여성할당제를 상당부분 반영함으로써 비례대표로 여성의원이 11명 탄생하게 되었다. 정당별 비례대표 후보현황을 살펴보면, 민주당은 43명의 후보 중 여성후보를 14명(32.6%) 공천하였고, 이 중 5명이 당선되었다. 한나라당은 46명의 전체 후보 중 여성후보 10명(21.7%)을 공천하였고, 이 중 5명이 당선되었다. 자민련은 33명의 후보 중 6명(19.4%)의 여성후보를 공천하였으나, 당선된 여성은 없었다. 민주국민당의 경우, 19명의 후보를 추천하면서 여성후보를 1번으로 추천하여 1명의 여성이 당선되었다. 이로서 16대 총선에서는 지역구 5명과 전국구 11명, 총 16명(5.9%)으로 여성의 정치참여 역사상 가장 높은 참여율을 기록하였다. 그러나 실제로 비례대표 후보공천에 30% 여성할당비율을 지킨 정당은 새천년민주당 하나뿐이었고, 그 다음은 한나라당, 자민련 순이었다.

3. 여성의 공직 및 정치참여 현황과 문제점

1) 투표 및 선출직에의 여성참여현황

(1) 여성의 투표율

2000년 16대 국회의원선거에서 여성유권자수는 17,045,456명으로 전체 유권자의 50.9%를 차지하여 남성유권자보다 다소 많은 것으로 나타났다. 투표율에 있어서는 대통령선거의 경우 14대에는 여성유권자의 80.9%, 15대에는 80.1%가 투표에 참여하였고, 국회의원선거

244

<표 7-2> 대통령선거 및 국회의원선거 여성유권자수 및 투표율

	연도	14대 (1992)	15대 (1997)	
대통령선거	전체유권자수 / 여성유권자	29, 422, 658/ 14, 923, 300 (50. 7%)	32, 290, 46/ 16, 418, 262 (50. 8%)	
	여성투표율 / 남성투표율	80. 9%/82. 6%	80. 1%/81. 3%	
국회의원 선거	연도	14대 (1992)	15대 (1996)	16대 (2000)
	전체유권자수 / 여성유권자	29, 003, 828/ 14, 296, 473 (49. 3%)	31, 488, 294/ 15, 998, 015 (50. 8%)	33, 482, 387/ 17, 045, 456 (50. 9%)
	여성투표율 / 남성투표율	70. 9%/72. 2%	62%/65. 3%	56. 5%/58. 7%

자료: 중앙선거관리위원회, 〈선거 및 국민투표통계집(1996)〉, 〈제15대 대통령선거 투표율분석(1995)〉, 〈제15대 국회의원 선거투표율분석(1996)〉, 〈제16대 국회의원선거 투표율분석(2000)〉.

<표 7-3> 지방선거 여성유권자수 및 투표율

		전체유권자/여성유권자	여성투표율/남성투표율
1991년	시・도의회선거	28, 416, 241/ 14, 406, 927 (50. 6%)	59%/58. 5%*
	시・군・구의회선거	28, 301, 580/ 14, 338, 949 (50. 6%)	54. 2%/53. 1%
1995년	제1회 전국동시 지방선거	31, 048, 566/ 15, 769, 734 (49. 2%)	68. 2%/69. 3% (시・도지사)
1998년	제2회 전국동시 지방선거	32, 537, 815/ 16, 539, 484 (49. 2%)	52. 1%/54. 3% (시・도지사)

자료: 중앙선거관리위원회, 〈구・시・군의원선거총람(1991)〉, 〈시・도의회의원선거총람(1991)〉, 〈제1회 전국동시지방선거총람(1996)〉, 〈제2회 전국동시지방선거총람(1998)〉.
* 한국여성개발원(http://www.kwdi.re.kr) 통계자료.

의 경우에는 14대에는 여성유권자의 70.9%, 15대에는 62%, 16대에는 56.5%가 투표에 참여하여, 투표율이 점차 낮아지고 있음을 알 수 있다. 남성유권자의 경우, 14대 대통령선거에서는 82.6%, 15대는 81.3%가 투표에 참여하였고, 14대 국회의원선거에서는 72.2%, 15대는 65.3%, 16대는 58.7%가 투표하였다. 양대 선거의 투표참여에 있어서는 남성이 여성보다 높게 나타났다.

1991년 지방선거의 경우, 30년 만에 재개된 지방의회선거임에도 불구하고 전체적으로 50%대라는 낮은 투표율을 보여주었다. 시·도 의회선거에서는 여성이 59%, 남성이 58.5%로 여성유권자들의 투표율이 약간 높았고, 시·군·구 의회선거에서도 여성이 54.2%, 남성이 53.1%로 여성이 다소 높은 투표 참여율을 보여주었다. 95년 제1회 전국동시지방선거에서는 전체유권자의 투표율은 68.8%로 높아졌다. 이는 30여 년 만에 처음 실시되는 민선자치단체장선거와 4개 선거의 동시실시에 대한 유권자들의 관심이 반영된 것으로 보인다. 시·도지사선거에 대한 남녀투표율에 있어서는 여성이 68.2%, 남성이 69.3%로 '91년 지방선거 때와는 달리 남성의 참여율이 1%가량 높았다. 제2회 전국동시지방선거에서는 제1회 때에 보여주었던 60%대의 투표율은 다시 50%대로 낮아졌다. 시·도지사선거에 있어서 남녀투표율은 여성이 52.1%, 남성이 54.3%로 남성이 2.2% 가량 높게 나타났다.

투표참여에 있어서는 지난 10년 동안 남녀를 불문하고 감소추세를 보이고 있다. 특히 16대 총선은 국회의원선거 역사상 최하위의 투표율(57.2%)을 기록하였다. 이러한 투표율 감소는 정치권에 대한 실망과 이로 인한 정치적 무관심과 냉소주의가 사회전반에 걸쳐 확산되고 있기 때문인 것으로 보인다. 투표율에 있어서는, 1991년 지방선거를 제외한 나머지 선거에서는 남성유권자의 투표율이 여성유권자의 투표율에 비하여 다소 높은 것으로 나타났다. 또한 남녀유권자 공히 대통령선거, 국회의원선거, 지방선거의 순으로 관심을 보였다.

246

<표 7-4> 여성국회의원 현황

	지역구 (전체/여성)	전국구 (전체/여성)	전 체 (전체/여성)
14대 (1992)	237/1 (0.4%)	62/ 7 (11.3%)	299/ 8 (2.7%)
15대 (1996)	237/3 (1.3%)	62/ 7 (11.3%)	299/10 (3.3%)
16대 (2000)	227/5 (2.2%)	46/11 (24%)	273/16 (5.9%)

자료: 중앙선거관리위원회, 〈제14대국회의원선거총람(1992)〉, 〈제15대국회의원선
거총람(1996)〉, 〈제16대국회의원선거총람(2000)〉.

(2) 여성국회의원 및 지방의회의원 현황

선거를 통해 여성들이 참여할 수 있는 공직은 국회의원선거와 지방
의원선거를 들 수 있다. 의원으로서의 참여는 정책결정과정에 직접적
인 영향력을 행사할 수 있는 방법으로 여성의원의 수는 여성의 정치
참여 수준과 정치적 지위를 가늠하는 척도의 의미를 가진다.

먼저 국회의원선거를 살펴보면, 최근 3차례의 선거를 통해 국회의
원으로 당선된 여성은 총 34명으로 전체 국회의원의 4%정도 차지하
는 매우 낮은 수준이다. 이들 34명의 여성의원들 중 직접선출로 당선
된 여성은 9명에 지나지 않으며, 나머지 25명은 전국구 비례대표로
당선되었다. 14대의 여성의원비율은 2.7%, 15대는 3.3%, 16대는
5.9%로 점차 증가추세를 보이고 있다. 특히 16대의 여성의원비율이
15대에 비해 월등하게 증가한 것은 비례대표 30% 여성공천할당제의
도입에 힘입은 바가 크다.

〈표 7-5〉는 역대 지방의회 여성의원현황에 관한 것이다. 이에 따르
면, 1991년 실시된 지방의원선거에서는 기초, 광역 모두에서 여성의
원의 점유율은 0.9%로 매우 낮은 수준이었다. 그러나, 1995년 1998
년 2차례의 지방선거에서는 여전히 낮은 수치였지만, 여성의원의 점
유율은 2.2%와 2.3%로 점차 증가하는 추세를 보여주었다. 1995년
제1회 전국동시지방선거의 경우, 기초의회선거에서의 여성당선자는

〈표 7-5〉 지방의회 여성의원 현황

구분	합계(비율)	광역의원			기초의원 (비율)
		소계(비율)	지역구(비율)	비례대표(비율)	
1991년	48(0.9%)	8(0.9%)	8(0.9%)	-	40(0.9%)
1995년	127(2.2%)	55(5.8%)	13(1.5%)	42(43.2%)	71(1.6%)
1998년	97(2.3%)	41(5.9%)	14(2.3%)	27(36.4%)	56(1.6%)

자료: 대통령 직속 여성특별위원회(1999), 〈1999 여성백서〉.

1.6%이고, 광역의회선거에서의 여성점유율은 5.8%로 나타났다. 이처럼 광역의회 여성의원비율이 증가한 것은 1995년부터 광역의회선거에 여성계의 요구로 10%의 비례대표제가 도입되면서 비례대표 후보의 50%가 여성에게 할당된 결과라 할 수 있다. 광역의회 의원 중 지역구선거를 통해 당선된 여성의원비율은 1.5%인데 비해, 비례대표로 당선된 여성의원은 전체 비례대표 의원의 43.2%이었다. 1998년 제 2 회 전국동시지방선거의 경우, 기초의회선거에서의 여성의원비율은 1.6%, 광역의회선거에서의 여성의원비율은 5.9%로 1995년 선거와 비슷한 분포를 보였다. 단지 광역의회선거의 경우, 비례대표를 통한 여성당선자의 비율이 1995년 선거에 비해 6% 가량 감소한 것으로 나타났다. 이는 선거구 조정으로 인한 광역의회 의석수(972개 → 690개)의 감소와 이로 인한 비례대표 의석수(97개 → 74개)의 감소에 따라, 여성후보의 공천비율을 줄였기 때문이다.

자치단체장선거에서는 1995년 광역자치단체장선거에는 2명의 여성후보가 무소속으로 출마하였으나 낙선하였고, 기초자치단체장에는 4명이 출마하여 1명이 당선되었다. 그리고 1998년 광역자치단체장 선거에는 여성후보가 한 명도 없었고, 기초자치단체장에는 8명의 후보가 나왔으나 모두 당선되지 못하였다.

2) 비선출직에의 여성참여현황

(1) 정부위원회의 여성참여

중앙정부와 지방자치단체의 위원회는 국민의 권리 의무에 관련된 사무에 관하여 공정, 신중을 기할 필요가 있을 경우(의결위원회), 정책결정이나 행정처분에 있어서 사전심의의 필요가 인정되는 경우(심의·조정위원회), 정부의 중요정책의 입안, 계획수립, 시행에 각계인사를 참여시켜, 전문적 의견을 청취, 반영할 필요가 있는 경우(자문위원회)에 설치된다(총무처, 1990: 23). 따라서 위원회 참여는 이해관계가 서로 다른 집단의 의사를 광범위하게 반영할 수 있는 방법으로서, 다른 어떤 행정조직보다 대표성 실현을 보장할 수 있는 영역이라 할 수 있다.

정부위원의 여성위원참여율은 '84년에는 2.2%, '88년 5.5%, '90년 9%, '95년 7%, '97년 10.4%로 매우 낮은 수준이었다(대통령직속 여성특별위원회, 2000: 229). 이것이 1998년 국민의 정부 출범 이후 정부위원회의 여성참여확대사업의 추진으로, 여성위원의 비율이 98년에는 12.4%, 99년 17.6%, 2000년 20.5%, 2001년 6월말 현재 25.8%으로 확대되었다. 또한 여성위원이 참여하는 위원회수도 점차 늘어나, 98년에는 59.2%에 지나지 않던 것이 2001년 6월말 현재에는 87.8%를 차지하는 것으로 나타났다.

〈표 7-7〉의 중앙행정기관과 지방자치단체의 여성위원비율을 살펴보면, 1998년의 경우에는 중앙행정기관 소속이 12%, 지방자치단체 소속은 12.7%로 중앙보다는 지방자치단체에서 더 많은 여성을 위원으로 위촉하고 있는 것으로 나타났다. 1999년의 경우는 중앙이 14.6%, 자치단체가 14%로 중앙행정기관소속의 여성위원비율이 더 많았고, 2001년6월 현재에는 중앙이 23.7%, 자치단체가 26.5%로 자치단체소속 여성위원비율이 높은 것으로 집계되었다.

〈표 7-6〉 연도별 여성의 위원회 참여율 및 여성위원 비율

구 분	위원회 수(개)		위촉직 위원수(명)		
	전체	참여율(%)	전체	여성위원	참여율(%)
1998	1,206	59.2	15,196	1,896	12.4
1999	1,090	70.7	14,944	2,635	17.6
2000	1,139	77.9	15,613	3,205	20.5
2001. 6. 30	1,210	87.8	16,297	4,207	25.8

자료: 여성부(2001), "2001년도 상반기정부위원회 여성참여현황 및 제고방안",
〈국무회의보고자료〉.

〈표 7-7〉 중앙행정기관 및 지방자치단체의 여성위원비율

구 분	위촉직 위원수			위촉직 여성참여율		
	2001. 6	1999. 6	1998. 12	2001. 6	1999. 6	1998. 12
중앙행정기관	4,258	4,776	4,613	1,010 (23.7%)	698 (14.6%)	556 (12.0%)
지방자치단체	12,039	10,978	10,583	3,193 (26.5%)	1,536 (14.0%)	1,340 (12.7%)
계	16,297	15,754	15,196	4,203 (25.8%)	2,234 (14.2%)	1,896 (12.4%)

자료: 여성부(2001), "2001년도 상반기정부위원회 여성참여현황 및 제고방안",
〈국무회의보고자료〉.

이처럼 정부위원회의 여성참여율 증가 속에서도 동일인의 위원회 중복 위촉률이 15.3%나 이르고 있어, 위원회의 활동 부진과 대표성의 문제가 제기되고 있다. 아래의 표에 의하면 전체 여성 위원 868명 가운데 2개~4개 위원회에 중복 위촉된 의원이 117명에 이르며, 5개~9개 위원회에 중복위촉된 여성은 15명, 10개 이상 위원회에 중복 위촉된 위원도 1명 있었다.

〈표 7-8〉 여성위원 중복위촉 현황 (2000년 상반기)

구 분	위촉자수(명)	비율(%)
10개이상 위원회 중복 위촉자	1	0.1
5개~9개 위원회 중복 위촉자	15	1.7
2개~4개 위원회 중복 위촉자	117	13.5
소 계	133	15.3

자료: 대통령직속 여성특별위원회(2000), 〈여성백서2000〉.

각종 정부위원회의 여성참여는 중앙 및 지방정부의 정책결정과정에 직접적으로 영향을 미칠 수 있다는 점에서 적극적인 참여가 이루어져야 할 것이다. 그러나 정부위원회의 참여를 통해, 정책결정과정에 여성의 이해와 이익을 반영하기 위해서는 여성위원의 양적인 확대와 더불어, 영향력 있는 위원회의 여성참여율을 높여야 할 것이다. 즉 자문·심의기능을 하는 일반위원회보다는 의결 기능을 수행하는 위원회, 예를 들면 규제개혁위원회, 정부공직자윤리위원회와 같은 위원회에의 여성참여율을 증대시켜야 할 것이다. 뿐만 아니라 위원회의 활동내용상 남녀차별개선의 여지가 많거나 여성정책의 주류화에 기여할 수 있는 위원회에 대해 보다 많은 여성들의 참여가 이루어져야 하며, 이를 위해서는 정부차원의 정책적 배려가 수반되어야 한다.

(2) 여성공무원 현황

2000년 12월 말 현재 행정부·입법부·사법부·헌법재판소·중앙선거관리위원회 등을 통틀어 여성공무원은 267,647명으로 전체공무원의 31.5%를 차지하고 있다. 1998~1999 2년 동안 8천 명 가량 감소하였으나, 이는 구조조정의 영향 등으로 인원의 전반적 감소가 있었기 때문이다. 오히려 전체비율로 볼 때는 '97년 말에 비해 여성의 점유율이 1% 늘었다.

<표 7-9> 전체 여성공무원 증가 추이

구 분	'88	'92	'96	'97	'98	'99	'2000
전체 인원	726,089	871,527	913,104	923,714	888,217	865,650	849,152
여 성	168,673 (+91,356)	223,171 (+54,498)	253,917 (+30,746)	265,162 (+11,245)	263,853 (-1,309)	257,191 (-6,662)	267,647 (+10,456)
점유율 (%)	23.2 (+6.4)	25.6 (+2.4)	27.8 (+2.2)	28.7 (+0.9)	29.7 (+1.0)	29.7 (-)	31.5 (+1.8)

자료: 총무처연보 및 행정자치부 통계연보.

여성 공무원의 직종별 현황을 살펴보면 <표 7-10>과 같다. 여성교육공무원은 154,501명으로 전체 교육공무원의 56.7%, 그리고 전체 여성공무원의 58% 가량을 차지하고 있어 여성공무원들이 특정분야에 집중되어 있음을 알 수 있다. 1～9급의 일반직 공무원은 61,655명으로 전체 일반직 공무원의 22.7%를 차지하고 있다.

그밖에 여성공무원의 점유율이 높은 직종을 살펴보면, 별정직의 41.3%, 고용계약직의 34.6%가 여성공무원이다. 반면, 경찰·소방직의 여성공무원은 2,841명으로 2.4%, 외무직은 63명으로 5.2%, 법관·검사는 146명으로 5.5%, 정무직 여성은 0.8%를 차지하고 있다.

<표 7-10> 직종별 여성공무원 현황 (2000.12.31 현재)

구분	합계	일반직		특정직				기능직	별정직	고용/ 계약	정무직
		1～9급	연구/ 지도	외무	교육	경찰/ 소방	법관/ 검사				
전체 인원	849,152	271,848	10,506	1,219	272,513	117,666	2,678	155,271	9,761	7,307	383
여성	267,647	61,655	1,725	63	154,501	2,841	146	40,157	4,027	2,529	3
점유율 (%)	31.5	22.7	16.4	5.2	56.7	2.4	5.5	25.9	41.3	34.6	0.8

자료: 행정자치부(2001) 통계연보.

〈표 7-11〉 일반직 직급별 여성공무원 현황 (2000.12.31 현재)

구분	합계	1급	2급	3급	4급	5급	6급	7급	8급	9급
전체 인원	271,848	73	420	1,063	6,807	21,696	64,881	88,750	64,996	23,162
여성	61,655	0	2	20	170	923	5,892	20,744	25,207	8,697
점유율 (%)	22.7	0	0.5	1.9	2.5	4.3	9.1	23.4	38.8	37.5

자료: 행정자치부(2001) 통계연보

〈표 7-12〉 소속별 여성공무원현황(2000.12.31현재)

전체 총원/여성 (%)	행정부	입법부	사법부	헌법재판소	중앙선거관리위원회
849,152/ 67,647 (31.5)	833,609/ 263,871 (31.7)	1,368/561 (41)	12,222/ 2,817 (23)	175/52 (29.7)	1,778/346 (19.5)

자료: 행정부 자료

〈표 7-13〉 지방자치단체 여성공무원 현황(2000.12.31)

전체			시·도			시·군·구			읍·면·동		
전체	여성	%	전체	여성	%	전체	여성	%	전체	여성	%
248,515	55,002	22.1	65,337	7,811	12.0	133,083	32,948	24.8	50,095	14,243	28.4

자료: 행정부 자료

　　다음으로 일반직 여성공무원의 직급별 현황을 살펴보면, 〈표 7-11〉
과 같다. 5급 이상의 관리직에의 여성공무원은 1,115명으로 전체
271,848명의 9.2%에 불과하며, 6급은 9.1%, 7급은 23.4%, 8급은
38.8%, 9급은 37.5%로 나타나 하위직급으로 갈수록 여성공무원의 비
율이 높아짐을 알 수 있다. 5급 이상 관리직에의 여성공무원의 진출을
확대하기 위한 정책적 노력이 수반되어야 할 것이다.

　　여성공무원 소속별 분포를 보면, 행정부 소속 여성공무원은 전체 행
정부소속 공무원의 31.7%, 입법부는 41%, 사법부는 23%, 헌법재판
소는 29.7%, 중앙선거관리위원회는 19.5%인 것으로 나타났다. 또한
지방자치단체에 소속되어 있는 여성공무원은 55,002명으로 전체 자치
단체소속공무원의 22.1%를 차지하고 있다. 시·도에서 근무하는 여성
공무원은 7,811명으로 12%, 시·군·구에 는 32,948명으로 24.8%,
읍·면·동에는 14,243명으로 28.4%를 점하고 있다. 지방자치단체도
하급기관으로 갈수록 여성공무원의 비율이 높게 나타났다.

　　전체적으로 여성공무원은 수적인 증가를 보여주었다. 이는 여성의
고학력화로 인한 경쟁력제고 및 가치관의 변화에 의해 나타나고 있는
여성의 전반적인 사회활동 증가현상과 맥락을 같이 한다. 특히 공직
에서의 남녀 구분모집제 폐지, 여성채용목표제 도입 및 확대 등 정부
의 양성평등 대우를 위한 정책적 노력에 기인한 것으로 보인다. 그러
나 5급 이상의 관리직 여성공무원은 9.2%에 불과하여 여성공무원의
지속적인 증가에도 불구하고 정책결정에 참여할 수 있는 여성공무원
은 소수에 지나지 않음을 알 수 있다. 또한 관리직 여성들도 부녀복
지나 여성정책관련 업무에 편중되어 있고, 하급직의 경우는 민원, 행
정지원, 단순반복적인 업무에 집중되어 있어(한국여성개발연구원,
1999: 31) 업무만족도나 승진 및 경력관리에 부정적인 영향을 미치고
있다.

3) 정당에의 여성참여 현황

1998년 현재 우리나라 정당들의 전체 당원 수는 5,807,306명으로 전체 인구 대비 12.4%로, 전체 유권자 대비 17.8%를 차지하고 있으며, 지구당의 평균 당원 수는 5,251명이다(중앙선거관리위원회, 1999: 13~14). 정확한 수치는 확인할 수 없지만, 주요 정당에서 여성당원은 전체 당원 중 과반수 이상을 차지하는 것으로 추정된다. 그러나 정당의 의사결정과정에 영향을 미칠 수 있는 중앙당 및 지구당 당직자1)로서의 여성참여는 낮은 상황이다.

〈표 7-14〉는 연도별 여당과 제1야당의 당무위원의 여성비율을 살펴본 것이다. 당무위원은 당의 최고의결기구이다. 여당의 여성당무위원비율은 1993년에는 4.3%, '95년에는 4.4%, '97년에는 6.1%, 2000년에는 14.6%로 점차 증가하는 추세를 보이고 있다. 제1야당의 경우, 1993년의 여성당무위원비율은 4.6%, '95년 7.2%, 2000년

〈표 7-14〉 연도별 주요 정당의 당무위원여성비율

	여당 당무위원수/여성위원	제1야당 당무위원수/여성위원
2000년도	41/6 (14.6%)	55/3 (5.5%)
1997년도	50/3 (6.1%)	101/5 (5.0%)
1995년도	45/2 (4.4%)	55/4 (7.2%)
1993년도	47/2 (4.3%)	65/3 (4.6%)

자료: 한국여성개발원(http://www2.kwdi.re.kr:8090/ucgi-bin/stat_n)

1) 당직자의 범주에는 중앙당의 총재, 부총재, 당무위원, 당고문, 자문위원, 사무총장 및 부총장, 원내총무 및 부총무, 정책위원회 의장 및 부의장, 대변인 및 부대변인, 국회 내 상임위원회 위원장 및 부위원장, 중앙위원회 임원, 각종위원회 임원과 지구당의 시·도지부장 및 부지부장, 시·도지부 고문, 시·도지부 자문위원, 시·도지부 운영(상무)위원회 임원, 사무처장 및 실·국장, 부장, 각종 위원회 임원 등이 포함된다.

5.5%로 나타났다. '95년도와 '93년도의 경우 여성당무위원의 비율은
여당보다는 야당이 더 높았고, 2000년도에는 여당이 야당보다 높았
다. 이처럼 지금의 여당인 민주당의 여성당무위원 비율이 높은 것은
당헌과 당규에 전국대의원대회에서 선출하는 당무위원에 여성과 45세
이하의 위원 15인 이상이 포함되도록 규정하고 있기 때문이다. 2)

〈표 7-15〉는 새천년 민주당, 한나라당, 자민련의 여성당직자현황
에 관한 것이다. 먼저 민주당의 중앙당소속 여성당직자비율은 2000년
5월 현재 당무위원의 경우 14.6%, 상임고문 0%, 고문 11.1%, 부
총재급인 지도위원은 13.3%, 정책위원회 의장·부의장단 0%, 부대
변인 16.7%, 상설 및 비상설위원회 위원장 4.3%, 상설 및 비상설
위원회 부위원장 14.4%, 국회의원 7.8%, 지구당 위원장 2.7%, 사
무처 실·국장 3.2%, 부국장 8.0%, 전문위원 9.5%, 부장 18.6%,
차장 30%를 차지하고 있다. 특히, 민주당은 당무위원의 비율과 국회
의원 비율이 가장 높았다.

2000년 5월 현재 한나라당의 여성 당직자는 당무위원 5.5%, 고문
30%, 부총재 18.2%, 부대변인 12.5%, 국책자문위원 0.7%, 정책
위원회 위원 13%, 중앙위원회 위원 9.1%, 국회의원 4.5%, 지구당
위원장 2.2%, 사무처 국장 4.3%, 부국장 13.0%, 부장 11.9%, 차
장 16.4%, 정책연구위원 6.7%를 점하고 있는 것으로 나타났다. 한
나라당의 경우, 세 당 중 여성고문비율이 가장 높았다.

---

2) 이외에도 민주당의 경우, 전국대의원대회 및 시·도지부 대의원, 지구당 대의
  원의 경우 선출하는 대의원의 30% 이상을 여성 대의원으로 선출하도록 하는
  규정이 있다. 그리고 사무처 인사와 관련하여 총재의 자문기구인 인사위원회
  에 10명 이하의 위원 중 여성위원장이 당연직으로 참여하도록 되어 있다. 한
  나라당의 경우는 전당대회 대의원의 경우 지구당 대회가 선출하는 당원 중 여
  성을 30% 이상 구성하도록 되어 있다. 그리고 부총재 12인 중 1명 이상의 여
  성을 포함시키도록 되어 있는 정도이다. 자민련의 경우, 여성 당직자의 보장
  과 관련된 규정이 전혀 없다.

〈표 7-15〉 주요 정당의 여성 당직자 현황 (2000.2-5) (단위: %, 명)

당직 내용	새천년민주당(여성/전체)	한나라당 (여성/전체)	자민련(여성/전체)
당 원	50%이상(전체당원수 150만명추정)	미확인	50%이상(전체당원수 150만명추정)
전당대회 대의원	미확인	24.7%(1,895/7,864)	미확인
당무위원	14.6%(6/41)	5.5%(3/55)	3.1%(2/63)
부 총 재	없는 당직임	18.2%(2/1)	33.3%(3/9)
지도위원 (부총재급)	13.3%(2/15)	없는 당직임	없는 당직임
상임고문	0%(0/7)	없는 당직임	없는 당직임
고 문	11.1%(2/18)	27.2%(3/11)	0%(0/8)
자문위원	미확인	0.7%(1/138)	0%(0/50)
부대변인	16.7%(2/12)	12.5%(1/8)	9%(1/11)
원내 부총무	미확인	0%(0/9)	미확인
중앙위원회 위원	미확인	9.1%(1,000/11,000)	11.7%(300/2,551)
중앙위원회 분과위 운영위원	미확인	16.6%(84/505)	13.2%(59/446)
정책위원회 위원	0%(0/16) (의장, 부의장단)	13%(30/230) (여성정책위원회)	3.8%(21/560) (분과위원회 위원)
각종 분과위원회	4.3%(1/23) (상설·비상설위원회 위원장) 14.4%(52/361) (상설·비상설위원회 부위원장)	미확인	6%(1/16) (상설위원회 위원장)
국회의원(16대)	7.8%(9/115)	4.5%(6/133)	0%(0/17)
지구당위원장	2.7%(6/225)	2.2%(5/225)	1.8%(3/170)
전국구 후보(16대)	32.6%(14/43)	23.9%(10/46)	19.4%(6/33)
실·국장	3.2%(1/31)	4.3%(1/23)	6.6%(1/15)
부 국 장	8.0%(2/25)	13.0%(3/23)	4.2%(1/24)
부 장	18.6%(16/86)	11.9%(5/42)	0%(0/17)
차 장	30.0%(3/10)	16.4%(10/61)	45%(9/20)

자료: 김원홍·김혜영 (2000): 57

2000년 2월 현재 자민련의 중앙당 여성 당무위원 비율은 3.1%, 고문 0%, 부총재단 33.3%, 부대변인 9%, 상설위원회 위원장 6%, 중앙위원회 위원 11.7%, 중앙위원회 운영위원 13.2%, 정책위원회 분과위원 3.8%, 사무처 실·국장 6.6%, 부국장 4.1%이다. 그리고 여성 국회의원은 없고, 여성지구당 위원장은 1.8%이다. 자민련의 경우, 세 당 중 부총재단의 비율이 가장 높았다.

3당의 여성당직자현황을 비교해보면, 당내 비중이 높은 고위당직자로서 사무총장, 원내총무, 정책위원회 의장을 역임한 여성당직자는 한 명도 없고 부총재, 당무위원, 부대변인 등의 당직에 소수의 여성들이 참여하고 있는 실정이다. 그러나 당무나 국정운영에 영향력을 행사하기에는 매우 미미한 수준이다. 또한 대부분의 여성당직자들은 주로 여성관련 업무를 맡고 있는 실정이다.

4. 지방자치와 여성정치참여 10년에 대한 평가

지방자치 실시 이후 10년 동안 여성들의 정치 및 공직에의 참여는 만족할만한 수준은 아니지만 그래도 증가한 것이 사실이다. 또한 여성의 정치참여를 촉진시키기 위한 정부와 정당차원의 정책들이 수립 시행되었고, 이를 바라보는 시민들의 의식에도 많은 긍정적인 변화들이 일어났다. 따라서 여성계, 특히 여성의 정치참여 증진을 위해 활동하며 여성관련 정책을 직접 만들거나, 정책결정과정에 직·간접으로 영향을 미치고 있는 여성들—여성의원, 여성공무원, 여성당직자, 여성단체 활동가—은 이러한 변화들에 대해서 어떻게 보고 있는지 위의 4개 집단을 대상으로 선정하여 지방자치 10년과 여성의 정치참여에 대한 평가작업을 실시해 보았다. 지방자치 10년에 대한 평가는 위의 4개 집단을 각각 별도로 하는 집단별 개별항목과 4개 집단에 똑 같은 질문의 공통항목으로 나누어 설문조사를 실시하고 그 결과를 분석해 보았다.[3] 개별항목은 각 집단의 특성에 따라 문항을 구성하였으며, 공통항목으로는 지방자치 10년과 여성의 정치참여에 대한 평가, 여성의원들의 의정활동에 대한 평가, 그리고 여성정치참여 활성화 방안 등 3개 항목을 설정하여 각각 설문조사를 통해 집단별 견해를 비교해 보았다.

1) 개별항목

(1) 여성의원

전·현직여성의원들을 대상으로 그들의 출마동기, 여성후보로서의 장단점, 다음 선거에서 재출마할 것인지 여부 및 그 이유, 불출마한다면 그 이유, 그리고 지방의회의원으로서의 애로사항은 무엇이며, 특히 여성의원으로서의 애로사항은 어떤 것이 있는지, 여성의 정치참여증진을 위한 정부부처나 여성단체의 역할에 대해서는 얼마나 만족하고 있는지 등을 알아보았다.

먼저 응답자의 51%에 달하는 대다수의 여성의원들은 "지역사회봉사를 위해 지방의원으로 출마했다"고 그 동기를 밝히고 있는데, 이는 지방자치 본래의 취지에 크게 부합되는 것으로 나타났다. 그 다음으로 36.7%가 "여성의 권익신장을 위해서 출마"한 것으로 나타나, 여성후보의 증가가 보다 효율적인 여성정책으로 반영될 것으로 기대하고 있지만 실제적 만족도에서는 크게 떨어져 기대와 현실간의 갭이

---

3) 이를 위해 여성의원, 여성공무원, 여성당직자, 여성단체활동가들을 대상으로 설문조사를 실시하였다. 설문지는 각각 개별항목과 공통항목으로 구성하였다. 수거된 설문지는 여성의원 52개, 여성공무원 17개, 여성당직자 51개, 여성단체활동가 75개로 이중 불성실한 설문지를 제외한 각 대상의 유효표본은 여성의원 49개, 여성공무원 171개, 여성당직자 47개, 여성단체활동가 70개로 총 337개이다. 수집된 설문지는 SPSSPC+프로그램(Statistical Package for the Social Science)을 사용하여 통계처리되었다.

큼을 보여주고 있다.

여성후보라는 점이 당선에 유리하게 작용한 점으로는 "여성은 상대적으로 깨끗하다고 보는 것 같다"는 응답이 전체의 69.8%로 압도적으로 높아 여성정치인에 대한 이미지는 아주 긍정적임을 읽을 수 있다. 이에 반해 불리한 점은 "여성후보의 자금부족"이 39.5%로 가장 많았고 그 다음으로는 "남성 선호적 풍토"가 20.9%, "여성이 여성을 찍지 않는 풍토"가 18.6%의 순으로 나타나 기성정치풍토의 부정적 측면과 유권자들의 고정관념이 아직도 여성정치인의 진출에 부정적 영향을 미치고 있음을 알 수 있다.

여성의원의 75%가 재출마에 뜻을 두고 있었고, 그 이유로 "여성의 정치참여확대를 위한 책임감"을 38.9%, "지금까지의 경험을 살리기 위해서"라는 응답이 36.1%를 차지하여 여성의원들이 차츰 여성정치인으로서 제자리를 잡아가고 있음을 보여주고 있다. 반면 불출마 이유로는 "선거풍토에 대한 환멸"이 63.7%를, "공천 혹은 내천을 받지 못할 것 같아서"라는 응답이 27.3%를 차지하여 여성들에게 정치권의 벽이 여전히 두터움을 보여주고 있다.

여성의원들은 지방의회의원으로서 가지는 애로사항으로 "지방의원의 실질적 권한부족에서 오는 어려움"을 24.4%로 첫째로 꼽았다. 그리고 "경제적 부담"이 14.5%로 나타나 제도적 애로사항이 많음을 잘 보여주고 있었다. 특별히 여성의원이기 때문에 겪는 애로사항으로는 "의장단이나 부의장단 등 보직 선출에서의 소외"가 20.6%로 가장 높은 비율을 차지하여 여성정치인에 대한 남성들의 고정관념을 그대로 나타내고 있다. 다음으로는 "경제력 부족"과 "정치경험부족"이 각각 17.6%로 우리사회에서 여전히 경제력이 남성들에게 집중되어 있으며, 여성들의 정치경력 역시 짧음을 잘 보여주고 있다.

마지막으로 여성의 정치참여증진을 위한 각종기관 및 단체의 역할에 대한 만족도를 알아보았다. 여성의 정치참여확대를 위한 노력에 대한 만족 여부를 묻는 항목에서 응답자의 31.9%가 "여성단체와 시민단체"의 역할을 가장 긍정적으로 평가하고 있었다. 둘째로 "정부관련부처"를 꼽아 23.9%로 나타났고, 그 다음으로 여성유권자, 여성정치인, 여성공무원, 정당의 순으로 나타났다. 특히 여성정치인의 한 사람인 여성의원들은 여성의 정치참여증진을 위한 여성정치인의 역할에 대해서도 크게 만족하지 못하고 있음을 알 수 있다. 이는 정계에 먼저 진출한 여성정치인들이 후배 여성정치인을 육성하고 이끌어 주는 일에 크게 영향을 미치지 못함을 보여주고 있다.

(2) 여성공무원

여성공무원들에게 지방자치 10년 동안 여성공무원의 지위에 어떤 변화가 있었는지 그리고 여성의 정치참여 증진을 위한 여성공무원의 역할에 어느 정도 만족하는지를 알아보았다. 먼저 여성공무원의 지위 향상에 대해 묻는 항목에서 전체의 60.6%가 '여성공무원의 수적 증가'를 가장 높게 평가했다. 그 다음으로는 '여성관련직책의 증가'가 39.4%, '여성공무원의 업무영역 확대'가 39.2%, '여성공직자에 대한 처우'가 34.5%, 그리고 여성고위공직자의 증가, 승진기회의 확대, 여성공무원을 보는 남성공무원의 인식변화의 순으로 나타났다. 그러나 5점 만점의 평균값을 내보면 대체로 '3점' 대의 보통수준으로 나타나 지난 10년 동안 여성채용목표제의 도입 등으로 여성공무원의 양적인 증대는 있었지만, 이에 상응하는 환경이나 처우가 이루어지지 못하였다고 느끼고 있음을 알 수 있다.

여성공무원이 여성 정치참여 증진을 위해 기여하는 역할에 대해 얼마나 만족하는지를 묻는 항목에서 '여성관련 입법 및 정책개발'이 전체 응답자의 77.7%, 그 다음으로는 '여성공무원의 역할모델 제시' 및 '여성정치인 양성을 위한 교육 및 훈련지원'이 각각 61.7% 및 60.9%의 순으로 나타났다. 이를 5점 만점의 평균값으로 환산해보면 대체로 '2점'대인 보통이하로 나타나 여성의 정치참여 증진을 위한 여성공무원의 역할에 대한 만족지수가 이처럼 전체적으로 낮은 것은 자신들의 일은 행정적인 일로서 정치와는 거리를 두어야 한다는 인식과 실질적으로 정치참여에 미칠 수 있는 영향력에 한계가 있음을 인식하고 있는 것으로 보인다.

(3) 여성당직자

여성당직자들에게는 지방자치 10년 동안 여성당직자의 지위에 어떤 변화가 있었는지를 알아보았다. 여성당원 및 당직자의 지위향상에 대한 평가에 있어서 "여성당원 및 당직자의 활동이 향상되었다"는 평가가 전체 응답자의 84.8%로 가장 높았고, 그 다음으로는 "여성당원의 수적 증가"가 82.2%, "여성당원에 대한 인식변화"가 74%, 그리고 "여성당직자에 대한 대우"가 59.1%의 순으로 나타났다. 그러나 여성당원 및 당직자의 지위평가에 대한 평균값에 의하면 전체적으로 '3점'대로 보통수준으로 나타났다. 여성당원의 활동이 증가되었고 당원에 대한 인식에도 상당한 변화가 왔지만 여성당원의 수적 증가나 여성당직자에 대한 대우는 크게 향상되지 못한 것으로 인식하고 있었다.

(4) 여성단체 활동가

여성단체활동가들에게는 여성의 정치참여 증진을 위한 활동방법과 여성의원과의 연대방식을 알아보았다. 먼저 여성단체들의 여성의 정치참여촉진 관련 프로그램 내용을 살펴보면, '유권자모임이나 유권자 의식교육'이 전체응답자의 33.3%로 가장 많았고, 그 다음으로는 '후보자교육 및 후보자발굴'이 28.1%, '공명선거실천운동'이 14%, '의정감시활동'과 '차세대지도자교육'이 각각 12.3%의 순으로 나타났다.

또한 여성단체들은 여성들의 지방의회진출을 돕기 위한 활동으로 '자료제공 및 정책자문'이 24.4%로 가장 많았다. 다음으로는 '후보자교육'이 23.2%로, '선거운동지원'이 18.3%, '후보발굴 및 추천'이 17.1%로 후보자를 발굴하고 훈련시켜 내보내는 일들이 여성단체의 주요활동으로 나타났다. 그리고 '재정적인 지원'이 9.7%로 가장 낮아

역시 경제력의 열세는 여성계 전체의 문제임을 보여주었다. 또한 여성단체활동가 중 여성의원들과 유기적인 관계를 맺고 있다고 대답한 경우가 응답자의 45.2%에 해당할 만큼 긴밀한 관계를 유지하고 있는 것으로 나타났다. 구체적인 연대방법으로는 '조례제정 등 정책자문'이 40.6%로 가장 많았고, 그 다음으로 '여론수렴을 도와준다'는 응답도 28.1%로 높았다. '여성의원들의 의정활동을 홍보해 준다'는 응답이 15.6%, '재정적 도움을 준다'는 응답은 12.5%로 역시 가장 낮게 나타났다.

2) 공통항목

(1) 여성의 정치참여에 대한 평가

지방자치 실시 10년이 여성의 정치참여를 증진시켰다고 생각하는지를 물어 본 결과 4개 집단의 평가를 비교해 보면 다음과 같다. 〈그림 7-1〉은 지방자치의 실시로 여성의 정치참여가 "매우 증가하였다"는 응답과 "약간 증가하였다"는 응답을 합하여 비교한 것이다.

이에 따르면 지방자치 10년 동안 여성의 정치참여증가에 대해서 가장 긍정적인 평가를 한 집단은 여성의원으로서 "매우, 혹은 약간 증가하였다"는 긍정적인 응답비율이 90%를 차지하는 것으로 나타났다. 그 다음으로 긍정적인 응답을 한 집단은 여성단체활동가가 69%, 여성공무원이 65.3%, 여성당직자가 53.3%의 순으로 나타났다. 역시 실제로 지방의원으로 활동하고 있는 집단이 그렇지 않는 집단에 비해 그 영향력의 정도를 실감하고 있는 것을 볼 수 있으며, 여성단체활동가들의 긍정적인 평가가 높은 것은 여성정치참여에 가장 큰 영향을 미친 집단이 여성단체라고 응답한 것과 그 맥을 같이하고 있다.

〈그림 7-1〉 여성의원, 여성공무원, 여성당직자,
여성단체활동가의 여성정치참여 평가

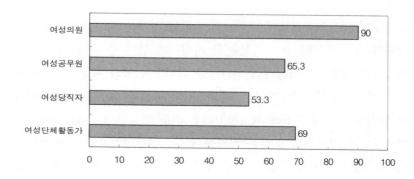

〈표 7-16〉 여성의원, 여성공무원, 여성당직자, 여성단체 활동가의
여성의원의정활동평가

	여성의원	여성공무원	여성당직자	여성단체활동가
깨끗한 의정활동	4. 587	3. 493	3. 674	3. 724
성실한 업무수행자세	4. 386	3. 497	3. 800	3. 774
전문성과 능력	-	3. 168	3. 066	3. 239
여성정치참여증진을 위한 노력	-	2. 982	3. 133	3. 014
후배 여성정치인을 위한 역할모델	3. 863	2. 802	3. 088	2. 915
지역사회봉사	4. 000	2. 890	2. 954	3. 128
여성의 권익신장	3. 785	3. 000	3. 244	3. 309

* 평균값은 클수록 만족지수가 큰 것을 의미한다.

(2) 여성의원의 의정활동평가

여성의원의 의정활동에 대한 4개 집단의 평가를 살펴보면 다음의 〈표 7-16〉과 같다.

여성의원의 의정활동에 대한 4개 집단의 평가를 비교해 보면, 여성 의원의 경우는 '깨끗한 의정활동'을 자신들의 업적 중 가장 큰 것으로 평가했다. 그리고 '여성의 권익신장을 위한 자신들의 활동'을 가장 낮 게 평가했다. 여성공무원들은 '여성의원의 성실한 업무수행자세'를 가 장 높이 평가했고, '후배 여성정치인을 위한 역할모델'이 되고 있다는 평가에서는 상대적으로 낮은 평가를 했다. 여성당직자들은 '여성의원 의 성실한 업무수행자세'를 역시 가장 높게 평가했으나, '지역사회봉 사활동'은 다소 미진하다는 평가를 했다. 마지막으로 여성단체 활동 가들 역시 '여성의원들의 성실한 업무수행자세'에 최고의 점수를 주었 으나 '후배 여성정치인을 위한 역할모델'로서는 다소 부족하다는 평가 를 한 것으로 나타났다.

항목별로 살펴보면, 여성의원들의 의정활동평가에 있어서는 전항 목에 걸쳐 여성의원 스스로의 평가가 가장 높게 나타났다. 따라서 여 성의원의 평가를 제외한 3개 집단만 비교해 보면 다음과 같다. '여성 의원의 깨끗한 의정활동'에 대해서는 여성단체활동가의 평가가 가장 높았고, 그 다음은 여성당직자, 여성공무원의 순으로 나타났다. '성 실한 업무수행자세'에 있어서 여성당직자가 가장 높은 평가를 하였고, 그 다음은 여성단체활동가, 여성공무원의 순으로 나타났다. '전문성 과 능력'에 대해서는 여성단체활동가들의 평가가 가장 높았고, '여성 정치참여 증진을 위한 노력'에 대해서는 여성당직자의 평가가 가장 높 았다. '후배 여성정치인을 위한 역할모델' 제시에 대해서는 여성당직 자의 평가가 그리고 '지역사회봉사'와 '여성의 권익신장'에 대해서도 여성단체활동가들의 평가가 가장 높았다.

여성의원들의 의정활동에 대한 평가에서 집단별로 다소의 차이가 나타나지만 여성의원들은 성실한 업무수행자세를 가지고 깨끗한 의정활동을 수행하고 있을 뿐만 아니라 여성의 권익신장에도 헌신하고 있다는 매우 긍정적인 점수를 주고 있음을 알 수 있다. 그리고 전문성과 능력에서도 결코 손색이 없다는 평가를 하고 있어 여성의원들의 의정활동은 전반적으로 성공적인 것으로 평가해도 좋은 것으로 나타났다.

(3) 여성의 정치참여 활성화 방안

여성의 정치참여 활성화 방안에 대한 4개 집단의 태도는 다음의 〈표 7-17〉과 같다.

여성정치참여 활성화 방안의 필요성에 대한 4개 집단의 평가를 비교해보면, 여성의원은 '깨끗한 정치풍토확립'에 대한 필요지수가 가장 높았고, '후보자발굴 및 인재양성프로그램의 확충'이 가장 낮게 나타났다. 여성공무원의 경우, '여성자신의 의식변화'에 대한 필요성을 가장 높게 인식하고 있었고, '할당제와 같은 제도적 보완책'의 필요성에 대해서 가장 낮게 평가하고 있었다. 여성당직자의 경우에는, '여성자신의 의식변화'에 대한 필요성이 가장 높았고, '깨끗한 정치풍토확립'

〈표 7-17〉 여성의원, 여성공무원, 여성당직자,
여성단체활동가의 정치참여 활성화 방안 필요성

	여성의원	여성공무원	여성당직자	여성단체활동가
할당제 채택 등 제도적 보완	4. 644	4. 171	4. 466	4. 388
돈 안 드는 선거풍토의 확립	4. 826	4. 476	4. 478	4. 666
깨끗한 정치풍토확립	4. 888	4. 552	4. 565	4. 666
후보자발굴 및 인재양성프로그램 확충	4. 630	4. 491	4. 600	4. 569
유권자의 의식변화	4. 766	4. 614	4. 600	4. 652
여성자신의 의식변화	4. 659	4. 643	4. 800	4. 680

* 평균값은 클수록 만족지수가 큰 것을 의미한다.

에 대한 필요성은 가장 낮았다. 여성단체활동가의 경우에는 '여성자신의 의식변화'에 대한 필요성이 가장 높았고, '할당제채택과 같은 제도적 보완'에 대한 필요성은 가장 낮았다. 여성 정치참여 증진을 위해 영향력을 행사하는 집단들이 공히 여성의 의식변화를 중요하게 인식하고 있는 것은 정치참여를 위한 여성 스스로의 준비와 자세를 다짐하는 것으로 볼 수 있을 것이다. 그러나 할당제와 같은 제도적 장치를 마련하는 데 기여할 수 있는 공무원집단에서 이 항목을 가장 낮게 지적한 것이나, 깨끗한 정치풍토확립에 가장 기여해야 할 당직자들이 이 항목을 가장 낮게 지적한 것은 조금은 아이러니한 일이 아닐 수 없다. 그러나 평균치의 차이가 너무나 미미한 것이기 때문에 그 차이를 크게 해석할 필요는 없다.

항목별로 살펴보면, 여성의원은 전항목에 걸쳐 가장 높은 필요성을 인지하고 있었다. 따라서 여성의원의 평가를 제외한 3개 집단을 비교해보면 다음과 같다. '할당제와 같은 제도적 보완책'의 필요성에 대해서는 여성당직자, 여성단체활동가, 여성공무원의 순으로 나타났고, '돈 안 드는 선거풍토의 확립'에 대해서는 여성단체활동가, 여성당직자, 여성공무원의 순이었고, '깨끗한 정치풍토확립'에 대해서는 여성단체활동가, 여성당직자, 여성공무원의 순이었다. 또한 '후보자발굴 및 인재양성프로그램의 확충'에 대해서는 여성당직자, 여성단체활동가, 여성공무원의 순이었고, '유권자의 의식변화'에 대해서는 여성단체활동가. 여성공무원, 여성당직자의 순, 그리고 '여성자신의 의식변화'에 대해서는 여성당직자, 여성단체 활동가, 여성공무원의 순으로 나타났다.

모든 집단에서 여성정치참여 활성화를 위해서는 할당제와 같은 제도적 보완에서부터 새로운 선거 및 정치풍토의 확립, 후보자발굴 및 육성, 유권자의 의식변화, 그리고 여성자신의 의식변화 등 전 항목이 모두 요구된다고 인식하고 있음을 분명히 알 수 있다.

5. 결 론

결과적으로 지방자치 10년은 여성의 정치참여를 기대만큼 증진시키지는 못했다. 그러나 지방자치가 정지된 시기와 비교한다면 여성의 정치참여는 그래도 괄목할 만한 성장을 가져 왔다고 평가할 수 있을 것이다. 비록 수적 증가에서는 기대에 못 미친다고 할지라도 지난 10년간 여성의 정치참여는 여성운동의 핵심과제였을 뿐만 아니라 정치권의 주요관심사로 부상된 것만은 확실하다. 여성 정치참여에 대한 여성 스스로의 의식변화와 더불어 여성의 정치참여를 당연한 사실로 받아들이는 사회적 인식의 변화는 지방자치 10년이 가져다 준 순기능이 아닐 수 없다.

지방자치가 정지되었던 1961년부터 1991년에 이르는 30여 년은 여성정치참여에 대한 논의 자체가 정지된 시기였다고 해도 과언이 아니다. 우리나라의 경제발전 정도나 여성의 교육정도에 비하면 여성의 정치참여수준이 턱없이 낮음은 국내외 통계로 이미 잘 알려진 사실이다. 이처럼 여성의 정치참여가 저조했던 이유는 한국정치의 비민주적인 과정과 행태, 그리고 한국적인 정치문화 등 다양한 요인이 있을 것이다. 그러나 무엇보다도 결정적인 원인은 지방자치가 중단되었기 때문이라고 본다. 제 1·2 공화국 시기인 1952년부터 1961년까지 10년간 지방자치를 실시한 바 있었지만 당시는 여성의 정치참여를 활성화시킬 만한 사회적 여건은 물론 여성 자신들의 준비도 미흡했던 시기이기도 하다. 따라서 지방자치의 실시가 여성의 정치참여를 증진시키는 데까지 영향을 미칠 겨를이 없었다. 그 이후 30년간 지방자치는 중단되었고 권위주의 정권이 추진한 경제개발은 여성의 교육열과 사회적 참여를 획기적으로 증진시키는 효과를 가져왔다. 이 시기에 지방자치가 중단되었기 때문에 여성의 능력개발이나 사회적 참여증대가 여성의 정치참여로 자연스럽게 확대될 수 있는 길이 차단당했던 것이다.

　지방자치 실시 10년은 여성의 정치참여를 획기적으로 증진시킬 정도로 충분한 시간은 아니라고 본다. 지난 지방자치 10년은 여성의 정치참여에 대한 논의가 활성화되고 여성들이 참여를 준비하는 시간으로 볼 수 있을 것이다. 이제 앞으로의 10년을 여성의 정치참여를 획기적으로 증진시킬 수 있는 도약의 시기로 만들어 가야 하는 것이 여성계의 과제이다. 우리의 연구결과는 여성정치참여를 활성화시키는 데 필요한 정책적 대안을 분명히 제시해 주고 있다.

　그 하나는 제도적 장치를 마련하는 것이다. 프랑스가 채택한 모든 공직에서의 〈남녀동수법안〉은 지방의회 여성의원의 비율을 하루아침에 48%로 끌어올리는 데 성공했다. 우리의 경우도 16대 여성국회의원의 증가나 광역의회의 여성진출이 할당제와 비례대표제에 의한 것임은 자명하다. 선출직을 포함한 모든 공직에서 일정 정도 여성의 참여가 보장될 때까지 할당제와 같은 여성우대정책은 불가피하다고 본다. 아울러 각급 선거에서 여성진출을 용이하게 하는 정당 명부식 비례대표제의 도입을 신중하게 검토해 볼 필요가 있다. 또한 공정한 게임을 담보할 수 있는 깨끗한 선거풍토 및 정치풍토의 확립도 시급한 과제가 될 것이다. 그리고 여성후보를 배출하는 정당에게 국고보조금을 차등 지급하는 장치도 요구된다. 이러한 제도적인 개선이 없이 지금대로의 증가속도에 맡긴다면 앞으로 500년이 지나도 남녀평등은 달성되지 않을 것이다.

　다른 하나는 여성 스스로의 준비일 것이다. 정치를 중요한 직업의 하나로 선택할 수 있는 자세, 여성후보를 배출할 수 있는 인력양성, 여성후보에게 한 표를 던질 수 있는 유권자의 의식변화, 그리고 남성보다 수적으로 우세한 여성유권자가 표를 몰아준다면(*bloc voting*) 여성대통령을 선출할 수도 있는 막강한 힘을 가지고 있다는 인식의 확산 등 여성계의 유기적인 연대가 결정적인 변화의 동인으로 작동하리라 생각한다.

　본 연구는 여성정치인의 진출이 깨끗한 정치를 담보해 줄뿐만 아니

라 지역사회와 주민복지를 위한 서비스의 질이 높아졌음을 분명히 제
시해 주고 있다. 따라서 여성 정치참여의 증대는 여성의 지위향상이
나 남녀평등이라는 차원을 넘어 우리나라의 지방자치를 정착시키고
민주주의를 공고화해 나가는 데도 결정적 역할을 담당할 것으로 본
다. 오늘 한국정치의 고질적인 병폐가 지역주의 못지 않게 부정부패
에 기인하고 있음을 주지한다면 여성 정치참여의 당위성과 증대의 필
요성은 더 이상 재론을 요하지 않는다.

▪ 참고문헌

김원홍·김혜영(2000), 《정당의 여성당직자 확대방안》, 서울: 한국여성개
　　　발원.
손봉숙 편(2000), 《90년대의 여성정치 1·2》, 서울: 다해.
＿＿＿ (1998), "지방자치와 여성의 정치참여", 《21세기 정치와 여성》, 서
　　　울: 나남.
＿＿＿ ·김은주(1995), 《6·27지방선거와 여성후보자》, 서울: 한국여성정
　　　치연구소.
＿＿＿ ·조기숙(1996), 《지방의회와 여성엘리트》, 서울: 집문당.
대통령직속 여성특별위원회(1999), 《여성백서 1999》.
＿＿＿ (2000), 《여성백서 2000》.
여성부(2001), "2002년도 상반기 정부위원회 여성참여현황 및 제고방안",
　　　국무회의보고 자료.
중앙선거관리위원회(1991), 《구·시·군의원선거총람》.
＿＿＿ (1991), 《시·도의회의원선거총람》.
＿＿＿ (1992), 《제14대국회의원서선거총람》.
＿＿＿ (1995), 《제15대대통령선거투표율분석》.
＿＿＿ (1996), 《제15대국회의원선거총람》.
＿＿＿ (1996), 《선거및국민투표통계집》.
＿＿＿ (1996), 《제15대국회의원선거투표율분석》.
＿＿＿ (1996), 《제1회전국동시지방선거총람》.

_____ (1998), 《제2회전국동시지방선거총람》.

_____ (1999), 《'98 정당의 활동 개황 및 회계보고 - 제2회 전국동시지방선거 정책공약》.

_____ (2000), 《제16대국회의원서선거투표율분석》.

_____ (2000), 《제16대국회의원선거총람》.

총무처(1990), 《위원회편람》.

한국여성개발원(1999), 《일반공무원 보직실태와 개선방안》.

행정자치부(2000), 《여성과 공직 2000》.

_____ (2001), 《통계연보》.

제 8 장

지방자치와 사회발전

리더십, 발전전략, 그리고 주민참여

송 호 근

1. 꿈틀거리는 지역사회

지방자치가 실시된 지 10년이 지났다. 1991년 지방자치가 전격적으로 시행된 후 지방의회선거는 3번, 지방자치단체장선거는 2번 치러졌다. 지난 10년 동안 지방자치가 기대한 만큼의 성과를 거두지는 못했다고 할지라도 그런대로 성공적이라는 평가가 우세한 듯하다. 사실, 중앙정부의 입장에서 보면 지방자치는 지역사회의 낙후원인과 관련하여 중앙정부에 가해지는 비난을 모면하게 해주는 책임분산의 기제로 보인다. 이런 비난은 중앙정부가 지역사회 발전을 위한 행정적 자율성과 재정을 제공하지 않은 채 지방정부에 모든 짐을 전가할 경우에 설득력을 갖는다. 그런데, 지난 10년 동안의 발전양상으로 판단하건대 한국의 경우는 이런 비난으로부터 조금 벗어나 있다는 것이 일반적 평가이다. 중앙집권적 경향이 대단히 강한 한국사회에서 중앙정부가 행정적 자율성을 완전하게 이양한 것은 아니지만 그렇다고 지방사회의 자율성을 부정한 것도 아니다. 조세제도의 국가중심성 때문

272

에 재정자원이 대거 이양된 것도 아니지만 그렇다고 지방정부가 파산 지경에 이르도록 방치된 것도 아니다. 아무튼, 지방자치는 민주화 과 정에서 권력분산과 지역간 세력균형이라는 민주주의의 전제조건을 충 족시키는 중요한 계기였으며, 한국의 민주화가 이른바 '제3의 물결' 에 속한 다른 국가들에 비해 괄목할 만한 성과를 거두는 데에 한몫을 한 중요한 제도적 자원임에는 틀림없다.

한국의 지방자치는 여러 가지의 초기적 우려를 떨쳐버리고 정착단 계를 거쳐 초기적 성숙단계로 접어들었다.[1] 그럼에도, 지난 10년 동 안의 지방자치의 성과를 지역발전의 관점에서 평가하는 데에는 주저 함이 따른다. 지역발전(*regional development*)은 포괄적인 개념이다 (김안제, 1989; 이시경, 1993). 경제성장을 포함하여 문화적 역량, 주 민복지와 생활수준, 민주주의적 관행과 의식의 발전을 모두 포괄하는 총괄적 개념인 것이다. 이 개념에 대한 상세한 정의는 다음 장으로 미루기로 하고, 일단 가시적 현상만을 가지고 판단할 때 지방자치가 지역발전에 어느 정도 공헌했는가를 가늠한다면 지역발전의 하위영역 별로, 그리고 지역별로 서로 평가가 엇갈릴 것이다.

지방자치의 자율적 기능을 강조하는 사람들은 지방자치가 갖고 있 는 지역발전의 하위영역들 — 주민복지, 생활환경과 생활수준, 민주주 의적 제도와 의식, 질서와 사회적 안전 등등 — 에 대한 파급효과 (*spread effects*)에 주목한다. 지방자치의 본질에 해당하는 '자율성'이 지역발전에 긍정적인 역할을 할 것이라는 '막연한 기대'가 그것인데, 이런 기대는 권위주의정권 하에서 부당한 대우를 받거나 중앙정부의 전략적 발전계획에서 소외되었던 지역일수록 높다. 그러나, 중앙집권 적 국가가 분권화된 국가보다 사회복지의 수준이 훨씬 높다는 일반적

---

1) 혹자는 현재의 상태를 '정착단계'로 파악할 것이다. 그러나, 3차의 지방의회가 구성되고 지방자치단체장 선거도 2차례나 치러졌으며, 무엇보다도 지역사회 를 바라보는 지방행정부와 지역민들의 의식과 자세가 변화했다는 점으로 이 글에서는 정착단계보다는 '초기적 성숙단계'에 있다고 판단한다.

연구결과를 여기에 적용한다면, 2) 지방자치제가 주민복지와 생활수준의 향상에 기여한다는 견해는 단지 복합적 현상의 단면을 지적한 것에 지나지 않음을 알게 될 것이다. 지방자치가 주민복지와 생활수준의 향상, 더 넓게는 지역발전에 기여할 것이라는 일반적 기대는 얼핏 보기에 수긍할 만하지만 현실과는 부합하지 않는 '희망사고'(*wishful thinking*)에 불과하다. 지방자치가 지역발전에 미치는 영향은 생각보다 복합적이다.

그럼에도 그런 희망사고는 지역사회의 민의수렴과 역량제고에 대단히 중요하다. 지난 10년 동안의 지방자치는 분명 지역사회의 발전에 공헌했다. 지방자치는 지역사회를 일깨웠으며, 그에 따라 공무원들과 시민단체의 행보도 바빠졌다. 아이디어를 짜내고 자체연수 프로그램을 가동하고 지역시민사회와 교류를 활성화하고 내외 자본을 유치하느라 동분서주하는 것만은 분명하다. 3) "지역사회는 변화했으며 무엇인가 꿈틀거리는 힘을 느낄 수 있다"는 것이다. 그러나, "발전에는 한계가 있다"는 것이 지방공무원과 지역인사들의 공통적인 지적이다. 4) 무엇을 향해 어떻게 꿈틀거리고 있는가, 발전의 현황은 어떠한가, 그리고 그 한계는 무엇인가? 이것이 지방자치가 지역사회의 발전에 미

2) 미국과 캐나다의 복지제도를 비교분석한 한 연구는 캐나다가 미국보다 더 진보적, 보편적 형태의 복지제도를 채택했던 이유로 '중앙집권의 정도가 높다'는 것을 들었다. (Flora와 Heidenheimer, 1981; Weir 외, 1988; Esping-Andersen, 1990).

3) 90년대 말에 접어들면서 자치제별 축제와 행사가 동시다발적으로 개최되는 것이 그러한 현상에 해당한다. 고양시의 꽃박람회, 이천시의 도자기축제, 부산의 아시아영화제, 부천과 전주의 영화제, 그리고 지방중소도시의 각종 축제가 그것이다. 도지사들도 TV광고에 직접 출현해서 자기 지방의 특징을 홍보하는 광경은 이제 낯익은 것이 되었다.

4) 필자는 지방자치의 성과와 한계, 그리고 자치단체의 발전프로젝트들이 어떻게 추진되고 있는지를 파악하기 위하여 관계 공무원 몇 명과 인터뷰조사를 실시했다. 한정된 인원이기는 하지만 도청, 시청, 읍사무소와 면사무소의 담당 공무원의 견해를 소개할 예정이다.

치는 영향과 관련하여 이 논문에서 규명하고자 하는 중심 주제이다. 지방자치의 의의에 대한 기초적인 질문에 답하기 위하여 이 연구는 강원도를 분석대상으로 설정하고자 한다. 강원도는 1991년 지방자치가 시행되기 이전까지 전라남도와 함께 한국에서 소득수준과 사회간접자본의 측면에서 가장 낙후된 지역으로 알려져 있었으며, 더욱이 총 거주인구가 백오십만에 지나지 않아 정치적으로도 가장 비중이 낮은 지역이었다. 그래서인지 강원도는 지방자치를 계기로 집권당과 중앙정부에 대한 무조건적 굴종의식을 벗어버리고 야당지역으로 변신하였는데, 그것이 중앙정부로부터의 정치적, 재정적 지원을 확보하는 데에 긍정적 영향을 미쳤는지는 아직 미지수이다. 5)

2. 자치행정과 발전전략

1980년대까지 강원도는 잠자는 지역이자 수도권의 배후지였다. 남한 총면적의 1/5을 차지하는 광대한 영토에 인구 백오십만이 흩어져 살고 있던 이 지역은 감자, 밀, 옥수수, 고랭지 채소 등의 농산물과 산림자원 및 광물자원을 산업지역과 수도권에 제공하는 자원보유지 정도로 인식되었으며, 지역민 역시 저발전의 운명적 체념 속에 살았다고 해도 과언이 아니다. 자원의 보유가 지역민의 소득증대와 생활향상으로 연결된 것은 아니었기 때문에 공장유치와 그것의 파급효과에 대한 기대감 역시 낮았다. 타 지역과 타 지역민에 대한 배타적 의식이 강원도처럼 강한 지역도 찾아볼 수 없을 정도였다. 1990년대 초반 필자가 《춘천리포트》를 쓸 당시만 해도 낯선 손님을 가장 빈번하

---

5) 1990년까지 강원도의 국회의원은 주로 집권당 소속이었다. 그러나, 1991년 이후 야당성향이 급증하더니 자민련의 유종수(15대)와 민국당의 한승수(16대)가 연이어 선출되었다. 현 도지사는 한나라당 소속이나, 춘천, 원주, 강릉시장 역시 야당친화성을 가진 사람들이다.

게 접촉하는 직업인 택시기사들조차 외지인과 외부 자본의 영입에 긍
정적 태도를 표명하지 않았다(한림대 사회조사연구소, 1991). '시끄러
워진다'는 것이 주된 이유였는데, 가난하지만 조용히 살고싶다는 강
원도민의 보편적 정서를 가장 분명하게 보여주는 예일 것이다. 그러
나, 변했다. 그것이 지방자치의 효과인지 아니면 세계화의 추세인지
모르지만, 변화의 질과 양은 다른 지역과 비교할 수 없을 정도이다.
　단체장은 공약실천을 위해 무엇인가를 꾸준히 이행해야 하는 강박
관념을 갖고 있다. 그것은 경쟁이 주는 긴장이기도 하고 선거구민에
대한 약속이기도 하다. 광역단체장과 기초단체장을 막론하고 공통적
인 운명은 크고 작은 발전전략을 구체화해야 한다는 것이다. 그리하
여, 지방자치가 시행된 후, 특히 2기로 접어들면서 지역사회는 발전
전략의 홍수시대를 맞았다. 각종 팜플렛과 공약준수를 알리는 홍보책
자가 관공서에 비치되고 발전정책을 탐색하는 학술회의와 공청회가
수시로 개최되었으며, 시민단체, 관료, 전문가들로 구성된 특정한 목
적의 위원회가 다수 설치되었다. 과거에는 관료들의 손으로 작성되고
폐기되었던 정책들이 이제는 시민사회와의 토론과정을 거치도록 바뀌
었다. 시민단체 업무를 맡고 있는 자치행정과의 책임자는 그것을 '바
람직한 변화'라고 정의했다. 정책결정과 실행과정이 시민사회에 개방
되었다는 것은 지방자치제의 커다란 성과이다. 그러나, 후술하겠지
만, 그것은 특정 시민단체에의 배타적 개방이라는 성격이 강해서 '주
민참여'라는 원론적 의미의 민주적 발전과는 아직 거리가 멀다는 점도
지적해야 한다.
　1998년 선출된 강원도지사와 춘천시장의 발전목표가 모두 '지식정
보화'에 맞추어져 있었으며, 이런 의미에서 광역단체와 기초단체의
비전이 지역민에게는 혼돈을 주지 않았다는 것은 흥미 있는 일이다.
그 우연의 일치는 지역발전과 관련해서 상당한 이점을 제공했다. 다
른 지자체에서 흔히 일어나는 갈등과 반목의 개연성이 현격하게 줄었
다는 점이다. 도(道)의 핵심전략은 〈강원 7 + 3 플랜〉으로 집약된다.

교통망을 중심으로 동서횡단과 남북종단의 공간별 특성화 개발계획이 '강원 7'이며, 도의 3대 도시인 춘천, 원주, 강릉을 잇는 지식기반 '3 각 테크노' 전략이 '3 플랜'의 내용이다. 그리하여, 7개 권역의 특성화 전략과 3대 도시를 축으로 한 지식정보산업화 전략에 지난 3년 동안 2조 2,096억 원이 투입되었다(강원도청, 2001).[6]

　기초자치단체인 춘천시의 발전전략은 보다 구체적인 것에 초점을 맞추고 있다. 1995년 1대 민선시장 시절에는 애니메이션에 관심을 쏟아 춘천을 만화중심도시로 만들고자 하는 전략이 수립되었다. 초기에는 만화센터의 설립, 애니메이션업체의 유치와 전문가 양성 등을 추진하다가 별로 진전이 없자 이를 영상정보산업과 연결하여 '지식영상산업도시'로 목표를 수정하기에 이르렀다. 그리하여, 만화와 영상산업을 바탕으로 하여 하이테크 벤처산업을 육성하려는 포괄적 계획이 2대 민선시장 시절에 세워졌으며, 급기야는 1999년에 바이오산업을 주축으로 한 벤처타운이 건설되었고, 2001년에는 비록 영세규모일지라도 총 38개 업체가 입주하게끔 되었다.[7] 이와 함께, 만화영상산업을 주축으로 한 멀티미디어밸리도 구상중이다. 춘천시는 벤처타운의 건립에 200억 원을, 만화산업과 영상산업의 기반조성과 멀티미디어기술지원센터 건립을 위해 874억 원을 투자하였으며 수백억 원의 추가 자금을 조성 중이다.[8] 이는 재정자립도가 48%에 불과한 적자 상태의 시재정(市財政)을 고려하면 모험적 투자에 해당하는데, 시 관계자들은 다른 방도가 없는 '최선의 선택'으로 간주하려는 경향이 강하다.

---

6) 이 외에도 강원도청은 14개의 사업을 발전전략의 주 내용으로 설정하고 추진 중이다. 그것은 교통망 확충, 환경전략, 관광전략, 농어업전략, 벤처·중소기업육성, 사회복지·여성정책, 문화·체육, 남북교류협력, 디지털 강원21운동, 미래인재육성, 도정혁신, 밀레니엄 르네상스운동, 2010 동계올림픽 유치 등으로 구성된다(강원도청, 2001).

7) 이 중 1개의 업체가 2000년도에 코스닥 진입에 성공했다.

8) 춘천시의 이런 노력은 어느 정도 결실을 맺은 듯 하다. 2000년 12월 춘천시 벤처타운은 대통령의 방문대상이 될 만큼 모범사례로 선정되었다.

"그간의 모든 발전전략에 실패한 춘천으로서는 모험적 선택이자 최선의 선택"이라는 것이 일반적 평가이다. 1980년대 중반까지만 하더라도 춘천시로서는 급히 조성된 농공단지에 입주하는 조야한 수준의 제조업체에도 고마움을 표시할 정도였다. 말하자면, 대기업 유치는 꿈도 꾸지 못한 상태였으며, 경춘가도의 복잡한 도로망과 25만의 좁은 시장을 탐내 본사나 지사를 이전할 유수 기업은 거의 없었다. 그런데, 지식영상산업도시로의 선언이 있은 뒤 이런 고답적 태도는 획기적으로 달라졌으며 제조업체가 아니라 바이오산업이 들어찬 생물벤처기업지원센터와 첨단영상산업의 육성기지로서 멀티미디어밸리를 꿈꾸게 되었다(춘천시, 1997: 강원도, 2001).

도청과 시청의 이런 의욕적 기획이 어느 정도 결실을 맺을 것인가는 아직 미지수이다. 발전기획의 총체적 양상은 그런 대로 짜임새가 있고 일단은 실현가능성도 높아 보인다. 도청과 시청의 이런 노력 덕분에 강원도는 지식정보화 분야에서 선도적 사례로 꼽힌다는 것이 담당공무원의 자랑스런 귀띔이었지만, 발전계획의 세부적 내용을 자세히 들여다보면 걱정이 없는 것이 아니다. 우선, 동서축과 남북축을 거점별, 공간별로 특화하는 7대 기능화전략에는 더러는 중앙정부의 국토종합개발계획과 대북정책에 연계된 것들도 있고, 도청의 독자적 아이디어에 의한 것들도 있다. 전자는 중앙정부의 개발정책에 편승하면 실현가능성이 높아지지만, 독자적 구상에 의한 것들은 별도의 재정이 확보되어야 한다. 민자유치가 필요한 이유가 이것인데, 1999년 외부자본의 투자유치 실적에서 강원도는 최하위를 면치 못했다(윤재호, 1999). 둘째, 북쪽의 휴전선 접경지역과 남쪽의 타도와의 접경지역은 경제적 효용성이 지극히 낮아서 기획만으로 끝날 가능성이 많다. 더욱이, 인구밀도가 전국에서 가장 낮은 상황에서 인근 농촌인구가 거점도시로 유입되는 추세가 가속화되어 농촌의 공동화현상이 일어날 가능성도 있다. 7대 기능화전략이 농촌인구의 도시유입을 막는 효과를 내기는 하겠지만, 인구의 권역 내 이동은 7대 기능화전략의 기본골격을 와해시킬 우려가 있는 것이다. 셋째, 남북교류 및 금강산 개발과 연계된 '설악 - 금강산 개발계획'은 정권교체와 함께 대북정책의 기본원칙이 바뀌면 전면적 수정이 불가피하고 급기야는 중단될 가능성마저 배제할 수 없다. 넷째, 영동 - 영서지역의 지리적, 문화적 분리를 고려하면 춘천 - 원주 - 강릉을 잇는 삼각테크노밸리는 개념적으로 연결된 것일 뿐 현실적으로는 많은 문제를 안고 있는 구상이다. 강원도 3대 도시의 특징과 장점을 살린다는 취지는 좋으나 이른바 시너지효과를 낼 만큼 3대 도시간 지식산업과 인적 자원의 교류와 상호협력은 아직 미미하기 때문이다. 계획은 실행과정에서 수정되기 마련이다. 도의 발전계획이 진취적, 의욕적일수록 우려도 그만큼 커진다.

춘천시의 경우도 마찬가지이다. 제조업 중심전략으로부터 지식정보산업으로의 전환은 시의적절한 것이었으나 그것을 뒷받침할 만한 전문연구기관, 인력, 재정이 어느 정도 확보될 수 있을 것인가, 그리고, 25만 정도의 소규모 도시로서 자체적인 시장수요를 창출할 수 있을 것인가 등등의 문제는 발전전략 실행의 걸림돌로 작용한다. 춘천시는 만화축제, 인형극제 등의 소규모 행사를 개최하여 시의 이미지를 전국적으로 홍보하고 전문기관의 유치에 힘쓰고는 있으나 아직 역부족이다. 부산, 부천, 전주에서 개최하는 영화제도 치밀한 계획과 의욕으로 성사된 것이라면 춘천 역시 못할 바 없겠으나 지식영상산업화에는 많은 자본과 인력이 소요되고, 일회적 이벤트에 그치는 것이 아니라 지속적이고 장기적인 투자전략과 시장수요가 필요한 것이기에 그만큼 어려움은 배가된다고 하겠다. 바이오벤처에서 소규모 집적단지를 조성하고 그것을 영구화할 전문연구기관(바이오 아카데미)을 구축하는 작업, 그리고 생산된 상품을 판매하는 유통망 구축과 시장개척은 25만의 중규모 도시로서는 버거운 일임에 틀림없다. 9)

---

9) 춘천시는 98년 산업자원부로부터 바이오산업 육성 시범도시로 지정되었다. 춘천시는 권내에 강원대의 농과대학을 비롯하여 4개 대학과 전문교수 300여 명 등 풍부한 바이오인력과 연구기관이 포진하고 있음을 강조한다. 한림대학

도청과 시청이 지식영상산업화로의 도약을 꿈꾸고 있는 동안 읍·면·동의 행정단위는 그것과 아무런 상관이 없어 보인다는 것은 흥미로운 일이다. 자치단위가 아닌 탓도 있겠지만, 촌락중심의 자치전통이 존재하지 않는다는 점도 주목을 요한다. "할 수 있는 일은 아무 것도 없다"는 것이 16개 리, 3천 명의 면 주민을 관할하는 면장의 말이다. 춘천시는 인근의 군과 면을 흡수한 시·군 통합지역이다. 그러므로, 춘천시의 발전전략은 적어도 이론적으로는 1개 읍과 9개 면을 총괄하는 포괄적 기획이어야 하며, 도시민과 면 주민이 공통적으로 참여하는 범시민적 프로젝트여야 한다. 그러나, 면 주민의 생업은 농업이고 학력수준이 낮아서 지식영상산업의 내용이 무엇이며 그것이 농민들의 소득증대에 어떤 영향을 미치는지를 구체적으로 알고 있는 사람은 극소수에 불과하다. 면 주민은 강원도민이자 춘천시민이다. 그러나 도청과 시청의 화려한 프로젝트를 이해하고 있는 사람은 드물며 설사 그것이 어느 정도 본궤도에 올랐다고 하더라도 강 건너 남의 동네 일처럼 여겨지는 것이다. "지식영상산업이 농업에 무슨 의미가 있는가, 우리는 그저 배추값이 뛰고 쌀값을 제대로 받으면 그만이다"는 것이 면 주민의 일반적 정서이며, 시와 도에서 어떤 일이 벌어지는지에 아무런 관심이 없다. 농민이 관심을 쏟을 만한 일은 배수로 공사, 홍수에 무너진 제방복구, 마을길 포장과 교량건축 등등의 공공사업과 관련된 것들뿐이다.

발전전략과 관련하여 중요한 것은 주민이 살아가는 생활공간으로부터 직접 분출되는 여망을 동원하고 수렴하는 일이다. 그러나, 그것은 위에서 만들어져 밑으로 전파된다. 최하위층에 위치한 주민들이 — 이 경우 농민들 — 아무런 관심을 표명하지 않는, 또는 아무리 홍보해도 그들의 관심을 끌지 못하는 발전전략이라면 관 주도형 성장패턴을 벗어나지 못한다. "사실상 지역사회의 발전을 도모하는 초기단계에서

의 종합병원도 유관기관에 속한다. 그러나, 종합적 연구역량이 바이오 특화전략에 어느 정도 부합될는지는 불분명하다.

지방정부의 역할은 막중하다"는 것이 지방행정부의 일반적 인식이며, 재정자원이 부족하고 각종 규제가 거미줄처럼 쳐있는 한국사회에서 도(道)와 시(市)의 정체성을 바꾸는 거대한 프로젝트를 추진할 민간 주체는 빈약하다. 이것이 각 지역의 발전전략이 지방정부 주도로 이루어지는 이유이며 춘천과 강원도도 여기에서 예외가 아니다. 그러나, 앞에서도 지적하였듯이, 주민참여가 이루어질 수 있는 유일한 단위가 시·군으로 구성된 기초단체이다. 읍·면·동으로 한 단계 내려가면 발전전략과 관련하여 주민들이 참여할 수 있는 통로는 전무한데, 지난 번 시행된 행정개편은 읍·면·동의 이런 기능을 아예 시단위로 이전시켰다. 읍·면·동은 대민 업무와 민원, 그리고 국가시책으로 이루어지는 복지정책과 공공사업에 행정 역량을 쏟을 뿐이다.

3. 행정부 주도형 발전전략과 리더십의 제약

지방자치단체의 정치 - 행정간의 관계유형에 관한 한 연구는 224개의 지방자치단체 중 109개를 집행기관우위형, 31개를 지방의회우위형으로 분류하였다(임헌만, 1999). [10] 이 연구에 의하면 강원도 18개 자치단체 중 13개가 집행기관우위형에, 3개가 행정부의 입김이 강한 상호자제형에, 1개가 중간형에(강릉), 2개가 의회의 입김이 강한 상호침투형에(춘천과 태백) 속한다는 것이다. 그렇다면, 강원도는 대체로 행정부 주도가 지배적 유형으로 나타난다. 춘천은 의회 쪽으로 무게가 실린 상호침투형으로 분류되었지만, 현장조사를 통해 얻은 인상으로는 대체로 행정부 주도형에 가깝다는 결론이다. 아무래도 '지역경제발전'에 대한 주민들의 강한 열망을 행정부가 실행하고 있다는 점

---

10) 임헌만은 지방자치체를 의회 - 행정부를 양극으로 하는 연장선에 그 영향력에 따라 다섯 가지 유형으로 분류한다. 지방의회우위형, 상호침투형, 평균형, 상호자제형, 집행기관우위형이 그것이다.

에서 의회 역시 보조를 맞추고 있는 실정이기 때문이다. 11) 흥미있는
점은 강원도와 춘천시 모두 집행기관우위형의 요건을 골고루 갖추고
있다는 사실이다. 앞의 연구에 따르면, 집행기관 우위형은 대도시보
다는 농촌지역에서, 인구규모가 큰 지역보다는 작은 지역에서, 재정
자립도가 큰 지역보다 낮은 지역에서 나타날 가능성이 많다는 것인
데, 강원도와 춘천은 그런 요건과 대체로 일치하는 속성을 지닌다.
말하자면, 인구규모, 재정규모가 작고 재정자원이 빈약하며 경제적으
로 낙후된 지역의 지방자치단체는 행정부가 주도적 역할을 행사하게
된다. 이런 경우 의회가 행정부에 강한 영향력을 행사한다거나 자주
제동을 걸게되면 지역의 발전역량이 전반적으로 약화될 우려가 있다.
의회는 우선 지역역량을 키우기 위해 행정부를 지원하는 노선을 선택
하게 되는 것이다.

  강원도와 춘천시의 발전전략이 지식정보산업화로 수렴된 것은 대체
로 지방선거가 중대한 계기로 나타난다. 이런 의미에서 지방자치제는
여러 가지 대안 중에서 특정한 방향의 발전전략을 정립하는 데 중요
한 여과기제이다. 그래서인지, 이 지역민들의 일반적 정서에는 지방
자치가 어쨌든 발전에 기여했다는 견해가 지배적이다. 민선자치 후
강원도의 발전정도에 대하여 묻는 질문에서 응답자의 38.3%가 "발전
했다"는 긍정적인 반응을 보인 것과, 특히 가장 큰 변화로 "지역경제
발전"(37.7%)을 꼽고 있는 모습에서도 그런 정서가 강하게 드러난다
(강원개발연구원, 1997). 이런 반응은 단체장의 의지가 높고 지자체의
활동이 활발한 지역일수록 커진다. 예컨대, 삼척, 양구, 홍천, 평창,
동해, 춘천이 그런 지역이며, 원주, 강릉, 양양, 화천, 속초, 철원에
서는 긍정적 반응이 비교적 낮게 나타났다.

───────────────

11) 강원도민의 의식조사에 의하면, 강원도의 낙후성 때문인지 강원도민들은 '지
   역경제활성화'를 가장 중요한 역점사업으로 꼽았으며(29.9%), 사회복지시설
   확충(19.8%), 교통망 확충(16.1%)이 그 다음 순위를 차지했다(강원개발연
   구원, 1997).

　발전전략과 관련한 지방자치단체의 성과(*performance*)를 측정하는 것은 전반적인 추이를 가늠하는 데 유용하다. 가장 빈번히 활용되는 성과지표로는 능률성, 효과성, 형평성, 대응성이 있는데, 각각의 영역에 해당하는 자치단체의 기능을 분류하고, 투입된 자원과 산출량을 비교하면 대체적 성과를 측정할 수 있다(라휘문·한표환, 1999). 이 글에서 관심을 갖는 것은 구체적인 성과측정이 아니라, 발전전략이 채택되고 구체화되는 과정과 추진과정에서 4개의 성과지표에 영향을 미치는 요인들은 무엇이며, 각 요인들이 리더십을 촉진하거나 제약하는 구체적 양상은 무엇인지를 살펴보는 일이다. 이를 위하여 단체장이 발전전략을 추진하는 일련의 과정 속으로 들어가 보고자 한다.

　선거를 통하여 지식정보산업화라는 발전목표가 설정된 이후 강원도와 춘천시는 한국개발원(KDI)에 용역을 발주하여 발전전략을 구체화해줄 것을 의뢰하였다. 단체장에게 제출된 KDI의 보고서는 강원개발연구원과 자문단 및 연구기획단의 검토를 거쳐 최종 확정되었고, 이 확정안은 다시 광역단체와 기초단체의 구성원들과 협의하는 과정에서 약간 수정되어 지방의회의 최종 인준을 받았다는 것이다. 단체장은 발전전략의 확정안을 도와 시에 공시하면서 실무진을 구성한다. 추진위원회, 홍보위원회, 투자유치단이 구성되고, 도청과 시청의 행정체계도 발전전략을 추진할 수 있도록 재편된다. 이에 따라, 강원도청에는 '지식정보기획단'이 설치 운영되었고, 춘천시청에는 기존의 지역경제국이 '지식문화산업국'으로 개칭되어 그 휘하에 영상산업, 만화산업, 생물산업, 정보통신산업, 관광기획과 문화산업과가 각각 신설되었다. 행정체계의 재편은 발전전략에 추진력을 부여하는 과정이며 동시에 리더십을 보강하는 과정이다. 행정체계의 재편에는 실·국의 기능변동과 업무분장이 포함되며 단체장과 호흡이 맞는 관료들의 인선과 재배치도 중요한 몫을 차지한다. 발전목표에 맞추어 역량 있는 인사를 등용하고 행정인력을 적재적소에 배치하는 것만큼 중요한 것은 없다. 인사권의 행사는 발전정책을 중심으로 한 행정력의 집중이자 리더십의 강화과정에 다름 아니다. 이것에 실패하면 발전정책에 어떤 진전이 있으리라고 기대하지 말아야 한다. 흥미로운 것은 인선(人選) 속에 이미 지역 간 견제와 균형이 작동하고 있다는 점인데, 이런 양상은 광역단체일수록 현저하게 나타난다. 지식정보산업의 발전에는 '집중과 선택'의 원리가 중요하다면 그것의 추진체(task force)는 이미 '견제와 균형'으로 무장되어 있다는 점일 것이다.

지방자치단체는 이런 사전 작업을 거쳐 발전전략의 구체적 실행과정으로 진입한다. 행정부 주도형의 지방자치단체의 경우, 단체장으로 대변되는 리더십의 효과성에 영향을 미치는 중요한 요인들은 재정, 조직·인력 및 내부 정치, 주민동원과 참여로 대별할 수 있다. '재정'은 발전정책에 소요되는 재원 확보의 문제이자, 투입된 재원과 실적과의 관계, 즉 단위비용에 관련된 문제이기에 성과지표 중 능률성(efficiency)을 가늠하는 핵심요인이다. '조직·인력 및 내부 정치'는 업무조정, 관료의 동기부여와 책임의식 고양, 인선 등을 통하여 조직역량을 높이는 문제들이 중요하며, 광역단체의 경우는 지역 간 형평성 제고와 의회와의 관계개선, 지자체간 협력과 동의를 끌어내는 문제를 포함한다. 추진력과 형평성(equity)이 중시되는 영역이다. 한편, 주민동원과 참여는 주민들의 욕구, 기대, 선호에 부응하면서 주민들의 인지를 얼마나 동원할 것인가, 그리고 자발적인 참여를 어떻게 촉진할 것인가의 문제이다. 지방자치가 주민참여를 활성화한다는 것은 주지하는 바이지만, 주민들의 동의와 협력이 없는 한 발전정책은 관료들의 배타적 이해관심에 치우치게 되고 결과적으로 단체장은 차기 선거에서 교체위험에 직면한다. 대응성(responsiveness)은 선거와 관련하여 단체장이 가장 염두에 두는 측면일 것이다. 이상의 요인들이 제대로 작동한다면 리더십은 촉진되지만 그렇지 않으면 약화된다. 그러나, 재정이 충분하거나 주민들의 참여가 대단히 활발하다고 느끼는 단체장은 없으므로 단체장의 입장에서 이런 점들은 대체로 '제약요인'으로 인식하는 경향이 강하며, 재정적자, 빈곤한 자원과 인력, 낮은 참여

〈그림 8-1〉 발전전략의 정립과 추진과정: 제약조건

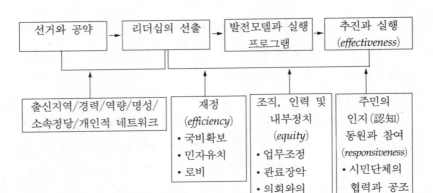

의식 등의 상황에서 출발할 수밖에 없는 강원도의 단체장들에게 그것은 명백히 제약요인이다. 이상의 논의를 요약하면 그림과 같다.

4. 성과(performance)의 결정요인

1) 재정

지방자치제의 실시 이후 지방정부의 재정규모가 급증했음은 널리 알려진 바이다. 1985년~1995년간 지방재정의 규모는 세입은 8배, 세출은 6.3배 증가한 것으로 나타났다(김범식 외, 1997). 이런 전반적 추세 속에서 지방광역단체들은 지역개발비와 산업경제비를 대폭 늘렸고, 6대 도시는 사회보장적 성격의 지출을 늘렸다. 지방자치제가 실시되기 이전에는 대체로 저발전지역에 대한 배려가 컸던 데에 반해, 실시 이후에는 소득분배적 예산배분보다는 다른 요인, 예를 들면 총면적, 투표율, 정치적 비중, 국가시책과의 연관성 등에 의하여 결정되는 개연성이 높아졌다. 이는 국가예산이 지역별 소득격차를 축소해주는 순기능적 역할이 줄어들고 오히려 소득격차의 확대 내지 재생산을 촉발한다는 우려를 낳게끔 되었다. 1995년 조사에서 강원도는 인구밀도가 전국 최하위(15위)인데 반하여 인구 일인당 세출지수는 전국 1위를 기록했다(김범식 외, 1997: 20). 12) 그럼에도, 전국 지방자치단체의 재정자립도가 63%임에 비해 강원도의 재정자립도는 32.5%, 춘천시는 43.2%에 지나지 않아 지방세와 세외수입 및 국고보조금에 대한 재정의존도는 대단히 높은 편이다(1997년도 기준). 그것은 강원도와 춘천시가 수입증대에 기여할 만한 고유사업과 수익사업이 대단히 빈약하다는 의미이며, 동시에 자체적 재원을 조성하여 독자적 사업을 꾸려나가기란 매우 어렵다는 점을 시사한다. 이런 상황에서 지식정보산업화라는 의욕적 프로젝트를 수행하는 데에 많은 어려움에 직면하고 있으리라는 것은 쉽사리 짐작할 수 있다.

2001년도 강원도의 투자계획에 따르면, 〈강원 7+3 플랜〉에 1,510억 원을 비롯하여, 〈청정환경 가꾸기 사업〉에 953억 원, 〈지식기반산업경쟁력 확충〉에 3,001억 원, 〈문화르네상스 사업〉에 323억 원, 〈미래인재 양성 및 고품격 행정서비스 창출사업〉에 217억 원 등 총 1조 3,076억 원을 투입할 계획이다. 한편 춘천시의 전략산업인 지식영상정보화산업의 경우, 멀티미디어기술지원센터 건립에 162억 원, 생물산업벤처기업 지원센터 건립에 280억 원, 디지털 스튜디오에 121억 원, 바이오벤처플라자 건립에 190억 원, 춘천 소프트웨어 진흥센터에 8억 원, 만화이미지 정보센터에 113억 등 모두 1천억 원 정도를 투입하려고 재정을 확보중이다. 일년 총예산은 강원도가 5조 1,337억 원, 춘천시가 3,567억 원 수준이었다(1999년 기준). 이 예산은 인건

---

12) 서울은 이와는 정 반대로 인구밀도는 1위, 세출지수는 15위였다.

비, 경상비(관리비, 운영비), 개발비, 복지비를 모두 합한 것이어서
단체장이 특정한 발전계획을 성사시키기 위하여 자의적으로 활용할
수 있는 예산은 지극히 제한적이다. 그러므로, 재원마련은 단체장의
가장 중대한 관심사항이 될 수밖에 없다.

　이러한 재정적 제약 속에서 도와 시의 발전전략은 세 가지 자원에
의하여 추진된다. 일반예산(국비), 국고보조금, 지방양여금이 그것이
다. 단체장은 자신의 공약사항을 실행하기 위하여 두 가지 전략을 구
사한다. 첫째, 흔히 국토종합개발계획과 같은 대규모 법정계획에 자
신의 공약사항을 가미하여 편승하는 방법이다. 이는 중앙정부의 예산
으로 자신의 공약사항을 실행할 수 있으므로 비용을 들이지 않는 가
장 편리한 방법이다. 그러나, 이를 위해서는 국토종합개발계획과 자
신의 비전이 부합해야 한다. 비용절약의 이점이 있기는 하지만, 법정
계획에 편승하면 독자적 업적임을 내세우지 못하거나 독자적 발전의
가능성은 그만큼 줄어든다. 둘째, 단체장은 국고보조금과 지방양여금
을 활용할 수 있다. 이는 중앙부처의 정책예산으로서 지정된 항목과
지정되지 않은 항목으로 구성된다. 예를 들어, 도청과 시청은 지식영
상산업화의 세부사업을 짤 때 정보통신부, 산업자원부, 문화관광부의
정책과 요건에 맞추어 중앙정부의 예산지원을 받을 수 있다. 특히 비
법정계획, 또는 지자체 고유의 발전정책에 중앙정부의 예산지원을 확
보하려면 그런 주도면밀함이 요구된다. 국고보조금과 지방양여금, 또
는 중앙부처의 정책자금을 받으려면 단체장 휘하에 기민한 기획능력
과 실행력을 갖춘 조직과 인력이 포진되어야 함은 물론이다. 때로는
단체장이 직접 뛰어다녀야 하는 필요성이 자주 발생한다. 정관계의
네트워크를 활용하거나 담당부처와 긴밀한 로비를 해야 하는 것이
다. 13) 네트워크와 로비능력은 지방자치시대에 단체장의 역량을 가늠

---

13) 강원도는 도청을 거쳐간 관료들의 연결망을 구축하여 긴밀하게 공조하고자 노
　　력한다. 강원도 출신으로 전국적 명성을 얻은 인물이 정계와 관계에는 거의
　　없다는 빈곤감이 강원도민의 일반적 정서이다. 개각 때 강원도 출신인사의 입

하는 중대한 기준이 되었다. 이런 경우, 도지사가 특정 시의 발전정
책에 우선 순위를 부여하고 중앙부처에 예산지원을 호소한다면 기초
단체로서는 그것보다 고마운 것이 없을 것이다. 강원도청과 춘천시의
공조가 잘 이루어지는 것도 이러한 이유 때문이다. 그런데, 그것은
다른 시와 자치단체의 원성을 살 우려도 배제할 수 없다.

　자치단체간의 마찰은 사업비를 확보하는 방식, 또는 광역자치단체
의 정책예산을 분배하는 방식에서도 발생한다. 국고보조금과 지방양
여금을 활용한다고 하더라도, 지자체의 발전계획을 수행하는 데에 항
상 재정부족에 당면하는 것이 현실이다. 그리하여, 발전계획에 포함
된 사업들은 대체로 국비, 도비, 시비를 합한 자금으로 추진된다. 예
산의 이런 분배방식은 지방의회의 가장 빈번한 논쟁거리이기도 하다.
왜 특정지역에 더 많은 비율의 예산이 책정되었는가, 그것은 예산의
형평성에 맞는 것인가 등의 비판이 지방의회에서 지역 간 충돌을 야
기한다. 이런 충돌이 자주 일어나면 지방의회와 행정부의 관계는 소
원해진다. 의회와 도청, 시청간의 조율이 되지 않는 현안문제가 누적
되면 예산집행에 커다란 차질이 발생하기도 한다.

　민자유치는 예산부족을 돌파하는 유용한 방법이다. 민자유치는 두
가지 방식으로 추진된다. 하나는 발전프로젝트 중 일부를 민간기업에
게 위임하는 방식이고, 다른 하나는 수익사업을 개발하여 유리한 조
건으로 투자자를 물색하는 방식이다. 전자는 공동투자 형식을 취하게
되는데, 교통망과 통신망 확충, 탄광개발 등이 주요 대상이며, 후자
는 위락시설건축과 관광지 개발 등에 적용된다. 흔히 광역자치단체는
민자유치를 촉진하기 위하여 투자유치기획단을 서울에 개설하는 경우
가 많은데, 사업의 성격과 지자체의 특성에 따라 명암이 갈린다. 강
원도는 관광지 개발에 해외자본의 유치를 적극 모색하고 있으나 아직
이렇다할 성과를 올리지는 못했다. 2000년도 자본유치 실적을 보면

　각여부에 촉각을 곤두세우는 것도 이런 이유에서이다. 개각시 강원도의 유력
　지들은 누가 입각했는지를 톱기사로 싣는 정도이다.

호텔과 같은 리조트 산업에 약간의 투자유치가 이루어진 것을 제외하고는 제조업분야나 정보산업분야의 투자는 미약한 실정이다. 1999년 말을 기준으로 국내에 투자된 해외자본은 총 5,249건에 260억 달러에 달하는데, 강원도는 총 29건에 6,938만 달러가 유치되어 건수로는 전국의 0.5%, 금액기준으로는 0.9%를 기록하였다. 이는 도 단위의 자치체 중 최하위에 해당하는 수치이다(윤재호, 1999: 36).

 발전정책이 도와 시 단위에서 주로 추진되는 반면, 면 단위로 내려가면 전혀 발전정책의 무풍지대로 느껴지는 것은 일본과는 대조적인 현상이다(정진성, 2001; 이지원, 2000). 주민과 직접 접촉하는 최전방 행정체계인 면 단위에서는 발전정책을 위한 예산은 전혀 없거나 가용자원도 발견되지 않는다. 이는 읍·면·동의 기능을 대민 봉사 업무와 사회보장과 관련된 국가시책에 한정했기 때문이기도 하고, 발전정책을 주도할 여력을 갖추지 못했기 때문이기도 하다. 면사무소의 일년 예산은 대체로 5억~10억 원 정도로, 대부분 인건비와 일반경비로 사용되어 그 지역의 발전을 위하여 쓸 수 있는 재정은 없다. 시에서 일년에 한 번씩 내려오는 추경예산도 마을의 숙원사업 ― 교량건설, 도로확장, 수로개축 ― 에 쓰여지는 것이 보통이다.[14] 일본의 지방자치제가 마을단위로 이루어지고 따라서 마을의 고유성을 살린 사업을 특화하는 것에 비하여, 한국의 자치제는 여전히 광역단위 중심으로 이루어져서 면 단위의 마을들은 혜택을 보지 못하거나 소외되어 있다. 지역경제활성화를 목표로 한 발전정책이 주민들의 소득증대를 꾀하는 것이라면, 한국의 지방자치는 시 단위에 초점을 맞추고 면 단위의 농어민을 제외시킴으로써 도시 - 농촌간 소득격차를 더욱 크게 만들고 있다.

---

14) 예컨대, 춘천시 S면 추경예산은 다음과 같이 편성되었다. 금산리 마을안길 포장 18백만 원, 당림리 마을안길 포장 20백만 원, 지암리 하천공사 30백만 원, 지촌리 배수로 공사 20백만 원 등등.

2) 조직, 인력 및 내부 정치

　조직과 인력은 발전전략을 추진하는 주요 행위자이다. 단체장의 리더십이 아무리 탁월하더라도 조직과 인력이 뒷받침되지 않는 한 개인적 절규로 끝나버릴 위험이 많다. 리더십은 단체장을 정점으로 하는 팀워크(team work)이자 지배연합(ruling alliance)이다. 지배연합의 정책은 항상 저항과 견제를 불러일으킨다. 발전정책은 특정한 영역에 막대한 자원을 투입하는 형태를 취하는 것이 보통인데, 그것은 때로 기득권 집단에 위협을 가하거나 새로운 이해집단을 탄생시킨다. 자원의 배분양상과 정책적 효과만으로도 지역정치의 내부 구도가 바뀔 수 있다. 발전정책이 지역의 내부정치(internal politics)에 갈등을 일으킬 가능성은 항존한다. 갈등의 유형은 다양하다.

　첫째, 광역단체 내에 중추도시가 존재하지 않는다면 갈등의 소지는 커진다. 중추도시가 존재하지 않는 지역의 주민들은 항상 발전정책의 지리적 분포와 그에 따른 자원배분을 놓고 경합을 벌린다. 강원도의 경우, 춘천과 원주는 수부의 자리를 놓고 경쟁해 왔으며, 원주시민들은 춘천이 도청소재지로 격상된 것을 일제의 잔재로 보는 경향이 강하다. 여기에 강릉이 개입한다. 강릉의 개입은 춘천과 원주간의 역사적 경쟁구도를 영서 - 영동간의 지역적 경쟁구도로 재편한다. 이런 식으로 발전정책은 항상 지역 간, 지역 내 갈등을 부추긴다.

　둘째, 중앙정부로부터의 소외감이 큰 지역일수록 발전정책을 둘러싸고 갈등이 일어날 가능성이 커진다. 소외감은 피해의식을 동반한다. 이런 경우, 인근지역에 작은 자원이 투입되는 것도 곱게 넘기지 못한다. 역으로, 혜택을 상대적으로 많이 받아온 지역이라면 타 지역에 예산이 투입되는 것에 대한 관용의 수준은 높아진다.

　셋째, 광역자치단체의 지리적 규모가 커서 한 지역의 발전이 다른 지역으로 파급되는 효과가 작고 많은 시간이 소요될 때 자치단체간 갈등은 더불어 커진다. 역으로, 특정 지역의 발전이 인근지역에 어떤 이점을, 그것도 단기적인 이점을 제공할 여지가 많다고 판단될 때 자치체 간의 마찰은 쉽게 조정될 수 있다. 주지하다시피, 강원도는 위의 세 가지 조건에 있어 모두 커다란 갈등의 소지를 안고 있으며, 일단 갈등이 발생하면 장기화될 우려가 많은 지역이다. 이런 지자체의 경우 행정부 주도형 발전정책은 지방의회의 끊임없는 견제와 비판 속으로 던져진다.

내부 정치의 안정은 발전정책의 성패를 조절하는 수문이다. 이른바 지배의 정도(degree of governance)가 경제성장의 도약단계에 놓인 국가들에게는 성장을 개폐하는 척도라고 한다면(Huntington, 1968), 지방자치체 역시 마찬가지이다. 단체장이 지배력을 강화하기 위해 활용할 수 있는 수단은 조직과 인력재편, 그리고 지방의회와의 관계개선일 것이다.

우선, 조직의 문제를 살펴보자. 지방자치단체의 기능을 유형별로 분류한다면 약 90여 가지에 달한다(라휘문·한표환, 1999). 90여 가지의 세부 기능은 크게 일반관리행정, 보건사회복지, 환경, 도시건설교통, 세정, 문화관광, 지역경제, 재난위기관리로 나뉘며, 이를 사무유형으로 구분하면 자치사무, 단체위임사무, 기관위임사무로 나뉜다(최창호, 2001). 8개의 기능별 사무유형에 대하여 단체장은 발전전략과 관련된 것을 특화하거나 부서별 업무분장을 단행해야 한다. 그런데, 지방자치단체의 업무 중 지방자치단체를 위한 고유업무(자치사무)의 비중은 고작 40%정도이며, 중앙정부로부터의 위임업무가 50%, 단체위임업무(각 예하기관이 위임한 업무)가 10%에 달하여 단체장이 발전전략을 위한 특수한 사업을 벌리기가 대단히 어려운 구조로 되어 있다. 중앙정부로부터의 위임업무 비중이 너무 커서 대부분의 부서들은 지방의 고유업무에 더 많은 역량을 쏟을 수가 없다. 그러므로, 단체장은 지역발전을 위한 특별 업무를 기관위임사무에 적당히 끼워 넣거나 자치사무의 전반적 방향을 발전전략 쪽으로 선회하는 조치를 취하게 된다. 그러나, 이미 중앙집권적 정치체제 하에서 오랫

동안 정착된 조직구조를 지역발전의 필요성에 맞추어 재편하기란 여간 어려운 일이 아니다. 그래서, 지방자치단체들은 실무진으로 구성된 추진단 또는 기획단을 만들고 도정과 시정의 초점을 가능한 한 발전전략에 맞추도록 독려하게 되는 것이다. 강원도의 경우, 지식정보화기획단을 설치하여 발전전략에 관한 실질적 권한을 부여하고, 춘천시청의 경우, 지역경제국을 지식문화산업국으로 개칭하여 모든 행정역량을 지식정보산업화에 집중하도록 한 것이 그 예이다. 지방자치제 실시 이후 각 자치체의 조직구조는 대체로 이러한 원칙을 중심으로 재편되었다고 해도 무리가 아니다. 그 대체적인 경향은, 첫째, 중앙정부로부터의 기관위임사무를 중심으로 편재되었던 기존의 조직구조는 지방자치 후 발전전략 쪽으로 초점이 이동하였다. 그래서, 지자체마다 고유한 명칭을 가진 국과 실이 등장했다. 둘째, 평상적인 업무인 '유지적 사무'의 비중은 약간 줄어든 반면, '복지적 사무'와 '발전적 사무'의 비중이 현저하게 증가했다. 한국지방행정연구원의 조사에 따르면 지방자치제 실시 3년이 경과한 시점에서 지방자치단체의 업무 중 지역개발사무(28.2%)와 산업경제사무(25.7%)의 비중이 상대적으로 높은 것으로 나타났다(한국지방행정연구원, 1994).

조직구조와 행정체계의 이러한 재편 추세에 대하여 해당관료들이 어떤 반응을 보이는가의 문제는 조직역량 내지 리더십에 지대한 영향을 미친다. 조직재편은 인선과정을 수반하기 마련인데, 누가 핵심 부서에 발탁되는가, 누가 자원배분과 관련한 권한을 위임받는가, 누가 조정업무의 실질적 권한을 행사하는가에 관료들은 지대한 관심을 표명하기 때문이다. 그것은 관료들에게는 승진 및 출세와 직결된 문제이다. 인선과정에는 단체장과의 연고, 관료들의 능력과 경력, 지역유지들의 추천 등의 요인이 작용하는데, 이른바 핵심 부서에 배치된 지배연합(또는 발전연합) 내에 균열은 이러한 요인들과 직·간접으로 관련되어 있는 것이다.

중앙정부의 인선과 마찬가지로, 지배연합의 내부정치에 가장 중요한 영향을 미치는 것은 출신지역이다. 광역자치단체가 지형적으로 이분된 경기도의 경우는 북부와 남부, 강원도와 경상북도의 경우는 동부와 서부의 균열이 도정의 내부 긴장을 형성하며, 중추도시가 군림하는 경상남도와 전라남도는 도시와 지방의 대립이 현저하게 나타날 가능성이 많다. 여기에 명문고와 명문대학에 기반한 학연이 가세한다. 학연이 단일화되어 있고 그 영향력이 비교적 강한 곳에서는 그러한 지리적 요인에 기초한 균열이 약화되거나 조정되기 쉽지만, 두어 개의 경쟁적 학연이 존재하는 경우 지리적 대립은 증폭될 위험이 많다. 강원도의 사례는 후자에 속한다. 강릉고와 춘천고의 경쟁적 대립은 영동과 영서의 지리적 균열을 증폭시키는데, 조직재편과 인선과정에 이런 양상은 신중한 고려사항이 아닐 수 없다. 흥미로운 것은 이런 균열요인 또는 대립요인이 지방의회에서도 그대로 재현된다는 점이다. 주지하다시피 광역단체의 지방의회는 지역 이익을 옹호하는 지역대표로 구성되어 있어서, 지역이기주의는 지방의회의 작동을 관할하는 제일의 원칙이다. 그것은 '균형과 견제'에는 상당한 의미를 갖지만 '선택과 집중'에는 부정적인 효과를 창출하기도 한다. 세계화 시대의 발전전략에는 '집중과 선택'의 원리가 더욱 중요하다고 한다면, 행정부와 지방의회, 그리고 각 행위자 내부에서 이해대립을 촉발하는 이런 요인들을 어떻게 조정, 관리할 것인가의 문제가 단체장에게는 최대의 관심사이다.

3) 인지동원과 주민참여

주민참여는 민주주의의 핵심적 가치이자 지방자치를 실시한 최대의 명분이다. 지방자치는 어떤 형태로든 주민참여를 활성화한다. 주민의 직접적 개입과 자발적 참여가 없는 지방자치는 단지 중앙정부의 책임소재를 지역으로 분산시킨 것에 불과하다. 지난 10년 동안 한국사회에는 중앙수준과 지역수준에서 시민 내지 주민의 정치적, 행정적 참

여가 현저하게 증가했다. 한국의 시민사회운동이 확산된 속도와 질적
발전의 양상은 아시아국가 중에서도 괄목할 만한 것이어서 한국은 이
른바 시민운동의 르네상스를 맞이하고 있는 듯한 인상이다. 시민운동
이 발전한 배경에는 많은 요인들이 놓여 있는데, 경제성장, 전문교양
층의 확대, 사회적 요구의 다기화, 시민적 권리의식의 고양 등이 중
요한 몫을 차지한다(권태환 외, 2001).

시민운동의 르네상스는 그러나 두 가지 다른 층위를 보이고 있다는
것이 일반적 견해이다. 하나는, 중앙정치의 수준에서 시민사회운동은
전국적 조직망을 효율적으로 가동하면서 대단히 활발하게 전개되었다
는 점이다. 그것은 일부 명망가 중심으로 민주화 내지 개혁정치와 관
련된 거시적 사안에 집중되었다. 그러나, 둘째, 명망가들의 활약과는
대조적으로 시민들의 참여는 저조하다는 점이다. 중앙수준에서 시민
운동은 활성화되어 있는 데에 반해, 지역수준, 또는 거주지단위의 주
민운동은 대단히 취약해서 일종의 이중적 구조를 드러낸다. 주민운동
은 쓰레기소각장, 핵발전소와 폐기물 처리장, 정신병동과 같은 혐오
시설의 건립을 반대하는 데에는 그런 대로 활발하고, 지방자치와 관
련된 본질적 의미의 주민운동은 별로 진전을 보지 못했다는 평가가
일반적이다. 일본의 지역운동에서 흔히 발견되는 주민투표제, 시민
옴부즈맨제도, 환경운동과 연관된 생활협동조합운동, 자치단체에 대
한 정보공개 요구와 주민소송제도, 주민감사제도 등과 같은 민주주의
의 발전에 해당하는 제도들은 아직 형성되지 않았다. 지방자치단체가
특정한 정책사안을 추진하고자 할 때 주민들의 찬반을 묻는 주민투표
제도는 한국의 지방자치법에 규정되어 있기는 하지만 그것을 실행하
고 있는 자치체는 하나도 없다. 15)

중앙수준에서의 시민사회운동은 활성화된 데에 비하여 지역수준의
운동, 그것도 지방자치제도의 발전을 가름하는 주민참여는 아직 초기

---

15) 지방자치법 13조 2항에 규정되어 있다.

단계에 놓여 있다는 점은 이 글의 주제인 발전전략의 정립과 추진과정에서도 그대로 적용된다. 지방자치가 실시된 10년 동안 한국의 시민들은 단체장과 지방의회 의원을 선출하는 '절차적 과정'에 참여했을 뿐, 행정 감시, 소환, 감사와 같은 '실질적 과정'에의 참여에는 그다지 적극적이지 못했다. 그럼에도 몇 가지 달라진 점이 발견되기도 한다. 지방행정부가 특정 정책을 집행할 때 그 지역의 대표적 시민단체와 이익단체를 초청하여 공청회, 자문회의, 학술회의 등의 크고 작은 의견수렴과정을 거친다는 점이다. 이것은 선거를 의식한 단체장의 주문이기도 한데, 민선단체장들은 주민들의 견해를 무시하고 독선적이라는 세간의 비판을 가장 싫어한다. 그렇기 때문에 단체장들이 지방의 신문사와 방송국, 여론지도자 등과 잦은 접촉을 갖고자 노력하는 풍경은 지방자치 시대의 보편적 광경이 되었다. 단체장의 이런 주문에 따라 관료들도 정책집행의 방식이 조금은 달라졌다. 예를 들면, 과거에는 관료들의 손으로 작성되던 법정계획들도 시민단체, 이익단체, 언론사의 검토를 거치게끔 풍토가 바뀌었으며, 지역의 독자적 발전정책인 비법정계획을 수립할 때에는 시민사회의 목소리에 더욱 관심을 쏟게 되었다.

여론수렴은 앞에서 지적한 내부 정치의 균열을 조기에 수습하고자 할 때 자주 활용되는 방법이다. 단체장은 언론사와의 잦은 접촉을 통하여 발전정책의 당위성을 설득시키고 반대와 저항을 무마하고자 한다. 주민들의 자발적 참여를 이끌어내기보다는 역으로 정책의 필요성과 당위성을 홍보하는 데 주력하는 것이다. 주민의 자발적 참여가 취약한 상황에서 주민들의 인지동원에 주력하게 되는 것은 어찌 보면 자연스런 현상이다. 춘천시의 경우 시청인터넷방송, 케이블 TV, 시보(市報) 등의 홍보매체가 주민들의 인지동원을 위해 활용된다. 반상회, 부녀회, 개발위원회, 지역번영회 등도 인지동원에 자주 활용되는 주민조직이다. 말하자면, 주민참여의 관점에서 한국의 지방자치는 인지적 동원단계에 놓여 있다. 이는 민주주의가 생활공간에 정착되는 일련의 단계 중 초기단계에 해당할 것이다. 초기단계의 주민참여는 다음과 같은 특징을 드러낸다.

첫째, 지방행정부는 시민사회에 대한 참여의 문호를 선택적으로 개방했다는 점이다. 앞에서 지적하였듯이, 주민소환, 주민감사, 주민청원, 주민투표와 같은 실질적 차원의 제도들은 아직 도입하지 않은 채로, 지역의 몇몇 대표적 시민단체에 선별적, 조건적 지원을 행한다. 도와 시의 행정자치과가 시민단체업무를 관장하는 주무부서인데, 해당관료들은 '정책에 협력적이며 건설적인 의견을 제출하는 단체'에 한하여 지원한다는 것이다. 저항과 반대를 일삼는 단체에게 한정된 예산을 제공할 수는 없다는 규제조항도 그렇거니와, 항의와 데모를 주도하는 단체를 정책파트너로 삼을 수 없는 현실적 어려움도 그런 선별적 지원의 이유일 것이다.

둘째, 정책협의에 반복적으로 초청되는 대상은 그 지역의 대표적 시민단체로서 대체로 중앙에 본부를 둔 지역지부일 경우가 대부분이다. 예를 들면, 경실련, 환경연합, 여성연합회 등이 그러하다. 지역사회에 존재하는 모든 시민단체와 협의할 수는 없는 노릇이지만, 몇몇 대표적인 시민단체의 독점현상이 발생하고 있음도 부정할 수 없다. 이와 함께 지역사회의 유력한 인사들의 모임도 정책결정 과정에 중대한 영향을 미친다. 경제단체, 지역유지들의 모임, 언론단체가 그것인데, 이들은 단체장과 행정부에 막강한 압력을 행사하는 이익집단들이다. 선거를 의식한다면 이들의 일사불란한 요구를 무시할 단체장은 거의 없다(한림대, 1991; 한림대, 1997).

셋째, 앞에서 지적한 몇몇 대표적 시민단체와 이익집단들이 정책결정 과정에 깊숙이 개입되어 있다면, 일반 주민들로 결성된 크고 작은 시민단체들은 대체로 이로부터 소외되어 있다. 이는 지역사회에 일반적 현상이다. 춘천시만 하더라도 정책결정과정에 개입할 수 있는 단체는 극소수에 불과하며 여타의 단체들은 대민 봉사, 노인과 여성복지, 아동과 청소년문제, 방범과 치안문제 등 주민생활과 직결된 사업에 초청된다. 최근 동 단위에서 주민자치센터의 건립을 의무화하고 있는데, 이것은 정책과정에의 자발적 참여를 위한 창구이기보다는 주민복지와 주거환경의 개선을 주목적으로 한다. 주민복지에 대한 참여 의식을 촉발하고 자발적 해결을 도모한다는 의미에서 주민자치센터의 의의를 부정할 수는 없지만, 행정부에 대한 감시와 견제기능과는 거리가 멀다는 점도 지적해야 한다.

 넷째, 면 단위 주민들의 경우는 도와 시의 정책결정 과정에서 전적으로 격리되어 있다. 면사무소는 발전정책과 관련된 업무를 전혀 수행하지 않는다. 마찬가지로, 면 주민들이 정책과정에 참여하는 경우는 거의 없으며, 있다고 하더라도 농촌의 특성상 제대로 이루어지지 않는다. 면 주민은 주로 국가정책의 대상이다. 종자개량, 관개수로사업, 농업자금대출 등 농업정책, 최근에는 정보화 시범사업이나 환경농업정책과 같은 국책사업이 일방적으로 추진되는 대상자인 것이다. 그런데, 잦은 정책변경과 농산물가격의 변동 때문에 농촌에는 국가시책에 대한 광범위한 반감이 팽배해 있다. 그렇기에 농민회와 작목반 같은 일종의 주민생산조직은 국가시책에 협조하기보다는 저항하는 데에 더 익숙한 것이 현실이다. 주민참여가 지방행정부에 대한 견제와 감시, 또는 동참의 채널을 확보하는 것을 목적으로 한다면, 농촌의 주민참여는 주로 국가시책에 대한 메아리 없는 저항으로 이루어진다는 것은 흥미롭다. 이에 반하여, 특정한 명칭이 부여된 지원사업(정보화사업과 환경농업)에 자발적으로 참여하는 마을은 가끔 발견된다. 예를 들면, 거액의 지원금이 걸린 친환경 농업시범마을 사업에 적극적으로 응모하여 선정된다든지 하는 예가 그것이다. 이런 사업은 중앙정부의 행정자치과에서 주관하는데, 사업규모가 친환경 농업사업은 한 마을에 5억, 정보화 시범마을사업은 약 10억에 달하여 면사무소의 일년 예산보다도 많은 액수이다. 그러므로, 국가시책에 대한 정보가 밝고 단결이 잘 되는 마을은 이런 거액의 포상금이 걸린 사업에 자발적으로 뛰어들기도 한다. 일단 후보마을로 선정되면 도와 시의 보조금이 더불어 제공되기 때문에 지역개발과 연관된 측면이 있기는 하다. 그러나, 지방자치의 본질적 측면과는 여전히 거리가 있다고 할 것이다.

5. 결 론 : 성과와 과제

지방자치 10년은 한국사회에 많은 변화를 촉발했다. 무엇보다도 중앙정부에의 종속성을 어느 정도 탈피하고 지역의 독자적 발전의 길을 모색하고자 하는 노력이 구체화되었다는 것은 커다란 성과이다. 중앙정부만 바라보는 수동적 태도로는 격화된 지역 간 경쟁에서 낙오한다는 위기감은 자치단체의 일반적 정서로 자리잡았다. 모든 지방자치단체들이 앞다투어 기획하는 각종 축제와 행사, 홍보와 선전, 그리고 지역 고유의 산물을 상업화하려는 다양한 시도 등은 이러한 위기감의 표현일 것이다. 그러나, 일회적 축제와 행사는 지역민의 의식을 깨뜨리는 데 효력이 있을 뿐, 장기적 관점에서 지속적인 지역발전의 발판이 되지는 않는다는 현실감도 갖게 되었다. 동면 상태에서 깨어난 자치체들은 그러나 독자적 발전의 길이 그리 쉽지만은 않다는 점, 중앙정부의 통제와 각종 규제가 존속하는 상황에서 독자적 리더십을 행사하기가 어렵다는 점도 동시에 깨달아야 했다. 이 글에서는 지역발전의 관점에서 리더십이 당면하는 세 가지 난관을 규명하고자 했다. 강원도의 사례를 연구대상으로 선택하였는데, 이 글에서 규명한 몇 가지 함의들은 다른 지방자치단체에도 적용되는 공통적인 쟁점들로 보아 무리가 없다. 리더십을 제약하는 세 가지 요인 —재정, 조직과 인력, 주민참여—을 어떻게 리더십을 보강하는 촉진요인으로 전환시키는가의 문제는 중앙정부와 지방정부가 협력적으로 풀어야할 향후 과제임에 틀림없다. 이 세 가지 제약요인은 리더십의 자율적 공간을 압박하는 일종의 덫과 같아서 정권 차원의 대폭적인 행정개편의 필요성을 시사한다. 특히, 지자체의 업무 중 절반 이상이 중앙으로부터 위임받은 위탁업무라면, 지자체가 지역 고유의 문제에 행정력을 투입할 여력은 절대적으로 부족하다.

지역사회는 꿈틀거리고 있다. 이런 관점에서 지방자치 10년간의 성과는 그런대로 성공적이었다. 그렇다고, 효율성, 대변성, 효과성, 능률성의 관점에서 모두 만족할 만한 수준을 넘어섰다고는 말할 수 없다. 오히려, 성과지표로 측정한다면 성공이 아니라 실패로 규정지을 측면도 속출할 것이다. 행정부 주도의 발전전략이 과연 능률적이었는가의 문제, 주민참여가 어느 정도 이루어졌는가, 또는 지역주민의 구성집단별 의견을 어느 정도 골고루 반영했는가의 문제, 투입된 자원과 행정서비스만큼 실효를 거두었는가 등등의 문제에 모두 그렇다고 자신 있게 답할 사례는 소수에 불과할 것이기 때문이다. 지방자치가 지역발전에 어떤 영향을 미쳤는가를 규명한 이 글의 시사점을 몇 가지로 제시하면서 논의를 맺고자 한다.

첫째, 아직도 중앙정부의 법정계획의 비중이 너무나 큰 현실이 지방자치단체들로 하여금 중앙정부의 개발계획에 편승 내지 의존하도록 부추길 우려가 많다는 점이다. 지역의 독자성을 개발하려는 의지보다는 중앙정부와의 로비나 정권과의 연계를 통하여 혜택을 보려는 경향이 그것이다. 정치적 지역갈등이 극심한 한국사회에서 그러한 유혹은 오히려 지방자치의 본질적 의미를 퇴색시킨다. 그것은 일종의 정치적 흥정이자 매수이기 때문이다.

둘째, 중앙집중적 행정의 시대에 국가예산은 소득수준이 낮은 지역에 보다 많이 투입되었던 데 반하여, 지방자치시대에는 오히려 그런 원리가 무시되거나 정치적 비중이 높은 지역에 더 많이 안배되는 경향이 있다. 이것은 지역간 소득불평등을 악화시키고 지역간 갈등을 유발할 소지가 많다. 현란한 명분에도 불구하고 지방자치의 시대는 지역간 균형발전에 역행하는 잠재적 요인들을 강화하는 경향이 있다. 이런 관점에서 중앙정부의 행정원칙과 예산배분의 원칙은 달라져야 하며, 정

권과의 관계도 새롭게 정립되어야 한다. 정권으로부터의 상대적 자율
성은 개혁정치의 추진력을 약화시킬 위험도 있지만 특정지역과 정권과
의 불공정한 호혜관계를 끊는 데에는 대단히 중요한 몫을 한다.

셋째, 발전정책은 주로 행정부 중심의 위로부터의 개혁에 해당한
다. 주민참여가 진전되고 있다고는 하지만 주로 전국적 지명도를 갖
춘 몇몇 대표적 시민단체이거나 지역유지, 기관장 등에 한정되어 있
을 뿐이다. 지역주민은 단체장과 지방의회 의원을 선출하였을 뿐, 지
역의 중대한 정책결정에 관한 한 아직도 소외의 영역을 탈피하지 못
하고 있다는 평가가 그것이다. 주민참여는 민주주의의 본질적 요건에
해당한다. 그러나, 민주주의는 합의에 도달하는 과정이 너무 어렵고
갈등과 반목의 계곡을 넘어야 하기 때문에 자주 발전에 역효과를 창
출한다. 그럼에도, 우리가 서민이라고 부르는 계층에게서 자치의 지
혜를 얻어낼 수 있게 되기까지는 지방자치의 성공을 말할 수 없다는
것은 아무도 부정하지 않는다. 이런 의미에서 한국의 지방자치는 초
기적 성숙단계에 진입했을 뿐이다.

• 참고문헌

강원개발연구원 (1997), 《강원발전을 위한 강원도민 의식조사 결과보고서》.
강원도청 (2001), 《도정의 주요성과와 2001년도 역점시책 방향》.
_____ (2001), "주요업무 시행계획".
_____ (2000), "2000지식정보화시책결산", 도청 지식정보기획관실.
_____ (2001), "2001지식정보화추진계획".
_____ (2000), 《제3차 강원도 종합계획(안) 2000~2020》.
권태환·임현진·송호근(공편) (2001), 《신사회운동과 한국사회》, 서울:
　　　서울대학교 출판부.
김의준·김갑성 (1998), 《지역투자가 지역 및 소득격차에 미치는 영향분
　　　석》, 서울: 삼성경제연구소.

김범식·손희준·송영필(1997), 《지방재정지출의 특성분석 및 정책적 시사점》, 서울: 삼성경제연구소.

김안제(1989), "지방자치 하의 지역개발", 《지방행정연구》 4(1), 서울: 한국지방행정연구원.

라휘문·한표환(1999), "지방자치단체의 성과평가를 위한 지표개발", 《한국정책학회보》 8(2).

윤재호(1999), 《강원지역 투자촉진을 위한 여건개선방안》, 강원개발연구원.

이시경(1993), 《지방자치시대의 지역개발계획수립기능강화방안》, 서울: 한국지방행정연구원.

이지원(2000), "일본사회의 지자체연구", 서울대학교 대학원 사회학과 박사학위논문.

임헌만(1999), "지방자치제하의 정치와 행정간 관계에 관한 연구", 《한국정책학회보》 8(3).

정진성(2001), 《현대 일본의 시민사회운동》, 서울: 나남.

최창호(2001), 《지방자치학》, 서울: 삼영사.

춘천시(1997), 《21세기 춘천비전과 개발전략》.

_____(1991), "춘천지역 첨단산업종합단지 조성기본구상".

한국지방행정연구원(1994), 《중앙과 지방정부간 사무분배에 관한 입법화방안》.

한림대 사회조사연구소(1991), 《춘천리포트》, 서울: 나남.

_____ (1997), 《춘천리포트 II》, 서울: 나남.

Esping-Andersen, Goesta(1990), *The Three Worlds of Welfare Capitalism*, Cambridge: Polity Press.

Flora, P. and Arnold Heidenheimer(1981), *The Development of Welfare States in Europe and America*, New Jersey: Transaction Inc.

Huntington, Samuel(1968), *Political Order in Changing Societies*, Cambridge: Harvard University Press.

Weir Margaret, Ann S. Orloff, and Theda Skocpol(eds.) (1988), *The Politics of Social Policy in the United States*, Princeton: Princeton University Press.

▪ **인터뷰에 응해준 사람들**

• 춘천시 S면: 면장, 건설계장.
• 춘천시청: 행정자치과, 지식정보국, 정보산업과, 문화계.
• 강원도청: 기획관, 지식정보기획실 3.
• 강원발전연구원: 실장, 수석연구원, 선임연구원.

❖ 찾아보기

304

* 인명색인은 생략합니다.

⁚ 필자약력

안 청 시 (安淸市)
  서울대학교 문리과대학 외교학과 졸업
  서울대학교 대학원 정치학 석사
  미국 하와이대학교 정치학 박사
  미국 프린스턴대학교, 국립 싱가포르대학교, 일본 동경대학교 객원교수
  현재 서울대학교 사회과학대학 정치학과 교수
  Social Development and Political Violence (1981)
  《전환기의 한국민주주의: 1987~1992》(공저, 1994)
  Politics and Economy of Regime Transformations (편저, 1999) 등

이 광 희 (李光熙)
  서울대학교 사회과학대학 외교학과 졸업
  서울대학교 대학원 정치학 석사
  서울대학교 대학원 정치학 박사과정 수료
  현재 서울대학교 사회과학연구원 한국정치연구소 연구원

박 찬 욱 (朴贊郁)
  서울대학교 사회과학대학 정치학과 졸업
  서울대학교 대학원 정치학 석사
  미국 아이오와 대학교 정치학 박사
  미국 프랭클린마셜 대학교 정치학과 조교수
  현재 서울대학교 사회과학대학 정치학과 교수
  《한국의 의회정치》(공저, 1990)
  《미래의 한국의 정치적 리더십》(공저, 1997)
  《비례대표 선거제도》(편저, 2000) 등

오 연 천 (吳然天)
  서울대학교 사회과학대학 정치학과 졸업
  미국 뉴욕대학교 행정학 석사, 박사
  독일 베를린대학교 초빙교수, 기획예산위원회 위원
  The World Bank 공기업민영화 담당컨설턴트
  현재 서울대학교 행정대학원 원장, 행정대학원 교수
  《한국지방재정론》(1989), 《한국조세론》(1992)
  《한국병: 고질병을 고쳐야 IMF 벗어난다》(공저, 1998) 등

임 도 빈 (任道彬)
  서울대학교 사범대학 사회교육학과 졸업
  서울대학교 행정대학원 행정학 석사
  프랑스 파리정치대학원(I. E. P. de Paris) 사회학 박사
  충남대학교 자치행정학과 교수
  현재 서울대학교 행정대학원 교수
  《지방화 시대의 국가행정》(1994), 《지방조직론》(1997)
  《프랑스의 정치행정체제》(2001) 등

이 달 곤 (李達坤)
  서울대학교 공과대학 졸업
  서울대학교 행정대학원 행정학 석사
  미국 이스트 캐롤라이나대학교 정치학 석사
  미국 하버드대학교 정책학 박사
  한국협상협회 회장, 한국지방행정연구원 원장
  중앙행정권한의 지방이양추진위원
  현재 서울대학교 행정대학원 교수
  《협상론: 협상의 과정, 구조, 그리고 전략》(1995)
  《지방의 세계화를 위한 정책제언》(공저, 1995)
  《한국의 재정과 재무행정》(공저, 1998) 등

손 봉 숙 (孫鳳淑)
　이화여자대학교 정치외교학과 졸업
　이화여자대학교 대학원 및 미국 하와이대학교 정치학 석사
　이화여자대학교 정치학 박사
　현재 한국여성정치연구소 이사장, 중앙선거관리위원회 위원
　　　　경희대학교 NGO대학원 객원교수
　《한국지방자치연구》(1985)
　《지방의회와 여성엘리트》(공저, 1995)
　《90년대의 여성정치》1, 2권(편저, 2000) 등

김 은 주 (金銀珠)
　이화여자대학교 정치외교학과 졸업
　이화여자대학교 대학원 정치학 석사
　현재 한국여성정치연구소 소장, 한국여성정보원 부원장
　《6·27 지방선거와 남녀후보자》(공저, 1995)
　《원격근무 서비스 활성화방안 및 문제점 분석에 관한 연구》(공저, 1998)
　《지방자치 10년과 여성: 평가와 전망》(공저, 2001) 등

송 호 근 (宋虎根)
　서울대학교 사회과학대학 사회학과 졸업
　서울대학교 대학원 사회학 석사
　미국 하버드대학교 사회학 박사
　현재 서울대학교 사회과학연구원 사회발전연구소 소장
　　　　서울대학교 사회과학대학 사회학과 교수
　《열린 시장, 닫힌 정치》(1994)
　《한국의 실업과 실업정책》(1998)
　《정치 없는 정치시대》(1999) 등

나남신서 898

한국 지방자치와 민주주의
10년의 성과와 과제

2002년 5월 25일 발행
2002년 5월 25일 1쇄

저　자 : **安清市 外**
발행자 : **趙 相 浩**

발행처 : (주) 나남출판

137-070　서울 서초구 서초동 1364-39 지훈빌딩 501호
전화 : (02) 3473-8535 (代),　FAX : (02) 3473-1711
등록 : 제 1-71호 (79. 5. 12)
http://www.nanam.net
post@nanam.net

ISBN 89-300-3898-0　　　　　　　　값 12,000 원